아산재단 연구총서 제443집

청소년 독자의 정체성과 문식 활동

청소년 독자의 정체성과 문식 활동

This Edition was published by Jipmoondang Publishing Co. in 2019, Seoul, Korea.

아산재단 연구총서 제443집

청소년 독자의 정체성과 문식 활동

이 순 영

집문당

이순영(李淳渶) 고려대학교 국어교육과를 졸업하고 미국 아이오와대학교에서 청소년 몰입 독자에 대한 연구로 박사학위(Ph.D.)를 받았다. 덕성여고에서 국어와 문학을 가르친 경험이 있고, 교육부의 학교도서관진흥위원회와 문화체육관광부의 학교도서관운영평가위원회 위원으로 활동하였다. 현재 고려대 국어교육과 교수로 재직하며 아동·청소년·성인 독자에 대한 연구를 수행하고 있다.

아산재단 연구총서 제443집

청소년 독자의 정체성과 문식 활동

2019년 4월 30일 1판 1쇄

저 자 | 이순영
발행인 | 임동규
발행처 | **집문당**
등 록 | 1971. 3. 23. 제300-2012-69호
주 소 | 03134 서울시 종로구 돈화문로 82 집문당빌딩 5층
영업부 | (02)743-3192~3 팩스(02)742-4657
sale@jipmoon.co.kr
편집부 | (02)743-3096~7 팩스(02)743-0227
edit@jipmoon.co.kr
홈페이지 | www.jipmoon.co.kr

편 집 | 권장미
디자인 | 임용우

ISBN 978-89-303-1820-4 94370
978-89-303-1500-5(세트)

가격 13,000원

이 도서의 국립중앙도서관 출판시도서목록(CIP)은 e-CIP홈페이지(http://www.nl.go.kr/ecip)와 국가자료공동목록시스템(http://www.nl.go.kr/kolisnet)에서 이용하실 수 있습니다.
(CIP제어번호: CIP2019012270)

머리말

이 책은 '청소년 독자는 누구인가'라는 질문에서 출발하였다. 이 주제를 탐구하기 위하여 청소년들에게 질문을 던졌고, 200명 이상의 응답을 모아 이 책을 구성하였다. 각 청소년 독자는 고유의 목소리(voice)로 자신과 자신을 둘러싼 세계의 이야기를 들려주었다. 이 책은 특히 서술 정체성(narrative identity)의 관점에서 현시점을 살아가는 우리의 청소년들이 독자로서 수행하고 있는 문식 활동과 그 이면에 작용하는 정체성의 문제에 주목하였다.

청소년 독자를 이해하기 위해서는 이들의 존재, 즉 정체(正體)를 규명하는 작업이 필수적이다. 이런 이유로 '독자 정체성'은 모든 독자 연구의 핵심 주제라고 할 수 있다. 독자 정체성은 '독자로서의 나'에 대한 독자 자신의 인식이다. 이 정체성은 독자가 만난 텍스트, 독자가 소통한 타인들, 그리고 독자를 둘러싼 환경 속에서 구성된다. 독자의 언어(language)와 문화(culture)와 정체성(identities)은 서로 긴밀하게 연계되어 있기 때문에 개별 독자의 정체성을 이해하기 위해서는 그가 텍스트를 이해하고 나아가 텍스트를 통해 저자, 다른 독자들, 그리고 세계와 소통하는 방식을 관찰해야만 한다. 독자 정체성은 독자가 텍스트를 인식하고 상호작용하면서 의미를 구성하는 모든 방식에 작용하고 있다.

독자 정체성을 연구함에 있어서 '청소년 독자'는 매혹적인 대상이다. 그 복잡함과 유동성 때문이다. 그러나 청소년 독자는 독서학계나 교육 현장에서 모두 방치된 상황이다. 이 독자들은 이해하기도 지원하기도 힘들고, 보다 근본적으로는 그러한 필요성 자체가 인정되지 않았기 때문이다. 어린이 독자에 대한 관심이 매우 높은 것과는 대조적이다. 어린이 독자는 글자를 익히고 독해 능력을 기르고 독서 습관을 형성해 주기 위해 가정과 학교와 사회에서 많은 이들이 노력하고 있다. 그러나 더욱 버거운 수준의 인지적, 정의적, 사회적 발달 과업을 안고 있는 청소년 독자의 상황은 다르다. 청소년 독자는 그 복잡하고 유동적인 속성에, 이들에 대한 학계와 현장의 가치 인식의 부재가 더해지면서 사실상 소외된 존재가 되었다.

청소년 독자와 이들의 정체성에 관심을 가진 지 10년 이상의 시간이 지났다. 2007년에 청소년 몰입형 독자의 자아 개념과 문식성 실천, 그리고 협상의 문제를 탐구하여 박사학위논문을 작성하였으나 귀국 후에는 연구를 진행하지 못했다. 마음에 부담을 느끼던 중 출판 지원의 기회를 얻어 책을 준비하게 되었다. 신진 연구자로 신청했던 과제를 정교수가 된 후에 제출하기까지 기다려 주신 아산사회복지재단에 깊이 감사드린다. 아울러 독서교육 연구자로 길러주신 노명완 선생님과 Linda Fielding 선생님, 피드백을 해 주신 김주환 교수님과 윤준채 교수님, 그리고 자료를 모을 때 도움을 주신 박신애, 김경환, 한경숙, 류운하 선생님께도 감사드린다. 아울러 문식성연구회 소속 여러 동학들의 격려가 큰 힘이 되었다. 부족한 책이지만 끝으로 청소년 독자들에게 감사와 격려의 마음을 전한다. 우리의 청소년 독자들이 자신의 독자 정체성을 인식하고, 이를 섬세하게 가꾸어서, 힘 있는 독자(empowered reader)로서 또 행동하는 주체자(agent)로서 자신의 길을 걸어 나가길 기원한다.

2019년 새 학기를 여는 날, 이순영

| 차 례 |

제3장 청소년 독자의 문식 환경과 독서 활동 · 85

제4장 청소년 독자의 정체성 연구 개관 · 135

| 표 차례 |

| 그림 차례 |

제 1 장

독자의 개념과 특성

제1장 독자의 개념과 특성

1. 독자 개념의 역사적 변천

독자라고 하면 우리는 카페나 도서관에서 조용히 책에 시선을 두고 자기만의 세계로 빠져드는 사람을 떠올린다. 그러나 기원전 4세기의 독자는 글자를 보고 크게 소리 내며 읽는 사람이 일반적이었다. 알베르토 망구엘(Alberto Manguel)이 지은 『독서의 역사』에 의하면 알렉산더 대왕이 자기 모친에게서 온 편지를 말없이 눈으로 읽자 이를 지켜보던 부하들이 매우 놀랐다고 한다. 이런 사례를 보면 기원전에는 글을 소리 없이 읽는 일이 보편적인 방법이 아니었음을 알 수 있다. 실제로 묵독은 10-15세기를 거치면서 일반적인 독서의 방법이 되었으며, 낭독자들은 점차 사적 공간은 물론 공공장소에서도 침묵하는 독자가 되었다.

이처럼 독자의 모습은 수천 년간 변화해 왔다. 이 순간에도 이러한 변화는 계속되고 있다. 이제 지하철이나 카페와 같은 일상의 공간에서 책을 읽고 있는 사람을 보기가 쉽지 않다. 대신 대부분의 사람들이 부지런히 디지털 기기를 사용하고 있다. 이들이 사용하고 있는 매체 뿐만 아니라 이들이 시선을 두고 읽고 있는 텍스트도 책이 아니다. 이런 상황에서 이들이 과연 무언가를 읽고 있는 존재, 즉 독자(讀者, reader)인가 하는 문제가 제기된다. 이 시대에는 '독자'와 '텍스트', 그리고 '독서'의 개념이 과거 그 어느 때보다도 빠르게 변화하고 있기 때문에 청소년 독자에 대한 이 책도 독자와 책에 대한 문제에서 시작한다. 이는 곧 문식성(문자성, literacy)에 대한 탐구이기도 하다.

월터 옹(Walter J. Ong)은 『구술문화와 문자문화』(이기우·임명진 역, 1982)에서 문식성의 역사를 크게 구술 시대, 문자 시대, 전자 시대로 구분하였다. 월터 옹에 의하면 인류 역사의 대부분은 사실상 구술성(orality)이 지배하는 시대였으며, 이후 인쇄 매체가 등장하면서 문자성을 기반으로 하는 문자 문화가 확산되었다. 20세기는 인쇄·문자 문화의 정점기였다. 최근에는 정보통신 기술이 발전하고 전자 매체를 통한 의사소통의 비중이 증가하고 있다. 지식의 개념과 속성이 달라지고, 지식을 생산하고 전파하는 매체가 달라지며, 매체를 사용하여 소통하는 방식이 크게 변화하고 있다. 독서는 인간이 지식을 학습·전승하며 타인과 소통하고 나아가 문명을 건설하고 문화를 일구는 근간이다. 이런 맥락에서 볼 때 인간의 의사소통 문화가 바뀌면 독서 환경과 문화는 물론 독자의 속성과 독서의 방식에도 변화가 나타난다.

1) 독자의 탄생

독자의 탄생은 책의 역사, 보다 근본적으로는 기록 언어인 문자의 탄생과 함께 시작된다. 현재까지 전해지는 가장 오래된 문자 기록은 메소포타미아 수메르인이 남긴 쐐기 문자 점토판이다. 기원전 3,300년경의 이 문자 기록은 당대의 문명 수준을 잘 보여준다. 이 시기의 메소포타미아 지역은 거주와 농경에 적합한 기후 조건을 갖추고 있어 인구가 늘고 여러 개의 도시 국가가 형성되어 있었다. 도시 거주자들이 늘어나자 점점 복잡해지는 사회를 규율로 조직화하기 위해 새로운 기술, 즉 문자를 기록하고 또 해독하는 기술이 개발되었다. 언어, 특히 문자는 인간이 만든 가장 중요한 발명품이라고도 할 수 있다. 문자는 여러 문명권에서 모두 신의 선물로서 신성시 되었다. 문자로 기록된 텍스트(글)는 사람들 간의 분쟁을 해결하고 그 사회를 지탱하는 중요한 약속이었다.

최초의 문자는 인간이 특정한 정보를 기억하거나 행위를 입증하기 위해 발명되었을 것으로 추정된다. 예를 들어 어떤 사람이 관료에게 양 한 마리를 세금으로 바치고 특정한 모양의 양 그림이 새겨진 점토판을 받았다고 가정해 보자. 이때 두 사람이 모두 점토판 속의 양 한 마리를 현실 속의 양 한 마리로 인식하면 이 점토판은 두 사람 간의 거래(세금 납부)를 입증하는 표식이 된다. 이처럼 문자 기록은 인간의 기억을 보완하고 나아가 사람들 간의 약속을 입증하는 증거가 되었다. 사람들은 문자가 기억을 정확하게 간직하는 데 매우 유용한 도구임을 깨달았다. 특히 인간의 기억 용량에 비해 문자의 기록 용량은 무한하며, 무엇보다도 기억보다 기록은 객관적이고 안정적이어서 시간이 지나도 분쟁의 소지가 적었다.

문자가 기억의 한계를 극복할 수 있는 강력한 기술임을 깨닫게 되면서 문자의 활용 범위도 점차 확대되었다. 문자의 중요성은 특정한 정보·메시지·사건을 정확하게 기록하는 데서 찾을 수 있다. 그러나 더욱 중요한 점은 기록된 내용을 정확하게 복원해내는 '읽기'였다. 초기의 문자 읽기는 이처럼 시·공간을 뛰어넘어 기록된 내용을 변형이나 왜곡 없이 온전하게 해독(解讀, decoding, 문자로 기록된 의미를 풀어냄)하는 행위를 의미했다. 문자를 매개로 하는 '기록으로서의 쓰기'와

'해독으로서의 읽기' 행위는 사람들 간의 정확한 의사소통을 가능하게 하고, 수많은 분쟁을 해결했으며, 진정한 의미의 사회적 약속을 가능케 하여 국가 발전의 기틀이 되었다.

문자의 탄생은 필연적으로 필자가 생산한 텍스트의 의미를 공유할 수 있는 '독자의 탄생'으로 이어졌다. 필자가 기호와 메시지를 창조했다고 하더라도 그것을 해독하고, 의미를 파악하고, 목소리로 실어낼 수 있는 독자가 없다면 그 텍스트는 죽은 것이다. 오늘날 우리가 수메르의 점토판을 보아도 그 기록의 의미를 파악하는 데는 한계가 있다. 그러나 당대의 수메르인 독자는 그 텍스트를 통해서 당시의 기록 상황을 파악하고 의미를 더 정확하고 더 깊게 복원할 수 있었을 것이다. 따라서 점토판에 문자를 새기는 쓰기의 기술만큼 기록된 문자에서 의미를 파악하고 목소리를 살려내는 읽기 기술도 신비로운 것이었다.

이처럼 읽기와 쓰기는 특별한 기술로 인식되었기 때문에 이 능력을 갖춘 사람들(필사자)은 사회에서 상당한 지위를 갖고 있었다. 고대 사회에서 문자는 신성한 것이었고, 문자를 읽고 쓸 수 있는 문식성은 소수의 종교인과 고급 관료에게 허락된 특별한 능력이었다. 실제로 메소포타미아 사회에서 필사자는 귀족 엘리트 중에서 선발되었고, 특별히 훈련받은 극소수의 시민만이 전문 필사자가 될 수 있었다. 중세 초기에는 필사자에게 위해를 가할 경우 매우 엄중하게 처벌했다는 기록이 있는데 이는 필사자가 곧 신의 말씀을 기록하고 복원하는 중요한 존재였기 때문이다.

필사자는 문자를 다룰 수 있는 특수한 기능과 역할 때문에 사회 구성원들에게 그 권위를 인정받았다. 필사자로 선택된 사람들은 어릴 때부터 사설 학교에서 교육을 받았다. 고대 메소포타미아 지역에서 출토된 점토판 중에는 실제로 학교에서 읽기 쓰기를 배우고 연습한 기록이 많이 발견되었다. 고대의 문자 체계는 현재에 비해 불완전하여 기록과 해독이 매우 어려웠다. 하나의 문자가 여러 개의 전혀 다른 의미로 사용되거나, 문자를 기록하거나 읽는 방향도 일정하지 않았다. 낭독자(구술자)의 말은 띄어쓰기나 구두점이 없이 전사되었다. 그래서 이러한 문서를 제대로 읽고 또 기록하기 위해서는 오랜 훈련이 필요했다.

그러나 고대 시대에 문식성 습득의 가장 큰 문제는 수많은 문자를 암기해야만 하는 인지적 부담이었다. 수메르 문자, 중국의 한자, 이집트 문자, 히타이트 문자 등 인류가 사용한 초기의 문자는 모두 상형의 원리를 기반으로 하였다. 상형 문자는 문자의 수가 최소 수백에서 십만 개에 이른다. 예를 들어 한자로 읽기 쓰기를 수행하려면 약 2천 자 정도의 문자를 암기하고, 각 문자의 의미를 문맥에 따라 해독하는 변용 사례도 숙지해야 했다. 이러한 문자 습득의 부담을 획기적으로 해결해 준 것이 바로 알파벳이었다. 특히 기존의 문자 체계를 기반으로 하여 24개의 문자로 정리된 그리스 알파벳은 상형 문자에 비해 습득이 용이했다. 그 결과 그리스의 시민 중에는 문식성을 갖춘 이들이 늘어났고 사회적으로 문자 습득이 권장되었다.

문자를 사용하는 사람의 수가 증가하고 기록물의 양이 폭발적으로 늘어나면서 자연스럽게 기록 매체도 발달하였다. 사람들은 지역에서 구할 수 있는 다양한 재료(예: 나무, 흙판, 뼈, 돌, 도자기 조각 등)를 활용하였고, 각 재료마다 적합한 필기 도구가 발명되었다. 고대 메소포타미아에서는 점토판이 기록 매체였으나 부피가 크고 쉽게 깨어져 보관이 어려웠다. 이집트에서는 나일강 삼각주에 자라던 물풀(파피루스)을 가공하여 문자를 기록하였다. 종이처럼 얇게 가공된 파피루스는 기록하기도 쉽고 보관과 이동이 쉬워서 널리 활용되었다. 실제로 종이를 의미하는 영어 단어 paper는 파피루스(papyrus)에서 온 말이다. 파피루스는 일정한 크기로 이어 붙여서 만들었고 보통 두루마리 형태로 말아서 보관하였다. 현재의 관점에서 보자면 각 두루마리는 일종의 완결된 텍스트(책)의 단위였다. 한편 중국에서 사용된 대표적인 기록 매체는 나무였다. 특히 대나무로 만든 죽간(竹簡)이 널리 사용되었다. 죽간은 가늘고 길게 자른 대나무 조각을 끈이나 가죽으로 엮은 것이다. 책을 의미하는 한자 '册'은 죽간의 모습을 형상화한 것이다. 지역에 따라서는 구하기 쉬운 다른 종류의 나무 조각을 사용하기도 하였다. 나무 조각을 엮어 만든 책을 통칭하여 목간(木簡)이라고 한다.

목간은 매우 유용한 기록 매체였으나 문제점도 많았다. 목간은 부피가 크고 무거워서 보관과 사용이 어려웠다. 나무로 만들었기 때문에 습기에 약하고 먹으로 쓴 글씨가 잘 바래는 점도 큰 문제였다. 그리고 나무 조각을 이은 천이나 가죽끈이 끊어지면 조각의 순서가 뒤섞였다. 이 점을 악용하여 의도적으로 나무 조각의 순서를 바꾸거나 일부 조각을 가감하여 내용을 변조하는 경우도 있었다. 이런 이유로 지금까지도 목간에 기록된 내용은 그 진위와 순서에 대한 논쟁이 있다. 기록의 위·조작을 막기 위해 한 편의 비단에 기록된 백서(帛書)도 있으나 비단은 나무 조각에 비해 가격이 비싸고 내구성은 더욱 약했다. 또한 백서나 목간은 모두 두루마리 형태였기 때문에 특정한 내용을 찾으려면 두루마리를 계속 펼치거나 접어야 하는 사용상의 어려움도 있었다. 그러나 이 모든 단점에도 불구하고 나무 조각은 구하기가 쉽고 저렴한 재료였기 때문에 오랜 기간 동안 대표적인 기록 매체로 사용되었다.

현재와 같이 네모난 책의 모습은 2-3세기에 등장한 코덱스(codex)에서 찾을 수 있다. 초기의 코덱스는 양의 가죽을 매끈하게 손질하고 네모난 모양으로 잘라 한쪽 면을 묶은 것으로 현재의 책과 매우 유사한 형태였다. 파피루스로 만들어진 코덱스도 있지만 유럽에서는 양피지 코덱스가 일반적이었다. 양피지는 파피루스보다 질기고 부드러웠을 뿐만 아니라 상대적으로 값도 싼 재료였다. 당시 파피루스는 이집트의 대표적인 수출품이자 매우 중요한 특산품으로 이집트 정부는 파피루스의 국외 보급을 철저하게 감독하였다. 이런 이유로 파피루스 책을 제작하기 위해서는 많은 비용이 들었다.

부피가 작고 가벼운 코덱스는 점토판이나 목간에 비해 사용, 휴대, 보관이 모두 용이한 매우 혁신적인 기록 매체였다. 코덱스는 책장(冊張)의 양면(앞뒤)에 모두 정보를 기록할 수 있었다. 또한 책장 때문에 텍스트의 구성이 용이했다. 하나로 이어진 두루마리와 달리 코덱스는 내용에 따라 권이나 장을 구분(쪽 나눔)하기 쉬웠고, 텍스트가 짧을 때는 여러 작품을 함께 묶을 수 있었다. 독자는 책장을 앞뒤로 넘기면서 원하는 정보를 빠르게 찾고, 필요한 경우 책장 네 귀퉁이의 여백에 논평을 남길 수도 있었다. 코덱스 중에는 두꺼운 가죽이나 금속으로 표지를 달아 책장의 훼손을 막고 내구성을 높인 것도 있었다. 이처럼 튼튼하면서도 가벼운 코덱스가 등장하면서 드디어 사람들은 책을 갖고 다니면서 읽거나 기록할 수 있게 되었다.

코덱스는 인쇄술이 발달하기 전까지 수 세기 동안 널리 사용되었다. 인쇄술이 발달하기 전까지 모든 책은 사람이 각 글자를 기록한 수기(手記)이다. 그리고 원본은 다시 필사(筆寫)를 통해 복제되었다. 이를 사본이라고 한다. 종이가 아닌 양피지와 같은 기록 매체에 필사하기 위해서는 많은 공정과 노력이 필요했다. 양피지는 기본적으로 가죽이기 때문에 털을 제거하고 부석과 석회로 표면 처리를 해야 했다. 그 후에도 석회 처리된 가죽 표면을 날카로운 칼로 긁고 흡사 문신을 하듯 글자를 새겨넣어야 했다. 필사자는 한 손으로는 양피지를 잡고 다른 한 손으로는 경필로 새기는 노동을 했다. 이 당시의 필사는 요즘의 개념으로 보기에는 '새기기'와 '베껴 그리기'에 더 가까웠다. 필사자의 작업 장면을 그린 옛 그림을 살펴보면 필사에 사용된 다양한 도구를 확인할 수 있다.

필사는 매우 노동 집약적인 작업이었기 때문에 책 단위의 필사는 보통 여러 명이 협업을 하였다. 이 당시에는 성서가 가장 중요한 텍스트였는데, 성서나 그 주석 한 권을 필사하기 위해서는 여러 명이 최소 수개월 동안 작업해야 했다. 필사는 글을 읽고 쓸 수 있을 뿐만 아니라 오랫동안 필사에 집중할 수 있어야 했기 때문에 중세 시대까지 대부분 수도사가 담당했다.

그러나 필사의 가장 큰 문제는 원본의 내용을 누락하거나 잘못 표기하는 오류였다. 필사는 전 과정에 걸쳐 고도의 집중력과 인내심을 요했기 때문에 필사자의 숙련도와 집중도가 관건이었다. 파피루스나 양피지, 종이와 같은 기록 매체는 모두 비싼 재료인 데다가 한번 기록한 후에는 수정이 쉽지 않았다. 문제는 필사 시스템의 특성상 한번 생긴 오류는 재생산되고 필사가 거듭될수록 악화된다는 점이었다. 한 권의 책은 다시 필사의 대상이 되었기 때문이다. 특정한 필사본에 오류가 생기면 그 책을 원본으로 삼아 필사된 모든 후속 사본에도 문제가 생겼다. 이러한 원본 텍스트의 변형 문제는 인쇄술이 도입되면서 비로소 해결된다.

필사의 시기부터 인쇄의 시기까지 기록 매체를 이해하는 데 필수적인 또 하나의 요소는 장식성이다. 고대인들은 문자 자체에 신성한 힘이 있다고 믿었다. 책은 신이나 성현의 신성한 말씀을 담고 있어서 그 자체로 숭배의 대상이었다. 사람들은 이 희귀하고 신성한 대상물을 아름답게 장식하고자 최선의 노력을 기울였다. 책의 장식적인 요구가 커지면서 책의 내용을 필사하는 필경사 외에 책에 색을 입히고 그림을 그려 넣는 채색사가 등장하였다. 표지를 금·은·보석으로 장식한 책도 많았다. 이런 책들은 현대의 관점에서 볼 때도 대단히 아름답고 정교한 예술품이다. 오늘날의 책이 만인을 위한 것이고 실용적인 성격이 강한 것과는 상당한 차이가 있다.

기록 매체가 발전하는 동안 독자들이 어떻게 독서를 했는지를 잘 보여주는 기록이 있다. 알베르토 망구엘의 『독서의 역사』를 보면 기원후 4세기의 아우구스티누스는 자신의 고백록에 유명한 독서가인 암브로시우스를 만난 장면을 다음과 같이 묘사하였다. "책을 읽을 때 그의 두 눈은 책장을 뚫어져라 살피고 가슴은 의미를 캐고 있었지만, 그의 목소리는 들리지 않았고 혀도 움직이지 않았다. 누구나 마음대로 그에게 접근할 수 있어서 아무도 그에게 손님의 도착에 대해 알리지 않았다. 그래서 그를 방문할 때면 우리는 종종 이런 식으로 침묵 속에서 독서 삼매경에 빠진 그를 발견하곤 했다. 그는 절대로 큰 소리를 내어 글을 읽지 않았다."(정영진 역, 2000: 65-66). 이는 묵독하는 모습에 대한 기록이다. 요즘이라면 암브로시우스의 묵독하는 모습이 전혀 이상하지 않았을 것이다. 오늘날에는 수많은 타인 속에서도 홀로 독서 삼매경에 빠진 고독한 독서가의 이미지가 독자의 전형적인 모습으로 보편화되었기 때문이다.

그러나 아우구스티누스 시절에는 이러한 독서 방식(묵독)이 그가 자신의 고백록에까지 기록할 만큼 이상한 방식이었다. 이 장을 시작할 때 언급했던 알렉산더 대왕의 편지 묵독이 기록으로 남아 현재까지 회자되는 것도 같은 이유이다. 이 시대에 통상적인 독서는 큰 소리로 낭독(음독)하는 것이었기 때문에 말없이 책장을 정독하는 독서 방법은 정상에서 일탈한 것이었다. 이들이 살았던 시대는 기본적으로 구술 문화의 시대였다. 문자가 존재했고 이를 통해 기록과 해독 작업이 이루어졌지만 문자는 늘 '구술'을 거쳐(그리고 구술을 염두에 두고) 기록되었고, 문자 기록은 다시 독자의 '구술(음독)'을 통해 해독되었다. 구술성(orality)이 문자성(literacy)과 자연스럽게 접목된 특별한 시기라고도 할 수 있다. 암브로시우스처럼 소리를 내지 않고 독서하는 사례가 있었다고 하더라도 서구에서는 15세기까지 묵독이 보편화되지 않았다. 구술성(orality)을 기반으로 하는 음독의 독서 관행은 동양에서도 동일했다. 조선 시대까지도 서당이나 사랑방에서 서생이 낭랑한 목소리로 가락에 맞춰서 책을 낭독하거나 암송하는 모습이 보편적이었다. 문자를 읽는 행위에서 음독의 영향력과 뿌리 깊은 역사를 확인할 수 있다.

음독보다 더욱 충격적인 것은 독서가 많은 이들에게는 '듣기' 행위였다는 점이다. 근대 교육이 보급되기까지 대부분의 일반 시민들은 문맹이었다. 이들이 책에 기록된 신의 말씀이나 중요한 정보를 접할 수 있는 유일한 방법은 듣기였다. 이런 이유로 중세와 근대 초반까지 전 세계의 여러 문화권에서 책(글)을 전문적으로 읽어 주는 사람(예: 조선 시대의 전기수)이 크게 활약했다. 글을 모르는 일반인들은 타인이 읽어 주는 내용을 듣고 암송하였고, 이것이 독서였다. 독서는 매우 공적인 행위였고, 여러 사람이 함께 참여하는 행위였다.

월터 옹(이기우·임명진 역, 1995)은 구술 문화 속에 사는 사람들은 말에는 마술적인 힘이 있다고 생각하였는데, 이는 "말이란 반드시 발화되는 것이며 소리로서 울리는 것이며 그러므로 힘에 의해서 발해지는 것이라는 감각과 최소한 무의식적으로나마 분명히 결부되어 있다."라고 하였다. 이를 통해서 보면 당시 사람들에게 말이라는 것은 발화되는 소리라는 인식이 강했으며 이 말소리에는 신비한 힘이 있다고 믿었음을 알 수 있다. 따라서 당시에 독서라는 것은 문자를 소리로 옮기는 행위였으며 독자는 글을 소리 내어 읽을 수 있는 사람이라고 할 수 있다. 소리 내어 낭독하는 독서는 타인이 그 내용을 알 수 있는 공개적이고 공식적인 행위였다.

마지막으로 기록 매체나 독서의 변천과 맞물려 진행된 쓰기(작문)의 변화도 잠시 언급하고자 한다. 독일의 언어학자인 오토 루드비히(Otto Ludwig)의 『쓰기의 역사: 고대부터 서적 인쇄술의 시대까지』(이기숙 역, 2013)는 쓰기의 역사적 변천 양상을 잘 보여주는 책이다. 이 책은 8세기 중반의 고대 그리스부터 약 천 년 동안 ① 쓰기의 관념(예: 문자 생산, 단어 생산, 사본 작성, 텍스트 생산), ② 쓰기의 개념(예: 텍스트(원본과 필사본)의 생산과 기록 작업), ③ 쓰기 행위의 구성, ④ 쓰기 방식의 변화를 설명한다.

현대인의 입장에서 볼 때, 이 책에 나온 설명 중 가장 충격적인 내용은 필사자가 내용을 생성하는 사람(작가, 강연자, 연설가, 구술가)이 아니었으며, 필사자와 내용 생성자는 철저하게 그 역할이 구분되었다는 사실이다. 월터 옹이 '구술성'을 강조했듯이 오토 루드비히도 "텍스트 자체는 일단 기록되기에 앞서 우선 작가가 입말로 생산했고 기록된 후에는 읽는 이의 목소리를 빌려 재생산되었다. 따라서 텍스트는 언제나 입말이었다."고 지적한다(2013: 76). 이 점을 고려하면 왜 수천 년의 구술 시대 동안 읽기가 기본적으로 낭독 행위였는지를 이해할 수 있다. 구술 시대의 읽기는 본질적으로 외부지향적이고 타인과 공유하는 행위였다.

텍스트(내용)는 강연자의 구술을 통해 생성되었고, 필사자(기록자)는 그 텍스트를 받아 적어 사본을 만드는 사람을 의미했다. 글을 기록한다는 의미의 필(사)자는 텍스트를 '생성하는 존재'가 아니었던 것이다. 이 시대에 글쓰기는 사실상 구술자인 강연자의 작업이었다. 구술 받아적기 작업으로 생산된 사본(스크립트)은 문자 자체가 아니라 소리나는 대로의 발음을 기록하는 특성이 강했으며 띄어쓰기도 줄바꿈도 없이 연속적인 글(스크립트 콘티누아, script continua)이었다.

텍스트를 생성하는 강연자가 직접 기록까지 담당하게 된 것은, 그래서 두 작업이 통합되어 글쓰기(작문)가 된 것은 비교적 최근의 일이다. 일부 학자들이 '사본을 생성하는 기록 행위로서의 쓰기'(writing)와 '텍스트(메시지, 내용)를 생성하는 작문'(composition)을 구분하고자 하는 것도 이러한 이유이다. 문자성(literacy)이 강조되면서 텍스트는 점차 문자 기반의 묵독 자료를 넘어 독해의 대상이 되었다. 그 결과 텍스트에는 점차 독자의 묵독과 독해를 돕기 위한 다양한 장치(예: 띄어쓰기, 쉼표와 같은 구두점, 목차와 장/절의 구분과 같은 구성 체계와 각종 편집 체계)가 발달하였다. 현재 작문은 필자가 독자의 독해 과정을 매우 적극적으로 고려하면서 텍스트를 생성하는 의사소통의 과정으로 해석된다. 이처럼 인류의 역사 속에서 독자와 필자와 텍스트, 그리고 독서와 작문의 개념은 크게 변화해 왔다. 현재 독서를 가르치고 연구하는 이들은 이러한 변화가 과거 그 어느 때보다도 더 빠르고 대대적으로 진행 중임을 인식해야만 할 것이다.

2) 독자의 대중화

중세 시대만 해도 책은 매우 희귀하고 값비싼 물품이었다. 책을 만들 수 있는 사람의 수도 적었을 뿐만 아니라 책을 만드는 데 드는 비용과 노력이 엄청났기 때문이다. 그러나 종이를 만들고 문자를 인쇄

하는 기술이 발달함에 따라 저렴한 비용으로 책을 생산하는 일이 가능해졌다. 보다 많은 사람들이 책을 소유할 수 있는 시대가 열리게 되었던 것이다. 특히 독일의 금속 세공사였던 요하네스 구텐베르크(Johannes Gutenberg)는 금속활판인쇄술을 발명하여 책의 대량 생산과 유통의 시대를 열었다.

구텐베르크가 활동하던 15세기 유럽에는 이미 책과 관련된 상업적 수요가 형성되어 있었다. 그러나 그 당시 필사본은 너무나 희귀하고 비쌌기 때문에 수도원이나 소수의 지배 계층만 소유할 수 있었다. 이런 상황에서 일반 대중은 독서 능력을 갖추기는커녕 책에 접근할 기회조차 없었다. 구텐베르크는 합금으로 주조한 활판에 유성 잉크와 압착식 기계를 결합하여 책의 대량 생산과 보급에 성공하였다. 구텐베르크의 42행 성서는 인쇄본 위에 수작업으로 채색을 더한 책이었고, 가격도 당시 일반 점원의 3년치 월급 수준이었다. 그러나 이 성경은 필사본에 비해 매우 저렴했기에 수요가 폭발적이었다. 이후 금속활자인쇄술은 전 유럽에 전파되어 수천 개의 인쇄소가 설립되었다.

본래 인쇄 기술은 동양에서 먼저 시작되었는데 처음에는 목판인쇄술이 사용되었다. 목판인쇄술은 나무를 사용하기에 기본적으로 판각에 많은 비용과 시간이 소요되고 내구성도 약했다. 목판은 일부의 글자가 마모되거나 손상되면 새 판을 제작해야만 했다. 또한 보다 근본적으로 하나의 목판으로는 하나의 문서만 반복적으로 찍어낼 수 있는 한계가 있었다. 이를 보완하기 위하여 개별 문자 단위로 활자를 만드는 가동활자가 필요했다. 가동활자는 나무나 진흙 등 다양한 소재로 개발되었다. 그러나 목활자로 만든 가동활자는 내구성에 문제가 있었기 때문에 13세기 초반에 금속활자가 개발되었다. 이규보의 『동국이상국집』에 의하면 고려 시대인 1234년에 금속활자로 『상정고금예문』

을 인쇄하였다는 기록이 나온다.

이처럼 15세기 이전에 중국이나 한국에서는 금속활자로 된 가동활자가 사용되었으나 그 사회적 영향은 미미했다. 동양보다 훨씬 늦게 금속활자인쇄술을 개발한 구텐베르크가 서양 사회 전반에 일대 변혁을 가져온 것과는 대조적이다. 이 문제에 대해서는 다양한 해석이 있다. 일례로 『조선시대 책과 지식의 역사』(강명관, 2014)에서는 금속활자의 제조와 서책의 인쇄를 모두 중앙 정부에서 독점적으로 관리한 점을 한계로 지적하고 있다. 조선의 금속활자인쇄물은 일반 대중에게 지식과 정보를 전파하기 위한 목적에서 출판된 것이 아니었다는 것이다. 조선 초기의 금속활자인쇄술은 성리학에 기반을 둔 중세적 사회 체제를 유지하기 위해 제한적으로 사용되었으며, 그 결과 지식을 보급하고 사회를 변혁하는 데는 제한이 있었다는 해석이다.

그러나 월터 옹의 해석은 다르다. 옹은 중국에서 가동활자가 사용되었으나 그것은 알파벳이 아니라 기본적으로 상형 문자였음을 지적하고 있다. 우리나라도 15세기 중반 이전에 한글 자모와 가동활자를 모두 가지고 있었으나 출판은 여전히 한자 가동활자(금속활자) 중심이었다. 15세기 서양에서 만들어낸 금속활자는 알파벳으로 만들어졌기 때문에 각 문자가 따로따로 떨어진 금속 조각으로 만들어서 활판에 짜 넣고 인쇄 후에는 쉽게 분해하여 재사용이 가능했다. 수만 개의 한자 가동활자를 하나씩 찾아서 활판을 만드는 방법에 비하면 알파벳으로 활판을 만드는 편이 시간과 비용 면에서 효율적이었기 때문에 '제일급의 것'(이기우·임명진 역, 1995: 181)이라고 평가하였다.

알파벳 기반의 금속활자인쇄술은 인류 역사상 처음으로 일반 대중이 책을 소유하고 책의 내용을 해석할 수 있는 시대를 열었다. 구텐베르크의 발명은 사실 금속활자가 아닌 인쇄술에 있었다. 포도주 압착 기계를 활용한 그의 인쇄술은 초기에는 성경 인쇄에 집중되었지만 곧 그리스와 로마의 고전 작품을 비롯해 과학서 등 다양한 종류의 책으로 확장되었다. 16세기에는 소책자 시대가 열리면서 왕실이나 정치 분야의 각종 가십(gossip)을 다룬 책자가 더욱 싼 값에 보급되었다. 17세기에는 신문이나 일간지와 같은 정기 간행물도 보급되었다.

인쇄물의 내용과 종류의 변화는 책을 구매하는 독자들의 요구를 반영한 결과였다. 대중 독자들은 다양한 지식과 정보를 원했고 이는 출판계의 변화를 견인했다. 인쇄술의 발전은 대중에게 다양한 지식을 제공하여 새로운 문화 권력층인 지식인층을 탄생시켰고, 이 과정에서 책을 집필하여 명성을 얻고 부를 축적하는 전문적인 작가도 등장하였다. 그리고 책을 매개로 하여 여론도 형성되었다. 특히 주체 의식을 갖춘 근대적 독자의 탄생은 인쇄 문화가 근대 사회의 탄생과 발전에 핵심적인 계기가 되었음을 보여준다.

흔히 금속활자인쇄술은 유럽의 종교 개혁과 르네상스, 과학 혁명, 그리고 근대적 지식 기반의 경제 발전을 위한 도화선이 되었다고 평가받는다. 일례로 교회의 면죄부 판매를 비판하는 마르틴 루터의 반박문(1517)은 인쇄되어 몇 주 만에 독일 전역에 퍼졌다. 한편으로는 민간에 성경이 보급되면서 성직자와 교황청에 대한 대중들의 의존도가 낮아졌다. 이러한 영향으로 독일과 스위스를 비롯한 유럽 전역에서 로마 교황청의 압제에 대한 반발 여론이 형성되고 이는 대대적인 종교 개혁으로 확산된다. 종교의 절대적인 지배력이 약화되면서 신학에 가려 위축되었던 철학과 여러 학문들이 자신의 목소리를 되찾게 되었다. 고대 그리스의 인문·철학·과학 서적이 다시 출판되고 인간의 이성을 강조하는 문화 속에서 인문주의와 자연과학도 부흥하였다. 이와 동시에 봉건 체제에서 착취당하던 농민과 노동자의 개혁 운동이 일어나고 산업을 통한 자본 축적이 본격적으로 진행되면서 유럽 사회 전반에 다양한 변화가 연쇄적으로 나타났다.

수백 년에 걸쳐 책이 대량 생산 보급되었다는 것은 곧 책을 읽고 사고하는 독자층이 확산되고, 이들을 체계적으로 육성하는 학교 교육이 확대되었음을 의미한다. 실제로 금속활자인쇄술의 최혜 지역인 서부 유럽에서는 18세기 중반 이후 교육 받은 인구가 크게 증가하여, 19세기 후반(1880년 기준)에 이르면 70%의 인구가 학교 교육을 받은 것으로 추정된다(Van Zaden 외, 2014). 같은 시기 전 세계 문식성 인구의 비율(world literacy rate)이 20%에 불과했음을 고려할 때 그 격차를 확인할 수 있다.

교육을 통해 문식성을 갖춘 대중(독자)들은 사고하고 판단하는 주체가 되었다. 이들은 글을 읽고 소통하면서 자아를 자각하여 정체성을 형성하고 나아가 자연스럽게 타인의 삶과 사회 문제에 관심을 가졌다. 이들은 때로는 타인의 생각에 공감하고 또 때로는 대립하면서, 세상사에 대한 자신의 관점을 정립해 나갔다. 문식성 교육은 사회 구성원들 간의 공감과 소통, 생산적인 비판과 조율 작업을 통해 합리적인 의사결정에 기여해왔다. 책의 보급과 함께 실현된 문식성 교육이 주체적으로 사고하고 행동하는 민주 시민을 육성하였다는 평가는 이러한 맥락에서 이해할 수 있다(이순영 외, 2015: 24).

인쇄 기술이 발달하여 책이 대중화되면서 독자들의 독서 방식에도 변화가 나타났다. 가장 큰 변화는 묵독이었다. 이 변화를 이해하기 위해서는 쓰기 문화의 변화를 이해해야 한다. 인쇄 시대 이전에도 쓰기 문화는 존재하였으며 코덱스와 같은 초기의 책에는 당대의 쓰기 문화가 잘 나타나 있다. 기본적으로 이 시대의 쓰기 문화는 구술 문화의 보조적인 성격이 강했다. 고대와 중세 시대의 책은 대부분 띄어

쓰기나 구두점이 없는데 이 책들은 구술(낭독)을 위해 기록된 것이었기 때문이다. 그러나 인쇄를 통해 텍스트가 생산되기 시작하면서 텍스트의 공간적, 시각적 특성이 점차 강화되었다. 텍스트의 변화와 함께 음독에서 묵독으로 독서의 방식도 점차 변화했다.

필사 문화 시대에 책을 읽는다는 것은 하나의 집단 속에서 다른 사람들에게 책을 낭독하여 들려주는 사회적 활동이었다. 음독 환경에서 독서 개념은 기본적으로 문자를 소리로 옮기는 기술이었으며 의미에 대한 이해도 소리를 통해 이루어졌다. 그러나 인쇄 시대가 되면서 독자에게는 조용히 한 쪽 구석에서 소리 내지 않고 책을 읽을 수 있는 환경이 허락되었다. 묵독 환경에서 독서는 매우 개인적이고 은밀한 활동이 되었다. 로제 샤르띠에(Roger Chartier, 2002)는 읽기가 개인의 사적인 활동을 되었음을 강조하여 묵독을 '읽기의 사사화(privatization of reading)'라고 명명하였다. 묵독하는 독자는 문자를 보고 바로 의미를 이해할 수 있었기 때문에 소리에 의존할 때보다 더 많은 텍스트를, 더 빨리, 더 오래 읽을 수 있었다. 그리고 남아도는 인지적 에너지를 텍스트의 의미를 추론하고 깊이 해석하는 데 투입할 수 있었다. 개별 독자가 스스로 책의 의미를 이해하고 나아가 구성하는 독해(讀解)의 시대가 열린 것이다. 이는 매우 중요한 읽기 혁명이었다.

종교 개혁이나 과학 혁명이 가능했던 것도 개인적인 독자의 출현과 관련이 있다. 중세 시대까지 일반인들은 성직자들의 목소리를 통해서만 성경의 말씀을 접할 수 있었다. 그러나 구텐베르크의 성경이 보급되면서 사람들은 성경을 통해 직접 하나님의 말씀을 접할 수 있게 되었다. 신과 인간을 이어주던 중간자이자 말씀의 전달자이자 일종의 해석자였던 성직자(교황청)의 역할은 크게 축소되었다. 또한 사람들은 그리스 로마 시대의 텍스트를 통해서 인간과 자연에 대한 신비에도 접근할 수 있었고, 개별 독자의 이성과 탐구 활동이 강조되었다.

인쇄 문화를 통해서 문자 시대가 열리고 이전과 다른 진정한 의미에서의 근대적 독자가 출현하게 되었다. 책은 이제 실제보다 더 실제적인 상상의 공간, 관념의 세계를 근대적인 개인에게 제공했다. 사르트르는 자신의 회고록에서 "동물원의 원숭이들이 덜 원숭이답고, 룩셈부르크 식물원의 사람들도 덜 사람답다. 플라톤처럼 나도 지식을 먼저 익히고 나중에 그 지식의 실제 대상으로 넘어갔다. 그 결과 나도 실제 대상에서보다는 관념에서 현실감을 더 강하게 느끼게 되었는데, 그 이유는 관념이 먼저 주어졌을 뿐 아니라 구체성을 띠기 때문이었다. 아무리 이해를 하고, 분류를 하고, 이름을 붙이고, 깊이 숙고해 봐도 여전히 경외감을 불러일으키는 이 우주, 나와 이 우주의 조우는 책에서였다."(정영진 역, 2000: 19-20)라고 말하였다.

사르트르의 사례는 개별 독자가 책을 통해서 경험하는 강렬한 관념의 현실감을 잘 설명해 준다. 이제 독자는 개인적이고 은밀한 공간에서 다양한 필자와 만날 수 있게 되었으며, 자신만의 상상력을 발휘하여 새로운 세상을 경험할 수 있게 되었다. 근대 이전의 사람들은 대부분 한정된 공간에서 동일한 체험을 하고 살아가기 때문에 비슷한 세계를 경험했지만 근대의 독자는 달랐다. 이들은 책을 통해서 자신의 실제 세계를 넘어서는 다양한 경험을 할 수 있게 되었다. 근대 사회의 개인 독자의 출현이 인류 문명의 급속한 발전을 가능하게 만들었다고 해도 과언이 아니다. 그러나 전자 매체 시대가 도래하면서 이제 현대의 독자는 또다시 새로운 세계를 직면하게 되었다.

3) 전자 매체 시대의 독자

1970년대 이후에 컴퓨터가 등장하면서 인류의 읽기 쓰기 문화는 다시 큰 변화를 맞게 되었다. 사람들은 이제 인쇄 매체보다는 컴퓨터나 스마트폰 등과 같은 전자 매체를 통해서 다양한 정보를 접하고 있다. 과거 종이 신문에 의존하는 사람들이 이제는 전자 매체를 통해서 기사를 읽고 있으며, 종이에 손으로 한 글자씩 써 내려가던 쓰기의 방식도 컴퓨터 글쓰기로 변화하고 있다. 초기에 컴퓨터 글쓰기에 적응하느라 적잖이 어려움을 겪었던 사람들 중에 이제는 컴퓨터가 없으면 원활하게 글이 생성되지 않는다는 사람들도 많다. 이러한 사람들은 시행착오를 거쳐 종이 글쓰기에서 컴퓨터 글쓰기로 쓰기의 방식이 이양된 필자들이라 할 수 있다. 문식성 연구자들의 관점에서 볼 때 20세기 말에서 21세기 초를 살아가는 현 세대는 인쇄 시대의 최정점을 경험한 후 전자 매체를 통해 읽기 쓰기를 하는 매우 특별한 존재들로 이해할 수 있다. 과거 구술 시대와 인쇄 시대의 문식성과 독자의 모습이 사뭇 달랐듯이, 전자 시대의 문식성도 여러 가지 특징이 있다.

전자 매체 시대의 문식성을 이해하기 위해서는 우선 이 시대의 기반인 '디지털 미디어'의 특성을 이해할 필요가 있다. 이재현(2013)은 전통적 미디어와 구분되는 디지털 미디어의 특징을 텍스트의 내용, 텍스트의 구조, 미디어와 이용자 간의 관계, 사회적 관계 측면에서 설명하였다. 이 내용을 표로 재구성하면 〈표 1〉과 같다.

표에서도 확인할 수 있듯이 전통적 미디어와 디지털 미디어는 여러 가지 측면에서 차이가 있다. 또한 디지털 미디어는 지금 이 순간에도 빠르게 변화·발전하고 있기 때문에 앞으로 이와는 전혀 다른

〈표 1〉 디지털 미디어의 4대 특성

측면	특성	특성 설명
텍스트 내용	멀티 미디어	전통적 텍스트: 주로 텍스트나 이미지로 구성.
		디지털 미디어: 텍스트, 이미지, 비디오, 오디오, 데이터 등이 매끄럽게 통합된 미디어.
텍스트 구조	하이퍼 텍스트	전통적 텍스트: 글의 처음부터 끝까지 연속적으로 구성된 선형적(linear) 구조.
		디지털 미디어: 다양한 자료들이 비연속적으로 구성된 비선형적 구조.
미디어와 이용자 관계	상호작용 미디어	전통적 미디어: 미디어와 이용자의 관계가 단절적이고 일방적임.
		디지털 미디어: 미디어와 이용자의 관계가 상호작용적임. 이용자의 반응에 따라 실시간으로 미디어의 어떤 부분이 변경되고 이 변화가 유연하고 순환적으로 이루어짐. 이용자도 자신의 요구가 반영할 수 있는 참여형 미디어를 선호함.
사회적 관계	네트워크 미디어	전통적 미디어: 주로 콘텐츠 제공 업자에 의해서 콘텐츠가 유통됨.
		디지털 미디어: 미디어 이용자는 인터넷과 같은 기술적 네트워크를 통해 사회적 연결망을 형성하여 이용자 간의 관계가 발달하고 있음. 페이스북이나 트위터 같은 SNS의 경우 이용자가 공유하는 콘텐츠의 비중이 매우 큼.

차원의 특징이 나타날 수도 있다. 이런 측면에서 볼 때 디지털 미디어의 특징은 고정적이지 않으며, 앞으로 디지털 미디어 안에도 다양하고 새로운 분화가 나타나리라고 예측할 필요가 있다.

그러나 현재까지 진행된 미디어와 문식 환경의 변화는 이미 사람들의 읽기 쓰기 관습에 상당한 영향을 끼치고 있다. 연구자들은 전자 매체 시대의 새로운 읽기 관습으로 ① 여러 화면에 펼쳐져 있는 텍스트를 넘나들며 읽는 다중적 읽기(multiple reading), ② 읽는 과정에서 다른 독자와 영향을 주고받는 소셜 읽기(social reading), ③ 텍스트 위에 또 다른 정보가 부가되어 증강된 텍스트를 읽는 증강 읽기(argumented reading) 등을 지적하고 있다. 세 가지 새로운 읽기 관습에 대해 이재현(2013: 81-85)의 설명을 정리하면 아래와 같다.

우선 '다중 읽기'(multiple reading)는 하나의 텍스트에만 집중하는 것이 아니라 여러 개의 텍스트를 넘나들며 읽는 관습을 말한다. 이때 다중의 대상이 텍스트를 의미한다는 점에서 독서학계에서 주목하는 다중 텍스트 읽기나 다문서 읽기(multiple-text reading)와 유사한 용어로도 볼 수 있다. 그러나 다중 텍스트 읽기나 다문서 읽기는 기본적으로 단문서 읽기(single-text reading)에 대립되는 용어이고, 이재현(2013)의 다중 읽기는 특히 전자 매체 상에서 동시에 여러 텍스트를 이동하면서 읽어나가는 특성을 강조한 용어이다.

다중 읽기는 다중 윈도(multiple windows)라는 인터페이스의 변화에 기인하는 것이다. 여러 문서를 놓고 작업을 하는 다문서 읽기는 디지털 텍스트 이전에도 있었지만 이는 일반적인 것은 아니었다. 전자 매체의 다중 읽기는 전통적인 읽기에 비해 비선형적 읽기가 극대화 되며, 여러 텍스트에 일시적인 주의를 기울이는 식으로 읽기가 진행된다. 특히 터치스크린이 지원되는 태블릿 PC나 스마트폰으로 텍스트를 읽는 경우에는 촉각적 읽기(햅틱 읽기, haptic reading)가 진행된다는 점에서 매우 다른 읽기 관습이라고 할 수 있다.

'소셜 읽기'(social reading)는 텍스트를 읽기 전, 읽는 중, 읽은 후의 전 과정에서 텍스트를 둘러싸고 개별 독자와 타인 간에 정보, 지식, 정서 등의 교류가 진행되는 읽기 관습을 말한다. 인쇄 시대의 읽기는 기본적으로 개별 독자와 서책의 만남이었다. 이 시대에도 독자는 타인의 책 추천 또는 비평을 듣거나, 이전의 독자가 남긴 밑줄이나 메모를 읽으며 타인과 교감할 수 있었다. 그러나 이때의 독자와 타인과의 사회적 상호작용은 제한적인 형태였다. 반면 전자 시대의 읽기는 이보다 전면적이고 실시간적이며 강화된 소통 행위이다. 아마

존의 전자책인 킨들로 책을 읽다 보면 다른 사람들이 밑줄 친 부분이 표시되고 몇 명이 밑줄을 그었는지도 알 수 있다. 이런 소셜 읽기는 하이퍼텍스트처럼 텍스트의 확장이 독자 차원에서 이루어지며, 텍스트 공동체가 텍스트 자체에서 기술적으로 구현된다는 것이다.

'증강 읽기'(argumented reading)는 증강 텍스트로 인해 실행이 가능해진 읽기를 말한다. 증강 텍스트란 원래 텍스트 위에 다른 정보 층위가 중첩된 텍스트를 의미한다. 텍스트에 쓰인 메모장이 덧붙여지거나 하이퍼링크를 따라 가서 다른 텍스트를 읽게 될 경우에도 텍스트가 증강 되었다고 할 수 있다. 증강 텍스트는 띄어쓰기가 없던 연속적인 글(스크립트 콘티누아)과 근대적 텍스트 이후 역사상 세 번째로 등장한 텍스트 유형이라고 할 수 있다. 따라서 증강 텍스트 읽기는 음독과 묵독에 이은 제3의 읽기 관습으로 간주할 수 있다.

그러나 여러 텍스트를 넘나들며 읽는 다중 읽기는 인쇄 텍스트 읽기와 달리 피상적 읽기에 그친다는 비판을 받기도 한다. 텍스트에 대한 몰입을 특징으로 하는 전통 텍스트와 달리 비선형적이고 다중적인 텍스트는 통제의 목적에서 조작이 간단하게 이루어진다는 점에서 읽기의 피상성에서 벗어나기 어렵다는 것이다. 또한 소셜 읽기나 증강 읽기와 같은 읽기 관습은 텍스트를 이해할 때 다른 사람에 영향을 받기 때문에 개별 독자의 읽기 자율성을 훼손할 수 있다는 문제점이 지적되기도 한다.

인쇄 매체의 등장과 함께 묵독이 지배적 읽기 관습으로 자리 잡으면서 인류의 사고방식과 문화가 크게 변화했듯이, 전자 매체의 등장으로 인해 새롭게 형성되고 있는 읽기 관습이 인류의 사고방식과 문화를 다시 크게 변화시킬 것인가에 대해서는 여전히 논란이 있다. 월터 옹은 전자 매체 시대가 되면서 문자 문화에 의해 약화되었던 언어의 구술성이 다시 강화될 것이라고 보았다. 맥루한 또한 미디어가 메시지라는 유명한 명제를 제시하여 새로운 매체가 인류의 사고방식과 문화를 크게 바꿀 것임을 예고하였다. 묵독이 지배적인 읽기 관습으로 자리 잡았어도 음독 또한 특정한 목적과 맥락에서 여전히 유지되고 있는 것처럼 전자 매체로 인한 새로운 읽기 관습이 등장한다고 해서 기존의 읽기 관습이 사라지지는 않을 것이다. 그러나 새로운 매체에 맞물린 새로운 읽기 관습이 인류의 읽기, 쓰기 문화를 획기적으로 바꾸어가고 있다.

현재 독서 연구자들은 인터넷 상에서의 읽기 활동과 인쇄 글 읽기가 공통점과 차이점을 함께 갖고 있다고 보고 있다(조병영, 2007). 인터넷 읽기도 일반적으로 문자 언어를 포함하기 때문에 인쇄 글 읽기 전략을 온라인에도 적용할 수 있다. 반면에 온라인 읽기는 전통적인 인쇄 글 읽기와는 다른 '시스템 지식'(검색 엔진이나 웹사이트의 구조에 대한 지식)을 요구한다. 그리고 온라인에 존재하는 방대한 정보를 효율적으로 처리하기 위해서는 필요한 정보를 가능한 빨리 찾아내고, 또 정확하게 선별하는 작업이 중요하다. 특히 온라인에는 부정확한 정보가 많이 섞여 있기 때문에 정보의 내용과 질을 평가하는 비판적 읽기 능력이 필수적이다. 또한 여러 문서의 내용을 종합하여 정보를 재구성하는 다문서 독해 전략도 요구된다. 그런데 온라인에 존재하는 정보의 양과 복합양식적 특성, 그리고 비선형적인 구조는 독자에게 인지적 부담을 준다. 그리고 유혹 요인이 많기 때문에 읽기 목적에서 이탈하기 쉽다. 이러한 이유로 인해 온라인 독서를 효율적으로 수행하기 위해서는 독자가 자신의 인지 과정을 점검하고 통제하는 '메타인지 전략(meta-cognitive strategies)'이 중요하다.

〈표 2〉는 이 중에서도 문자와 함께 그림, 사진, 표, 영상, 색상 등

다양한 양식(modes)이 혼합되어 의미를 전달하는 복합양식 텍스트 읽기의 특성을 인쇄 텍스트 읽기에 대비하여 설명한 것이다. 전자 매체의 등장과 함께 읽기 쓰기의 환경과 관습이 바뀌면서 독서(reading)라는 용어 대신에 문식성(literacy)이라는 용어가 널리 사용되고 있다(노명완·이차숙, 2002). 전통적으로 우리는 독서와 작문을 각각 이해와 표현 활동으로 구분해 왔으나, 독서와 작문은 모두 인간의 인지 작용으로 많은 공통점을 가지고 있다. 실제로 작문의 필자는 자기가 작성하고 있는 글의 일차적인 독자가 된다. 그래서 작문의 과정에는 상당한 자가 독서 활동이 포함된다. 이외에도 작문을 위해서는 글의 자료를 얻기 위해 독서 활동이 전제가 되는 경우가 많다. 이와 유사하게 독자들은 독서 후 말이나 글로 자신의 생각이나 느낌을 표현하는 활

〈표 2〉 인쇄 텍스트와 복합양식 텍스트 읽기의 차이

	인쇄 텍스트 기반 읽기	복합양식 텍스트 읽기
의미 전달 도구	단어: 담화, 레지스터, 어휘, 언어적 패턴, 문법, 챕터, 문단, 문장 구조를 포함한 문자 언어(words)가 내용을 설명함(tell).	시각적 이미지: 배치, 사이즈, 모양, 색상, 선, 각도, 위치, 관점, 화면, 프레임, 아이콘, 링크, 하이퍼링크를 포함한 이미지가 내용을 보여줌(show).
감각 사용	시각, 약간의 촉각.	시각, 촉각, 청각, 근감각.
개인 간 의미	대화나 1·2·3인칭 서술자에 기반 한 '언어적 목소리'를 통해 형성됨.	제공/요구와 같은 자리매김(positioning), 각도, 관점과 같은 '시각적 목소리'를 통해 형성됨.
스타일	문자 언어 사용 속에 나타나는 어조, 억양, 유머, 아이러니, 풍자, 말놀이와 같은 언어적 스타일. 타이포그래픽 배열, 양식, 배치, 폰트, 구두점.	매체의 선택, 그래픽, 애니메이션, 프레임, 메뉴판, 하이퍼링크와 같은 시각적 스타일.
형상화	묘사, 이미지, 상징, 은유, 직유, 두운을 포함한 언어적 형상화.	색상, 모티브, 아이콘, 반복을 통한 시각적 형상화.
읽기 경로	선조적이거나 연속적인 경우가 많음. 독자들은 대체로 텍스트의 읽기 경로를 그대로 따름.	비선조적이고 비연속적인 경로(vectors). 독자는 텍스트를 선택하고 상호작용할 기회를 더 많이 갖게 됨.

출처: Walsh(2004: 11).

동을 수행하는 경우가 많다. 또한 독자는 독서의 과정 중에 글의 내용을 수용할 뿐만 아니라 감정을 느끼고 상당한 양의 새로운 지식을 생성하기도 한다. 따라서 독서는 지식의 수용(이해) 활동으로, 작문은 온전히 지식의 생산(표현) 활동으로 보는 이분법적 시각에는 한계가 있다. 더구나 디지털 공간에서는 읽기와 쓰기가 통합되어 분리되지 않는 경우가 많다.

이처럼 독서와 작문의 연계성을 새롭게 해석하는 관점이 대두되면서 문식성(文識性)이라는 용어가 학계와 사회에 확산되고 있다. 문식성은 문(文)으로 상징되는 문자 언어를 알고 다루는 능력[識]을 의미하는데, 독서와 작문을 독립적이거나 대립적인 행위가 아닌 하나의 복합적 행위로 보는 특성이 있다. 최근 문식성의 개념은 그 학문적, 사회적 지위를 새롭게 확장해 나가고 있는데, 이를 문식성의 재개념화라고 한다. 실제로 문식성은 컴퓨터 문식성, 수학 문식성, 정보 문식성, 직업 문식성, 성인 문식성, 다문화 문식성과 같이 특정 분야(대상)에 붙어 그 분야의 활동에 필요한 기초적인 능력으로 그 의미가 확장되고 있다.

독서교육 연구자들은 현 시점이 문식성의 오랜 역사 속에서도 특히 재개념화 양상이 급격히 진행되는 특별한 시기임을 인지하고 그 양상에 주목하고 있다. 『독서교육론』(이순영 외, 2015: 36-40)에는 문식성의 재개념화 양상을 다음과 같이 정리하고 있다.

독서의 개념이 수천 년 동안 끊임없이 변화해 왔듯이, 문식성의 개념도 역동적으로 변화·발전하고 있다. 정혜승(2008)은 문식성의 개념 변화를 검토하면서 문식성의 '문(文)'과 '식(識)'의 내용이 변화하고 있음을 지적하였다. 정혜승(2008: 174)에 의하면 "과거에는 인쇄 매체 중심의 문자 언어 지배적인 단일한 양식(mono-mode) 텍스트가 '문'

을 대표하였다면, 현대에는 다양한 매체를 통해 문자 언어는 물론이고 음성언어, 그림, 도식, 영상, 음악, 사진 등 다양한 양식이 복합적으로 작용하는 복합양식 텍스트(multimodal text)가 '문'의 자리를 대표"하고 있다. 동시에 '식'도 전통적인 독서와 작문 능력의 합에서 나아가 지식 정보화 사회의 발전에 따라 새로운 내용과 수준을 포함하게 되었다.

인류의 과학 기술은 이 순간에도 끊임없이 변화·발전하고 있으며, 앞으로도 문식 환경의 변화에 따른 문식성의 재개념화 작업은 계속될 것이다. 그리고 독자들이 온·오프라인의 공간에서 인쇄·디지털 매체를 매개로 하여 수행하는 문식 활동도 더욱 다양해질 것이다. 독서와 문식성은 수천 년 동안 문자 언어에서 복합양식의 다양한 기호 체계를 대상으로 하여, 기호의 해독부터 지식의 생산과 적극적 소통을 통한 비판적 문식성에 이르기까지 그 의미역을 확장해 왔다. 특히 21세기의 문식성은 이미 그 '문'과 '식'의 의미역이 매우 넓어져 더 이상 하나의 문식성으로 그 전체를 규정하기 어려운 상황이다. 이런 맥락에서 21세기는 다중 문식성(multiple literacies)의 시대라고도 명명할 수 있다. 다중 문식성 시대에 독자는 다양한 의사소통 양식, 문화, 언어, 매체 속에서 중층적으로 의미 구성 활동을 설계(design)하고 또 실행(practice)할 수 있어야 한다(윤준채, 2009). 이를 위해서 독자는 다양한 미디어를 활용할 수 있는 기술력을 갖추어야 할 뿐만 아니라 다양한 자료의 신뢰성을 판단할 수 있는 비판적 읽기 능력과 지식을 창조하는 능력을 갖추어야 한다.

2. 독자의 발달과 특성

독서 행위의 주체는 독자이다. 책은 그 자체로 우리에게 아무것도 전해 주지 않는다. 책에서 저자의 목소리를 느끼고 의미를 떠올릴 수 있는 것은 오롯이 독자의 능력이다. 독자가 기호를 보고 자신의 배경지식에서 관련된 의미를 떠올려 능동적으로 의미를 구성해야만 책의 의미가 살아난다. 따라서 죽은 책을 살려내는 것은 독자라고 할 수 있다.

그러나 독서의 개념을 규정함에 있어서 독자의 중요성이 제대로 인식된 것은 20세기의 일이다. 과거 오랜 기간 동안 독서에 대한 인식은 독서 자료인 텍스트를 중심으로 이루어졌고 독자의 존재감은 미약했다. 따라서 독자의 발달에 대한 연구도 본격화된지 오래되지 않았다. 독자의 읽기 능력 발달에 대한 연구로 가장 널리 알려진 것은 진 촬(Jeanne Chall)의 발달 단계이다.

진 촬은 초등학교 이전 시기는 읽기의 준비 단계로 설정하였으며, 초등학교 1-2학년에 해당하는 시기부터 대학생 이후의 성인기까지를 크게 5단계로 구분하여 제시하였다. 이 발달 단계에서 보면 독서 발달의 초기라고 할 수 있는 초등학교 시기의 발달 과정이 상세하게 제시되어 있는 반면에 18세 이후 성인기의 독서 발달에 대해서는 자세히 다루지 않고 있음을 알 수 있다. 그러나 최근에는 성인기의 독서 발달 단계도 성인기와 노년기로 구분하여 전 생애에 걸친 독서 발달에 대해 연구하고 있다.

현대인은 태어나서 평생토록 독자로서의 삶을 살아가는 '평생 독자(life-long readers, life-time readers)'이기 때문에 독자의 발달 과정도 전 생애에 걸쳐 변화하게 된다. 이 독자들은 출생 이후 다양한 언어

〈표 3〉 Chall(1996)의 독서 발달 단계

단계0 : 읽기 전 가정된 읽기 단계 – 0~6세
단계1 : 초기 읽기 해독기 – 1~2학년 초(6~7세)
단계2 : 해독 유창성 – 2~3학년(7~8세)
단계3A: 새로운 지식 학습을 위한 읽기 – 4~6학년(9~11세)
단계3B: 새로운 학습을 위한 읽기 – 7~9학년(12~14세)
단계4 : 다양한 관점 – 10~12학년(15~17세)
단계5 : 구성과 재구성 – 대학생 이후(18세 이상)

자극을 접하고 과거 그 어느 시대나 사회보다 풍부한 문식 환경 속에서 성장해 왔다. 그리고 청소년기를 거치면 성장한 이후에도 읽고 쓰는 독자로서의 삶은 평생토록 지속되기 때문에 평생 독자라는 용어가 사용되고 있다. 현대 사회에서 개인의 일생은 매 순간이 언어 사용자이자 곧 독자로서의 삶이기도 한 셈이다.

중요한 점은 역사 이래 가장 많은 독자가 존재하고 있는 이 시점에 개별 독자의 독서 능력도 가장 높은 수준이라는 점이다. 그리고 사회가 급속도로 발전함에 따라 개인에게 요구되는 문식성(literacy)의 수준은 더욱 높아지는 추세이다(노명완·이차숙, 2002). 이런 맥락에서 볼 때 청소년기는 가정과 학교와 사회의 지원 속에서 독자로서의 면모를 갖추는 중요한 시기라 할 수 있다. 그리고 청소년 독자에게 요구되는 역량도 점점 더 높고 풍성해지고 있다. 이 책에서는 평생 독자의 관점에서 아동 독자, 어린이 독자, 청소년 독자, 성인·노년기 독자의 발달과 특성을 개관하고자 한다. 아동 독자는 초등학교 이전 시기로 독서 준비기에 해당하며, 어린이 독자는 초등학교 시기의 독자, 청소년 독자는 중, 고등학교 시기의 독자, 성인기 독자는 청장년층 독자를 말하며, 노년기 독자는 노년에 접어든 독자들이다.

1) 아동 독자의 발달과 특성[1)]

현대인은 생애의 대부분을 독자로서 생활하는데, 그 시작점은 영·유아기다. 생후 약 3-5년에 이른 아이는 글자나 단어를 지각하고 습득하기 시작한다. 이 때는 문식성이 조금씩 드러나기 시작한다는 의미에서 '발생적 문식성(emergent literacy)' 시기라 부른다. 이 시기의 아동은 구어를 익히는 단계에 있으며 대부분의 아동은 만 5세를 전후하여 모국어를 상당히 습득하게 된다. 아동이 말을 배우는 이 시기는 문자에 노출될 수는 있지만 문자 학습이 주가 되지는 않는다. 이 시기에 아동은 구어 학습을 진행하면서 동시에 문어 학습을 시작하기 위한 기본 조건을 갖추게 된다. 철자의 형태적(시각적)차이를 인식하거나 음소를 인식하는 등의 이러한 조건을 '읽기 준비도(reading readiness)'라고 한다. 이처럼 아동의 신체적, 인지적, 심리적 발달이 진행되면서 그에 적합한 독서 발달의 단계로 진입하게 된다.

아동의 발달 과정을 조금 더 구체적으로 살펴보면 태어난 후 감각 기능의 발달과 함께 언어 발달이 진행되는 양상을 확인할 수 있다. 만 1세 이전의 아동은 아직 말을 할 수는 없지만 부모나 주변 사람들의 말소리에 반응하면서 조금씩 언어 활동에 참여하게 된다. 만 1세가 되면 한 낱말로 된 단어를 발음할 수 있게 되고 점차 발음할 수 있는 단어의 수가 늘어난다. 그리하여 만 2세가 되면 두 단어를 엮어서 나름대로 문법을 갖춘 말을 할 수 있게 되고 만 3세가 되면 어른들이 쓰는 문장과 같은 수준의 문법을 구사할 수 있게 된다. 초기의 언어 발달은 이처럼 구어를 중심으로 시작되며 개별 아동에 따라 그

---

1) 이하 1)-4)절은 이순영 외(2015)에서 필자가 집필한 51-60쪽의 일부 내용을 수정·보완한 것임을 밝힘.

시기와 발달 수준에 상당한 차이가 나타난다.

중요한 점은 구어를 배우면서 점차 문자 학습이 시작된다는 점인데, 아동이 문자를 지각하고 문자에 대칭되는 소리(음소)를 인식하면서 본격적인 읽기 학습이 진행된다. 초기의 읽기 학습은 문자(한글)를 익혀서 해독(decoding)하는 데 집중된다. 문자를 인식하는 단계부터 글 깨치기 학습을 마무리 하는 대략 3-9세 정도의 아동을 '아동 독자'라고 명명한다. 아동 독자는 미취학 상태에서 초등 저학년에 이르는 시기의 독자로 가정, 보육 시설, 유치원, 초등학교 등의 다양한 문식 공간에서 문자(책)를 접하고 초기 독서 활동을 수행하는 존재이다.[2)]

아동 독자 시기의 독서 활동은 아동의 독립적인 활동보다 성인의 도움 속에서 진행되는 경우가 많고, 특히 가정 내 부모의 영향이 매우 크다. 독자의 전 생애를 고려할 때 아동 독자의 시기는 물리적으로 긴 시간이 아닐 수 있다. 그러나 아동 독자기는 개인이 처음으로 문자를 익히고 독서(읽기) 활동을 시작하는 시기이다. 이 시기의 독서 경험은 독서에 대한 태도와 능력 형성의 근간이 되며, 일부 독자의 경우 이 시기의 경험이 생애 독자의 기간 동안 상당한 영향을 미치는 것으로 보고된다. 이에 독자 개발과 독서교육적 측면에서 볼 때 아동 독자 시기의 독서 경험은 그 중요성이 매우 크다고 할 수 있다.

---

2) 아동에게 언제부터 문자(한글)를 지도하고 읽기 학습을 시작해야 하는가 하는 문제는 논쟁 사안이다. 아동이 생활하는 다양한 공간에는 문자가 존재하며 일부 아동들은 초등학교에 입학하기 전에 상당 수준의 문자를 습득하기도 한다. 그리고 일부 가정에서는 학교 학습을 준비시키기 위한 목적으로 영·유아 시기부터 한글 지도를 시작하기도 하였다. 이에 정부에서는 한글 선행학습의 부담을 덜어주고 보다 체계적으로 읽기 학습을 지도하기 위하여 2017년부터는 초등학교 1학년에 입학한 후에 '국어' 교과 시간에 한글 깨치기 학습을 진행하도록 하고 있으며 2015 개정 '국어' 교과서에는 이러한 교육 내용이 반영되어 있다. 이를 '문자해득교육', '한글 문해학습', 또는 '한글 책임 교육'이라 부른다.

아동 독자들은 풍부한 문식 환경 속에서 문자를 학습하고 또 성인들과 책을 매개로 하는 의사소통을 활동을 해 나가면서 점차 독자로서의 능력과 태도를 발전시키게 된다. 이 시기에 특히 부모와 같은 '영향력 있는 성인'이 중요한데, 아동이 문자(책)에 관심을 갖고 독서를 즐거운 경험으로 인식할 수 있도록 지원해야 한다. 이 시기의 아동 독자를 지도하는 부모나 성인들은 장기간에 걸쳐 다양한 읽어주기(read-aloud) 활동이나 함께 읽기 활동을 수행하게 된다. 이러한 초기 독서 활동은 그 자체로 중요한 읽기 지도의 방법인 동시에 일종의 모델링 활동이라고 할 수 있다. 이때 아동 독자가 성인과 함께 수행하는 독서 활동은 인지적 자극인 동시에 사회적 활동이며 참여자들이 정서적 교감하는 계기가 된다. 책을 둘러싼 다양한 사회적 소통 경험과 정서적 만족감은 아동 독자의 독서 동기를 촉진하는 매우 중요한 원천이 된다.

아동 독자에게 적합한 양질의 독서 활동을 진행하기 위해서는 아동의 수준과 교육 목표에 맞는 텍스트, 학습활동, 그리고 사회적 상호작용이 필요하다. 아동 독자의 주요 독서 자료는 그림이야기책이다. 아동 독자는 초기에 글자가 없는 그림책(글 없는 그림책)에서 출발하여 점차 글자가 많이 포함된 책(글 중심의 그림책)으로 이양하게 된다. 또한 글과 그림이 함께 있는 그림책의 경우, 눈으로는 그림을 보고 귀로는 성인이 읽어주는 내용을 들으면서 독서 활동을 수행하게 된다. 이는 구어에서 문자 세계로 이양되는 시기에 한시적으로 경험하는 매우 독특한 독서 방법이라고 할 수 있다.

아동 독자는 아직 문자 습득이 완전하지 않고 독서 능력도 낮기 때문에 텍스트에 각별한 주의를 기울일 필요가 있다. 그림이야기책은 그림과 글자가 함께 의미를 전달하는 아이코노텍스트(iconotext)로서 일종의 복합양식 텍스트라고 볼 수 있다(서정숙 외 역, 2011). 그림이야기책의 그림과 글은 다양한 방식(예: 상호보완, 중복·반복, 병렬)으로 의미를 전달한다. 그리고 아동 독자는 이러한 그림과 글의 정보를 종합하여 독해 활동을 수행한다. 그림이야기책 중에는 팝업 등의 장치나 천과 같은 다양한 재질을 사용하여 시각이나 촉각적 자극을 극대화한 경우도 많다. 그림이야기책은 아동이 책에 관심을 갖도록 유도하고 독서의 즐거움을 주기 위한 내용을 담고 있는 경우가 많지만, 한글 깨치기나 행동 교정(예: 식탁 예절, 스스로 옷 입기) 등 특정한 목적을 강하게 갖고 있는 책도 있다.

아동 독자와 그림이야기책은 각기 아동 문학의 주요 대상이기도 하다. 전통적으로 아동 문학은 아동을 독자로 설정하지만, 성인 작가가 집필하는 이중적 성격의 텍스트였다. 17세기까지 아동을 위해 출판된 책은 훈육을 목적으로 하는 교과서나 도덕책이 많았다. 그 이면에는 아동을 미숙하고 이기적이며 불필요하고 때로는 사악한 존재로 보는 아동관이 깔려 있었다. 이후 아동이나 아동기에 대한 사회의 관점은 계속해서 변화하였다. 아동은 순수한 존재, 성인의 미니어처, 미완의 상태이지만 미래 사회를 책임질 잠재력을 가진 미성년(소년/청년)으로 보는 등 다양한 관점에서 규정되었다. 최근에는 아동을 성인에 대비하지 않고 그 자체로 완전한 존재로 보고, 아동 독자들이 텍스트를 이해하고 그에 반응하는 방식을 그 자체로 존중하고자 하는 관점이 강하다.

이처럼 아동이 사회·역사·문화에 따라 새롭게 개념화되면서, 그림이야기책을 포함한 아동 문학의 내용과 형식도 분화되고 있다. 일례로 최근의 포스트모던 그림이야기책은 다루고 있는 주제는 물론 형식 측면에서도 과거의 그림책과는 확연히 다른 모습을 보인다. 가족이나 개인 간의 갈등, 성, 불평등, 외모, 억압, 폭력, 욕망, 인종, 빈부, 사회 구조적 문제와 같이 자유롭고 때로는 금기시 되던 주제가 그림이야기책으로 표현되고 있다. 그림이야기책의 물리적 소재와 형식(삽화, 배치, 글자 등)도 놀랍도록 변화·발전하고 있다. 그림이야기책의 예술성과 완성도가 높아지고 그 수준이 다원화되면서 독자층이 청소년이나 성인까지 확대되고 있는 점도 주목할 만하다. 이러한 영향으로 인해 최근에는 그림이야기책이 초등학교는 물론 중·고등학교에서도 중요한 독서 자료로 재조명되고 있다.

2) 어린이 독자의 발달과 특성

생애 독자의 두 번째 시기는 '어린이 독자'라고 할 수 있다. 사전적 정의에 의하면, 어린이는 대개 4-5세부터 초등학생까지의 아이를 일컫는다. 이러한 규정에 의하면 미취학의 어린이 독자는 아동 독자로도 규정할 수 있다. 그러나 독자의 발달 측면에서 볼 때, 4-13세의 10년은 독자의 일생 중에서 가장 경이로운 변화가 일어나는 시기이다. 이 시기에 독자는 발생적 문식성 단계에서 출발하여 능숙한 독자로 성장하게 된다. 그러므로 이 책에서는 이 시기를 한 단계로 묶기보다는 미취학 시기는 아동 독자로, 취학 후인 초등학교 시기는 어린이 독자로 규정하여 살펴보고자 한다.

어린이 독자는 초등학교 생활을 시작하면서 학교 시스템 속에서 본격적인 독서교육을 받게 된다. 취학 후 어린이 독자의 생활은 가정에서 학교로 그 중심이 이동하고, 학교생활과 또래 집단과의 관계가 중요한 비중을 갖게 된다. 이 시기의 학습자는 급격한 인지·정의·사회적(도덕적) 발달을 통해 평생 학습의 기반을 마련하게 된다. 특히 독서 능력은 이 시기의 학습자에게 요구되는 가장 중요한 기초 학습 능력이다.

그러나 초등학교에 입학하는 어린이 독자의 수준은 편차가 매우 큰 것이 특징이다. 일부의 학생들은 체계적인 문자 지도나 책에 대한 경험이 거의 없는 상태(예: 책을 펼쳐 어느 방향으로 읽어 나가야 하는지 알지 못함)로 초등학교에 입학한다. 반면에 생후 3-4년 시기부터 문자 습득을 시작해서 초등학교에 입학하는 시점에는 상당한 수준의 문식성을 갖추고 있는 독자도 있다.[3] 그러므로 초등학교 저학년에서의 독서지도는 학년의 특성은 물론 개별 독자의 발달 단계와 특성을 고려해서 기획될 필요가 있다.

어린이 독자를 위한 독서지도는 독해력을 높이는 데 집중된다. 구체적으로는 아동 독자 때 시작된 ① 한글 깨치기를 위한 읽기 학습(learning to read)을 완성하고 ② 음독 유창성을 획득하여 ③ 독해 능력을 증진시키게 된다. 실제로 우리나라 초등 1-2학년의 독서교육은 글 깨치기와 읽기 유창성(reading fluency) 획득에 집중된다. 이후 유창한 음독을 통해 문자 해독이 자동화되면, 독자의 에너지는 자연스레 글의 내용을 이해하는 독해 활동으로 넘어간다. 이런 이유로 초등 3-4학년 이후의 독서교육은 기초적인 읽기 기능의 연습을 통한 의미 구성(meaning construction)에 집중된다.

초등 저학년은 독자로서의 인지적 능력뿐만 아니라 정의적이고 사회적인 측면의 여러 특성이 형성되는 중요한 시기이다. 그러나 이 시

---

3) 2015년에 265명의 학생을 대상으로 수행된 연구 결과(이순영, 2016)에 의하면, 우리나라의 초등학교 1학년 학생들은 입학 첫 학기에 읽기 능력은 NRI(노명완독서평가) 기준 42점, 쓰기 능력은 20분간 설명하는 글을 쓸 때 약 49글자(3문장)를 생성하는 문식성을 갖추고 있다.

기의 독해력이 각별히 중시되는 이유는 독해력이 곧 학습 능력의 기초가 되기 때문이다. 초등학교 3-4학년 단계까지 기본적인 독해 능력을 습득하지 못한 학습자는 교과 학습에 큰 어려움을 경험하게 된다. 모든 교과의 학습은 기본적으로 독서 활동이기 때문이다. 적절한 독해 능력을 습득하지 못하면 효과적인 학습도 불가능하다. 이런 이유로 세계 여러 나라에서는 초등에서의 독서(읽기) 부진이 학습 부진이나 학습 장애로 악화되지 않도록 많은 노력을 기울이고 있다. 특히 독서 부진 학습자는 학년이 높아질수록 일반 학습자와의 간극이 급격히 벌어지기 때문에, 초등 저학년 단계에서 조기 진단과 집중적인 지도가 필수적이다. 우리 정부도 2012년부터 학습종합클리닉과 기초학력 지원 사업을 통해 5대 교과(국·영·수·사·과)와 기초 기능(3Rs: 읽기 reading, 글쓰기 writing, 수학 arithmetic) 분야에서 부진 학생이나 경계 학생을 위한 진단과 보정 시스템을 운영하고 있다. 특히 2016년 3월에는 '느린 학습자 지원법'이 마련되어 경계선급 지능(IQ 70-85) 학생의 지원이 강화되었다.

어린이 독자는 다양한 문식 환경에서 상이한 성격의 독서 활동을 수행하게 된다. 미취학 시기에는 주로 가정이나 보육 시설 또는 유치원에서 자유 독서(reading for pleasure) 활동을 한다. 자유 독서는 개인의 자율적인 독서 활동을 의미한다. 자유 독서는 주로 여가 시간에 이루어지며, 즐거움을 목적으로 관심 있는 분야의 책을 읽는 경우가 많다. 자유 독서는 전 연령대의 독자가 수행할 수 있는 기본 활동이지만, 자발성을 전제로 하기 때문에 도서에 대한 독자의 관심과 흥미가 필수적인 조건이다. 성인 독자는 스스로 관심 분야의 책을 선택할 수 있지만, 아동 독자는 성인(부모나 유치원 교사 등)이 추천한 도서를 읽는 것이 일반적이다. 이때 성인은 아동·어린이 독자가 책에 관심을 갖도록 유도하고, 독자의 상상력이나 창의성을 자극하고, 올바른 인성과 독서 습관을 촉진하고자 노력한다. 성인이 어린이 독자에게 추천하는 도서는 서사 장르의 그림이야기책으로, 재미와 교훈을 함께 제공할 수 있는 내용인 경우가 많다.

자유 독서는 초등학교에서도 중요한 활동으로 자리 잡고 있다. 학교에서는 학교도서관이나 각종 동아리 프로그램, 학급 문고, 아침 독서 시간을 운영하여 어린이 독자들의 자유 독서 활동을 적극적으로 지원하고 있다. 또한 학교 밖의 다양한 공간(예: 가정, 지역 사회, 학교 외 각종 교육기관 등)에서의 문식 활동 중에서도 자유 독서는 일정한 비중을 차지하고 있다. 현재까지도 어린이 독자를 대상으로 한 가정과 학교 안팎의 독서 활동은 대부분 자유 독서에 해당된다. 그 이면에는 자유 독서가 어린이 독자의 독서 동기를 높이고 독서 습관을 형성하는 데 도움이 된다는 사회적인 믿음이 존재한다. 그러나 한편으로는 지금까지의 어린이 독서지도가 지나치게 자유 독서에 치중하였고, 어린이를 위한 추천도서목록도 장르나 주제 측면에서 다원화가 필요하다는 지적도 있다. 어린이 독자를 위한 자유 독서 프로그램은 개별 독자의 구체적인 특성(예: 나이, 독서 수준과 동기, 관심 분야, 문식 환경 등)을 적극적으로 고려하여 설계해야 한다. 그리고 어린이 독자이지만 도서의 선정이나 독후 활동에 대해서는 독자 자신의 선택을 일정 수준 보장할 때 양질의 독서 활동이 가능하다.

이와 함께 주목할 점은 어린이 독자의 학년이 높아질수록 자유 독서에 비해 학습 독서(reading for learning/study)의 중요성이 높아진다는 점이다. 학습 독서는 자유 독서와 달리 유목적적인 독서 활동으로 학습과 연계된 독서 활동을 의미한다. 교과 공부와 연계한 교과 독서나 성인들이 직무와 연계하여 수행하는 직무나 전문 독서는 모두 학습 독서이다. 독서는 즐겁고 자유로운 활동이어야 한다고 생각하는 이들이 많다. 그러나 평생 독자의 상황에 따라 독서의 목적은 다양할 수 있다. 독자의 상황에 따라 자유 독서와 학습 독서의 적정 비율을 찾을 필요가 있다.

예를 들어, 미취학 아동이나 노인은 자유 독서의 비율이 높아도 무방하다. 그러나 중·고등·대학생이나 직장인에게는 자유 독서 활동만을 강조할 수는 없다. 이 시기의 독자에게는 여가 시간에 자율적으로 수행하는 자유 독서와 별개로, 자신의 학업이나 직무와 직결되는 독서 활동이 필요하기 때문이다. 또한 학습 독서나 교과 독서 활동은 문학 텍스트(literary text)보다는 세상 각 분야의 지식과 정보를 논리적으로 다루는 정보 텍스트(informational text)를 대상으로 하는 경우가 많다. 어린이 독자의 독서 흥미나 동기는 매우 다양하므로, 다양한 분야와 장르의 텍스트를 접할 수 있도록 지도해야 한다. 현행 학교도서관의 장서 구성이나 학교 안팎의 독서 프로그램 중에는 문학 텍스트의 비중이 지나치게 높은 경우가 많다. 독서교육 담당자들은 이 점을 염두에 두고 자유 독서와 학습 독서, 그리고 텍스트의 주제·장르·난도의 균형을 고려하여 프로그램을 운영할 필요가 있다.

3) 청소년 독자의 발달과 특성

평생 독자의 세 번째 시기는 '청소년 독자'[4]이다. 아동 독자나 어

4) 이 연구의 목적 자체가 청소년 독자가 누구이며, 어떠한 특성을 갖는지를 그들의 정체성과 독서 활동을 중심으로 살펴보는 데 있다. 청소년 독자의 개념과 이들의 기본적인 특징을 개관하는 작업은 2장에서 보다 본격적으로 진행된다. 3장에서는 청소년 독자를 둘러싼 문식 환경과 그 안에서의 문식 활동을 검토하고, 이 연구의 핵심인 청소년 독자의 정체성과 문식 활동의 특성을 탐구한 결과는 주로 4장에서 밝히고자 한다.

린이 독자처럼 청소년 독자도 그 범위를 설정하는 데는 논쟁이 있다. 청소년 기본법 제3조 1항에 의하면, 청소년은 9세 이상 24세 이하인 사람을 말한다. 초등학교 중학년부터 성인(대학생)에 이르는 시기를 모두 포함하고 있는 셈이다. 그러나 청소년의 법률적 범위는 아동의 경우처럼 사회의 통용 범위와는 상당한 차이가 있다. 일반적으로 청소년은 10대 중후반 시기로 중·고등학교 교육을 받는 시기의 사람을 의미한다. 이 책에서는 중·고등학생의 연령대(13-18세 내외)를 청소년 독자로 설정하고자 한다.

청소년은 복잡하고 다층적인 존재로 알려져 있다. 개인의 신체적·인지적·정서적인 측면에서 볼 때, 청소년기는 비약적인 변화와 성숙의 시기라고 볼 수 있다. 무엇보다도 청소년들은 자신의 자아를 발견하고 개인적인 성향을 발현하게 된다. 그러나 이러한 '나'다움에 대한 발견과 표출로 인해 청소년에 대한 사회적 시각은 불안정하고 다루기 불편한 존재(예: 반항아, 사춘기, 질풍노도의 시기)나, 청소년과 관련된 각종 문제(예: 게임이나 인터넷 중독, 학교 폭력)를 강조하는 경우가 많았다. 그러나 최근에는 청소년기를 불안정한 훈육의 대상으로 보는 시각에서 벗어나, 복잡하고 다층적인 특성을 있는 그대로 인정하는 새로운 관점이 강조되고 있다.

독서교육의 측면에서 보면 청소년 독자는 매우 중요한 대상이다. 동·서양을 막론하고 독서교육은 글 깨치기에서 출발했기 때문에 미취학이나 초등 저학년 교육에 편중된 특성이 있었다. 청소년 독자는 독서 연구는 물론 독서교육의 측면에서도 오랜 동안 소외되고 방치된 독자들이었다고 할 수 있다. 이러한 문제의식은 외국에서도 동일하게 제기되고 있다. 일례로 국제문식성학회(International Literacy Association, 구 국제독서학회)에서 매년 실시하는 What's Hot 조사에 의하면 청소년 독자와 청소년 문식성(adolescent literacy)은 더 많은 관심과 연구가 필요(should be hot)한 영역으로 손꼽히고 있다.

또한 청소년 독자는 학교를 통한 독서교육의 종착점이라는 점에서 특별한 의미가 있다. 초·중·고등학교 독서교육의 목표는 고등 수준의 독서 능력을 갖추고, 아울러 독서를 즐기는 자율적 독자를 육성하는 데 있다. 고등학교를 졸업하는 시기의 청소년 독자는 12년간 참여한 학교 독서교육을 통해 이러한 목표를 달성해야 한다. 그러나 현실의 청소년 독자는 학업에 대한 부담 속에서 독서 동기가 급감하고, 독서량도 크게 줄고, 독서에 대한 가치 인식은 물론 독서와 관계된 개인적 또는 사회적 활동도 악화되는 상황이다. 어린 독자들에 비해 청소년 독자를 위한 학교, 국가, 사회 차원의 지원도 상대적으로 미약하다.

그러나 초등의 글 깨치기나 초기 문식성 습득 이상으로 중등의 독서교육은 중요하다. 아동이나 어린이 독자에게 글 깨치기를 기치로 한 독서교육은 생존을 위한 기초 기능의 습득이라는 측면에서 당위적인 성격을 갖는다. 그러나 청소년 독자에게는 어린이 독자와는 비교할 수도 없는 고등 수준의 독해 능력과 전략이 요구된다. 청소년 독자는 사고력은 물론 독서의 전 영역에서 모든 능력이 급속도로 발달하고 또 완성되는 시기이며, 특히 독자 정체성(reader's identity)이 형성되는 특징이 있다. 이때 독자의 정체성은 텍스트에 담겨 있는 세상은 물론 나 자신, 그리고 나를 둘러싼 현실의 세상을 특정한 시각에서 인식하도록 하는 핵심적인 기반이 된다. 이런 맥락에서 볼 때, 정체성이 확립된 청소년 독자는 비로소 텍스트(글쓴이)와 대등하거나 텍스트보다 우위의 입장에서 능동적인 독해 활동을 수행하게 된다. 이러한 측면에서 볼 때, 청소년 독자는 어린이 독자와는 다른 차원의 지속적인 독서 활동과 지원이 필요하다.

청소년기는 정체성의 형성과 작용이 두드러지는 시기이기 때문에, 청소년 독자를 이해하기 위해서는 독자가 속한 사회·문화적 환경을 파악할 필요가 있다. 청소년 독자의 텍스트 이해나 문식성 실행(literacy practice)은 개별 독자의 고유한 특성이라기보다는 독자와 독자를 둘러싼 환경과의 상호작용 결과이기 때문이다. 청소년 독자는 자신이 접해온 텍스트와 상황에 영향을 받지만, 동시에 자신이 접하는 외부의 환경과 자극을 비판적으로 인식하고 이를 변화시키는 주체로서 행동한다. 그런데 청소년 독자가 주체자(agent)로서 성장하여, 다시 사회에 참여하고 영향을 미치는 건강하고 생산적인 에너지를 획득하기 위해서는 해당 독서 활동이 독자에게 의미가 있어야 한다. 청소년 독자가 자신의 문식 활동에 의미를 부여하고, 나아가 이 문식성 실행이 다시 독자에게 긍정적인 에너지를 제공(empowerment)할 때 독자는 능동성과 건전한 비판성을 유지할 수 있을 것이다.

4) 성인 독자와 노인 독자의 발달과 특성

독자의 전 생애 중에서 청소년기 이후는 기본적으로 성인 독자라고 볼 수 있다. 그러나 최근에는 노후가 길어지고 성인 독자의 상황이 분화되면서, 20-65세의 성인 독자와 65세 이후의 노인 독자를 구별한다. 이때 성인 독자는 대학생을 포함하여 직업을 갖고 사회 활동을 수행하는 연령대의 사람들을 의미하고, 노인 독자는 직업 생활에서 은퇴한 노년기 독자층을 의미한다.

20대 이후 성인 독자들의 독서 흥미와 관심 수준을 살펴보면 초등학교 때 가장 높은 수준이었다가 이후 약화되는 양상을 확인할 수 있

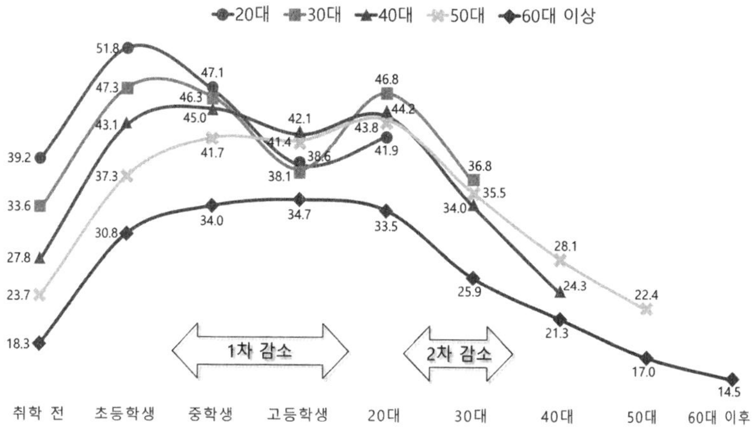

출처: 이순영 외(2018: 45).

〈그림 1〉 생애 독서 그래프: 책에 대한 관심과 흥미 변화

다. 평생 독자들의 생애 주기별 독서 흥미와 관심 수준의 변화 양상을 확인한 이순영 외(2018)의 연구 조사에 의하면, 초등학교 때 가장 높았던 독서에 대한 흥미와 관심은 중·고등학교기를 거치면서 악화되지만, 입시가 끝나고 20대에 이르면서 일시적으로 회복된다. 그러나 다시 취업을 준비하고 직장생활을 시작하는 20대 후반부터 하락하여 30대 이후에는 지속적으로 악화되는 양상이다. 이러한 조사 결과를 통해 생애 독자의 수기에서 10대의 '중등 학교기'와 20대밀-30대의 '사회 초년기', 두 시기가 주요 '비독자 생성기'임을 확인할 수 있다

이순영 외(2018)에서 밝힌 성인들의 〈생애 독서 그래프〉에 의하면, 연령대에 따라 독서에 대한 흥미와 관심의 양상이 다르게 나타났다. 우리나라 성인들은 60대에서 30대까지는 독서에 대한 흥미와 관심 수준도 꾸준히 높아졌다. 그러나 20대에는 이 양상이 꺾여서, 사실상 30대가 독서에 대한 흥미와 관심이 가장 높은 연령대인 것으로

나타났다. 현재의 10대는 20대보다도 독서에 대한 관심과 흥미가 더욱 낮은 수준임을 알 수 있다. 현재의 10대 청소년 독자들이 성인이 되었을 때 이들의 독서 동기나 실태에 대해 시계열적으로 추적할 필요가 있다.

성인 독자는 일정한 수준의 독서 능력을 이미 갖추고 있는 존재이다. 성인 독자 중에서도 대학생 독자는 학문 공동체에 참여하여 학술적 문식성(academic literacy)을 실행하게 된다. 이들은 다양한 분야의 교양 독서도 하지만 자기 전공 분야의 소양을 기르기 위한 독서 활동에 집중한다. 학습을 위한 독서의 비중이 크다는 점에서 보면 청소년 독자와 비슷한 점이 있지만 대학생 독자들은 전문 분야에 대한 지식을 습득하고 나아가 지식 생산을 위한 학술적 문식 활동을 한다는 점에서 차이가 있다.

대학생 독자들이 사회에 나가서 직업을 갖게 되면 다시 직업 세계에서의 전문성을 신장하기 위한 독서 활동에 집중하게 된다. 자신의 직업 분야에서 전문성을 쌓고 성공하기 위해서는 직업 문식성(job literacy)을 갖추는 것이 필수적이기 때문이다. 사회의 변화 속도가 빨라지고 새로운 지식이 급속히 늘어나는 시대이기 때문에 직업 세계에 요구되는 지식과 정보도 늘어나게 마련이다. 따라서 성인 독자에게 중요한 것은 직업 문식성이라고 할 수 있다. 직업 문식성을 증진시키도록 지원을 하는 경우도 있지만, 그렇지 않은 경우는 독자 스스로 직무에 필요한 문식성을 갖추도록 노력해야 한다.

청소년 독자에 비해 우리나라 성인 독자들의 전반적인 문식성 수준은 낮은 편이다. 전 세계 총 33개국 성인 참여자를 대상으로 한 〈국제성인역량조사(PIAAC: Program for the International Assessment of Adult Competencies)〉의 조사 결과(류기락 외, 2016)를 보면 1·2차 주기에 참여한 우리나라 성인들(노인층 포함)의 언어 능력은 OECD의 평균 정도로 참여국 중 15위였다(수학 능력과 컴퓨터 기반 문제해결력은 OECD 평균 이하). 우리나라 성인의 절반 정도(49.8%)는 총 6수준 중 평균 수준인 3수준 이상의 언어 능력을 갖추고 있다. 그러나 성인들의 연령이 높아질수록 언어 능력도 더욱 낮아졌다.

지난 2011년과 2013년에 조사된 16-65세 대상 PIAAC 점수를 연령대별로 분석한 결과를 보면, 주로 고교생에 해당하는 17-19세 한국인의 PIAAC 성적은 여전히 높았다. 수리력(수학)·언어 영역에서 각각 네덜란드와 일본 다음이었다. 그러나 대학에 입학한 이후인 20세부터 순위가 급격히 떨어져 10위권 안팎을 기록하였다. 35-44세는 OECD 평균보다 떨어졌고, 55세 이상에서는 조사 대상 21개 OECD 국가 중 20위였다. 이를 종합하면 우리나라 중·고등학생의 학업 성취도는 세계 최고 수준이지만, 만 20세 이상 성인들의 역량은 낮아서 55세 이상은 밑바닥 수준인 것으로 조사됐다. 이는 성인 독자들의 직업 문식성 향상을 위한 사회적 노력이 필요함을 의미한다.

또한 이 시기의 성인 독자에게는 직무 독서와 개인 차원의 자유 독서간 균형도 필요하다. 청소년들의 경우 학습 독서뿐만 아니라 여가 시간에는 만화나 인터넷 소설 등 다양한 장르의 자유 독서를 즐긴다. 이처럼 성인 독자들도 직업적 소양을 기르기 위한 독서뿐만 아니라 자기 계발이나 정서적 만족을 위한 다양한 여가 독서를 하게 된다. 자유 독서는 개인의 여가 시간에 자발적으로 이루어지기 때문에 바쁜 직장인은 시간을 할애하기 어려운 경우가 있다. 그렇지만 가정이나 직장 생활에 지친 성인들에게 독서는 또 다른 자기 충전의 시간과 휴식을 제공하고 자기 발전의 밑거름이 된다. 최근에는 성인 독자가 쉽게 다양한 도서를 접할 수 있도록 지원하는 직장 안팎의 독서 운동이나 지원 사업(예: 도서 큐레이션, 도서비 지원)도 활발하다.

노인 독자는 노년기에 접어든 독자를 말한다. 노인에 대한 정의는 나라마다 다양한데, 우리나라의 경우 특별히 현행법으로 정해진 바는 없지만 노인복지법에 '65세 이상'에게 경로 우대 한다는 등의 조항이 있다. 국민연금이나 기초연금 수급연령이 만 65세이다. 따라서 복지혜택을 기준으로 만 65세 이상을 보통 노인으로 본다. 그런데 우리나라는 65세 이상 노인 인구가 세계에서 가장 빠른 속도로 증가하고 있어 이미 초고령 사회로 진입하고 있다. 지금까지 노년기는 대체로 직업 생활에서 은퇴한 시기, 신체적 정신적 능력이 점차 약화되는 시기로 인식되었다. 그러나 최근에는 사회 변화에 따라 노년기를 재개념화 하여 노년기를 약화나 결핍의 시기가 아니라 새로운 가능성을 가진 전환기, 새로운 사회 활동기로 해석하고 있다. 이에 따라 노인의 독서 활동을 재조명하고, 이들의 문식성을 '노인 문식성'으로 명명하여 강조하는 연구 동향을 확인할 수 있다(김정우 · 김은성, 2010; 김정우, 2014).

노인 독자에 대한 논의는 크게 두 가지 방향에서 진행되고 있다.

첫 번째는 노인 독자 자신의 독서 활동과 문식성을 증진함으로써 삶의 질을 높이는 독자 개발의 방향이다. 2007년에 제정된 '국민독서진흥법'은 이러한 맥락에서 노인과 소외 계층을 포함한 모든 국민에게 독서교육의 기회를 제공하고 국민 전체의 독서 문화를 진흥하도록 강조해왔다. 국민독서진흥법은 제1조에는 "독서 문화의 진흥에 관한 기본적 사항을 규정하여 국민의 지적 능력을 향상하고 건전한 정서를 함양하며 평생 교육의 바탕을 마련함으로써, 국가 경쟁력을 강화하고 국민의 균등한 독서 활동 기회를 보장하며 삶의 질을 개선하는 데 이바지함을 그 목적으로 한다."고 명시하고 있다.

노인 독자, 특히 소외 계층 노인의 독서 활동은 삶의 질 제고 차원에서도 중요하다. 지역의 도서관과 복지 시설에서는 문해교실을 마련하여 독해력이 부족한 이들에게는 능력을 증진하고, 독해력을 갖춘 노인들은 독서 모임을 통해 노인들이 책을 매개로 하여 타인과 소통하고 사회적 참여 활동을 지속할 수 있도록 다각적인 지원이 필요하다. 앞서 살펴보았듯이, 우리나라 노인 독자의 문식성 수준은 전 연령대를 통틀어 가장 낮기 때문에 이들에 대한 지원은 시급하며 사회복지 차원의 성격도 갖는다.

두 번째는 노인 독자가 타인의 독서 활동을 지원하는 독서지원자로서의 방향이다. 지금까지 우리나라 노인의 문식성은 PIAAC 등의 국제 지표를 살펴보면 OECD 국가 중에서도 매우 낮은 수준이다. 그러나 전후 출생자가 노년기에 접어들면서 대졸 이상의 학력을 갖춘 노년 인구, 그리고 책을 읽는 노인 독자의 비중이 급속히 증가하고 있다. 고학력 노인 독자 중에는 자신의 능력을 활용하여 어린이집이나 지역아동센터의 아동들에게 책을 읽어 주거나 글쓰기를 지도하는 이(예: 노인 독서도우미)가 늘어나고 있으며, 이들의 봉사 활동에 대한 교육적·정서적 효과에 대한 연구(조미아, 2012)도 수행되고 있다. 지금까지는 노인 대상 독서의 논의가 노인 자신의 독해력과 독서력을 높이는 데 집중되어 있다면 이제는 노인 독자가 자신의 역량을 사회적으로 발휘하면서 자아를 실현하고 삶의 가치를 추구할 수 있는 방향에 대한 지원이 더 필요하다. 앞으로도 노인 독자를 비롯한 모든 평생 독자들이 적절한 독서 능력을 갖추고 의미 있는 독서 활동을 지속해 나가기 위해서는 학교·사회·국가의 적극적인 관심과 체계적인 지원이 필요하다.

제 2 장

청소년 독자의 개념과 특성

제2장 청소년 독자의 개념과 특성

1. 청소년의 개념과 특성

1) 청소년의 개념 논의

청소년(青少年)은 고대 그리스 시대부터 현대에 이르기까지 수천 년 동안 지속적으로 탐구되고 또 재개념화 되어 왔다. 청소년(adolescent)이라는 용어의 라틴어 어원 'adolescere'는 성장과 성숙으로의 변화를 의미한다. 어원을 보면 청소년이라는 용어 자체에 변화·발달·성장·성숙, 그리고 아동과 성인의 중간지로서의 성격, 즉 '경계성'이 배태되어 있음을 알 수 있다. 이처럼 청소년은 한 개인이 아동에서 성인으로 발달하는 과정에서 일어나는 신체와 정신의 변화에 주목하기 때문에 이 속성을 바라보고 해석하는 관점에 따라 청소년에 대한 인식에도 큰 차이가 있었다. 청소년이나 청소년기 자체가 일종의 '사회적·문화적 소산'이라고 명명되는 것도 이러한 이유이다(Levi & Schmitt, 1996; 정기문 역, 2007: 12).

청소년에 대한 학문적 논의는 기원전 4세기경 Aristoteles까지 거슬러 올라간다. 아리스토텔레스는 인간 발달의 단계를 7년 단위의 세 단계—유아기(infancy), 소년기(boyhood), 청소년기(young manhood)—로 구분하였다. 이 구분에 의하면 청소년기는 14-21세에 이르는 시기로, 사춘기를 그 출발점으로 한다. 아리스토텔레스는 청소년기의 핵심적인 특징을 '자기 선택에 의한 자기 결정 능력의 성숙'으로 보았다. 이러한 관점에 의하면 청소년은 육체적으로 발달하였고 이성적인 의사결정을 통해 자기 행동을 통제할 수 있는 성숙한 존재라고 할 수 있다.

청소년에 대한 아리스토텔레스의 관점은 현대의 견해와도 상통한다. 그러나 아리스토텔레스 이후 현재까지 청소년에 대한 관점은 시대, 지역, 문화에 따라 큰 차이를 보인다.

예를 들어 중세 시대에 청소년은 아동과 함께 육체적으로나 정신적으로 연약하고 이기적이며 욕망에 사로잡힌 사악한 존재로 인식되었다. 중세 시대의 사회적 기준은 성인(成人)이었다. 이에 대비되는 존재인 아동과 청소년은 '축소된 성인' 또는 '작은 야만인'이었다. 이들은 현대의 관점에서 보자면 사회적으로 차별을 받고 불합리한 대우를 받았다. 이들은 성인에게 있어서 돌보아야만 하는 성가신 존재였고, 사회적으로나 종교적으로 관리가 필요한 불편하고 위험한 존재였기 때문이다. 이런 이유로 당대인들은 비이성적이고 미약한 이들을 엄격하게 훈육하여야 한다고 믿었다. 청소년은 성인에게 절대적으로 순종하고, 또 성인에 버금가는 수준의 노동을 하도록 요구 받았다. 청소년의 노동력은 각 가정은 물론 지역 사회를 지탱하는 중요한 인력이었다. 이런 맥락에서 청소년에게는 특히 종교를 기반으로 한 엄격한 생활 지도와, 노동의 질을 높이기 위한 도제 교육이 중시되었다. 아동과 청소년에게 있어 중세는 개인의 생존과 처우는 물론 그 이면에 존재하는 사회적 인식이 모두 혹독한 시기였다.

이후 르네상스 시대를 거치며 인간의 수명이 늘어나고 인간과 삶에 대한 사회의 관점 자체가 재편되면서 청소년에 대한 인식도 크게 변화하였다. 17-18세기에 이르면 인생의 단계는 유아기(infancy), 유년기(childhood), 청년기(youth), 장년기(manhood), 중년기(gravity), 노년기(old age)로 구분되었다(권이종·김용구, 2016: 16). 인간의 수명이 연장되면서 청소년기 이후의 삶을 세 개의 시기로 분화한 것이 특징이다. 그리고 주로 결혼 이전의 시기를 의미하는 청소년기에 대한 인식도 크게 변화하였다. 특히 중세 시대까지 부정적으로 인식하고 사회·종교적인 관점에서 통제하려 했던 청소년의 육체적 발달과 강건함, 그리고 생명력과 활력의 가치를 인정한 것이 특징적이다.

일례로 18세기 Jean-Jacques Rousseau는 그의 저서인 『에밀』에서 인간이 유아기부터 일련의 단계를 거치면서 발달된다고 보았다. 루소는 어린이가 축소된 성인이 아니라 독립된 인격체이며, 성인이 통제할 대상이 아니라 자유롭게 생활하면서 다양한 경험을 할 수 있어야 한다고 주장하였다. 특히 루소는 청소년기의 발달을 두 단계로 나누어 두 시기의 질적인 변화를 설명하였다. 초기 청소년기(12-15세)와 후기 청소년기(15-20세)를 두어 전기에는 이성과 자의식의 발달이, 후기에는 타인에 대한 관심이 발달하고 정서적 성숙이 이루어진다고 보았다. 그러나 루소가 주로 활동하던 18세기 중반에도 대중들에게 청소년은 여전히 성인에 비해 미숙한 존재였다. 청소년의 정서적 불안정성과 욕망을 죄악시하고 통제해야 한다는 사회적 인식과 관습은 그 뿌리가 깊어 현재까지도 상당한 영향을 끼치고 있다.

현재 사용되는 '청소년기'라는 용어와 개념이 형성된 것은 20세기 초반의 일이다. 1904년 G. Stanley Hall은 『청소년기』를 출판하면서 청소년들이 급속한 신체적 변화와 사회적 요구 속에서 감정적 혼란과 갈등을 경험한다고 보았다. 그리고 이러한 특징을 살려 청소년기를

'질풍과 노도의 시기'로 명명하였다. 스탠리 홀은 청소년기를 과학, 특히 진화생물학적이고 심리학적인 측면에서 연구하였으며, 개인의 발달 단계에 따라 유전과 환경의 영향력을 고려하였다. 스탠리 홀은 루소와 같이 인간 발달의 단계를 유아기, 아동기, 청소년 전기(youth)와 청소년 후기(adolescence)로 보았다. 홀의 청소년기는 14-25세로 루소의 후기 청소년기(15-20세)와 중첩되지만 해당 기간이 더 넓다. 홀은 개인이 청소년기를 거치면서 사회 구성원으로서 자립할 수 있는 힘을 축적한다고 보았다. 홀의 연구는 취약한 부분이 있지만 청소년과 청소년기에 대한 학문적 기반을 만드는 데 크게 기여하였으며 그의 개념은 현재까지도 학계와 대중에게 널리 영향을 미치고 있다.

현재 청소년기는 "인간 발달의 단계상 유아기와 성년기 사이에 위치하는 발달 단계"(한준상, 1999: 10)로 규정된다. 이러한 개념은 청소년기를 아동과 성인의 특성을 모두 가지고 있으면서도 양자에는 속하지 않는 시기로 본다. 이때 청소년은 유아기와 성인기의 접경 지대에 존재하지만 양자에는 속하지 않는 주변인이다. 그러나 이런 방식의 개념 규정에 대해서는 청소년기를 인간의 발달 과정에서 누구나 한시적으로 거쳐가는 과도기로 보며, 보다 근본적으로는 청소년기 그 자체의 속성을 직접 설명하지 못한다는 비판도 있다. 청소년학 연구자들은 루소의 말을 빌어 청소년기는 인간에게 있어 '제2의 탄생기'이며, 청소년기에 형성한 정체성과 축적한 경험이 이후 장기간에 걸친 성인기의 삶을 결정한다고 주장한다. 청소년기의 고유성과 이후 삶에 대한 지속적인 영향력을 강조하는 이러한 관점은 청소년의 정체성, 가치관, 문화(삶의 양식, 행동/소통 양식 등)에 대해 특별한 관심과 지원을 촉구하는 근거가 되고 있다.

우리나라의 경우, 1980년대 후반부터 청소년에 대한 관심이 크게 높아졌다. 그 결과 정부와 민간에 청소년과 관련된 다양한 기관이 설립되었다. 1989년에 설립된 교육부 산하 국책연구소인 한국청소년정책연구원(NYPI)과 여성가족부 산하 한국청소년상담복지개발원(KYCI), 1991년에 설립된 한국청소년학회를 비롯하여, 한국청소년복지학회, 미래를 여는 청소년학회, 한국청소년상담복지개발원, 한국청소년문화연구소, 한국청소년시설환경학회(이상 한국연구재단에 등재된 기관) 등 다양한 기관에서 청소년에 대한 연구와 지원 활동을 수행하고 있다. 각 기관에서 바라보는 청소년은 상이할 수 있으나 이를 통해 청소년에 대한 보다 풍성하고 깊은 논의가 구성되고 있다. 지난 한 30년 동안의 이러한 학계와 현장의 변화는 청소년에 대한 우리 사회의 높은 관심을 잘 보여준다.

2) 청소년의 대상 범위

개인의 삶에 있어서 청소년기의 가치와 영향력을 직접적으로 가늠하기는 쉽지 않다. 그러나 청소년이나 청소년기에 대한 최근의 관심과 이해의 수준은 과거 그 어느 때보다도 높다. 청소년을 연구하는 학문(청소년학)이 정립되었으며, 법을 포함한 여러 가지 사회 체제가 정비되었다. 청소년은 한 국가와 사회의 존속과 발전을 감당할 핵심적인 후속 세대이기 때문에 각국에서는 이들을 위해 다양한 행정·제도적인 시스템을 운영하고 있다. 우리나라도 청소년이 갖는 사회적 위상을 재정립하고, 청소년을 보호하고 적절히 지원하고 때로는 제재하기 위하여 법적인 체제를 마련하였다. 이를 위해서는 청소년의 대상 범위를 규정하는 작업이 필수적이다. 〈표 4〉는 크게 7개의 법령에서 그 취지에 따라 청소년과 관련 대상에 대한 규정을 정리한 것이다.

〈표 4〉 청소년 관련 법의 용어와 연령 기준

<table>
<tr><th>관련법</th><th>용어</th><th>연령</th><th>관계 부처</th><th>비고</th></tr>
<tr><td>청소년
기본법</td><td rowspan="2">청소년</td><td>9세 이상
24세 이하</td><td rowspan="2">여성가족부</td><td>24세 포함</td></tr>
<tr><td>청소년
보호법</td><td>19세 미만</td><td>만 19세가 되는 해의 1월 1일을 맞이한 사람은 제외함</td></tr>
<tr><td>아동복지법</td><td>아동</td><td>18세 미만</td><td>보건복지부</td><td rowspan="5"></td></tr>
<tr><td>근로기준법</td><td>근로
연소자</td><td>15세 이상
18세 미만</td><td>고용노동부</td></tr>
<tr><td>소년법</td><td>소년</td><td>19세 미만</td><td rowspan="3">법무부</td></tr>
<tr><td>형법</td><td>형사
미성년자</td><td>14세 미만</td></tr>
<tr><td>민법</td><td>미성년자</td><td>19세 미만</td></tr>
</table>

출처: 전경숙(2014).

청소년은 문자 그대로 '청년(靑年)'과 '소년(少年)'을 함께 이르는 말이다. 그러나 이를 구체적인 연령으로 한정지을 때는 상이한 기준이 사용되되고 있다. 〈표 4〉를 기준으로 살펴 볼 때, 청소년의 연령은 협소하게 잡으면 대략 9세 이상 19세 미만이고, 가장 폭넓게 설정된 청소년기본법에 근거하면 9세 이상부터 24세 이하이다. 청소년기본법에서 설정하고 있는 청소년의 연령 기준은 대략 초등 2학년부터 대학 시기(20대 초반)까지를 포괄한다. 이는 초·중·고등학생부터 대학생까지 약 16년 간의 기간을 아우르는 큰 범위이다. 청소년기본법이 청소년의 권리와 책임을 밝히고 국가의 청소년 정책을 마련하기 위한 성격을 갖고 있음을 고려할 때 폭넓게 대상 연령을 설정한 배경을 이해할 수 있다.

그러나 청소년의 대상 연령이 지나치게 넓어질 때의 단점도 있다. 청소년보호법에서는 9세 미만의 시기도 포함하고 있는데 이를 고려하여 최대 광의로 청소년의 범위를 설정하면 출생 시점부터 24세까지 모두 대상이 된다. 이는 인간 발달의 관점에서 볼 때 사실상 성장기 전체를 포함하는 시기이다. 이를 기준으로 삼는다면 인간의 발달은 24세 이전과 이후의 두 단계로 구분할 수도 있다. 출생부터 24세까지를 모두 청소년기로 통칭할 때 청소년의 의미와 특징은 희석되고, 다시 하위 단계를 구분해야만 하는 문제가 있다.

청소년을 본격적으로 연구하는 발달 이론가들은 보통 13세(만 12세)를 기준으로 발달 단계를 구분한다. 이러한 청소년의 범위는 학제와도 상통하여 중·고등학교 시기에 해당된다. 학교급에 따른 연령 구분이 엄격한 우리나라에서는 사회 통념적으로도 초등학교에 진학하면 '어린이'로, 중고등학생을 '청소년'으로, 19세에 이르러 성년이 되면 '성인'으로 간주한다. 실제 청소년의 대상 연령도 teenagers에 해당하는 13-19세를 중심으로 이해할 수 있다. 이런 이유로 일반어로서의 청소년은 '청년, 십대, 중등학생'과 자주 혼용되어 사용되고 있으며, 이 책에서도 특별한 언급이 없는 한 13-19세를 청소년의 연령 범주로 설정하고자 한다.

3) 청소년의 발달적 특성

청소년의 특성은 인간 발달의 관점에서 다양하게 탐구되었다. 그중에서도 청소년학 연구자들은 청소년이 인간으로서 갖는 보편성과 함께 청소년이 갖는 독특성과 고유성이라는 관점에서 청소년을 탐구하고 있다. 청소년의 발달 영역과 주요 특징을 간단히 정리하면 〈표 5〉와 같다.

청소년의 특성으로 우선 논의되는 것은 신체·생리적인 측면이다. 청소년기는 보통 사춘기(puberty)라 지칭되기도 하는데 이 시기의 중

〈표 5〉 청소년의 발달 영역과 주요 특성

영역	주요 특성
신체 · 생리적 발달	• 성적 성숙, 생식기와 2차 성징 발달. • 신체 구조의 발달(신장, 체중, 골격, 근육, 지방조직). • 힘과 운동 능력의 증가.
인지적 발달	• 인지적인 측면에서 양적 · 질적 발달이 나타남. • Piaget 이론의 형식적 조작기: 가설-연역적 사고, 가능성 지향적 사고, 3차적 추상화, 논리적 일관성 검토. • 지능 발달이 완성됨.
심리 · 정서적 발달	• 자아중심성으로 인해 개인적 우화, 상상적 청중을 설정. • 자아존중감, 자아정체성, 자아의식, 동일시, 가치관 발달. • 강렬한 감정, 불안정한 정서, 심리적 갈등, 욕구 불만.

요한 특징이 성장 폭발(growth spurt) 현상이다. 신체적인 급성장과 성 호르몬의 변화, 그리고 이로 인한 성적인 성숙은 청소년의 정서적인 특성에도 큰 영향을 미친다. 청소년기는 인지적으로 크게 발달하지만, 다양하고 복잡한 감정(예: 감정의 양가성)을 큰 폭으로 경험하고 정서적으로 불안정한 시기로 알려져 있다. 또한 자아의식이 급속도로 발달하면서 자기중심성이 강하게 드러나거나 이상적인 사고를 하기도 한다. 이러한 정서적 특성은 과거 청소년에 대한 부정적 인식을 형성하고 강화하는 데 중요한 이유가 되기도 하였다. 그러나 청소년기의 후기로 갈수록 직접적인 정서 표출을 억제하거나 내면화 등의 방식을 통해 사회적으로 안정된 면모를 갖추게 된다.

2. 청소년 독자의 개념과 발달적 특성

1) 청소년 독자의 개념 논의

앞서 청소년의 개념과 특성에 대한 다양한 논의를 살펴보았다. 이

전의 논의를 전제로 한다면 '청소년 독자(adolescent readers)'는 기본적으로 13-19세에 이르는 청소년기 독자들을 의미한다. 우리나라에서 청소년 독자는 중·고등학생 독자를 의미하는 '중등 독자'와 지칭하는 대상이 중첩된다. 그러나 중등 독자가 '중등학교'라는 학제 중심의 용어라면, 청소년 독자는 인간 발달의 관점을 전제로 하며 특히 '청소년기'의 특수성과 고유성을 강조하는 용어라고 할 수 있다. 청소년 독자는 평생 독자의 발달적 관점에서 대상을 이해하고, 특히 청소년기의 특성을 기본 전제로 인정하는 용어이다.

현실에 어떤 청소년 독자 M이 존재한다고 설정해 보자. M은 개인·가정·사회적으로 다양한 지위나 역할을 맡고 있고 동시에 수많은 특성을 갖고 있을 것이다. 이 항목들을 자세히 밝혀낼수록 M의 모습은 더 생생해진다. 예를 들어 M은 15세로, 만화책과 웹툰을 매우 좋아하는 독자이고, 그 밖의 책은 아주 가끔 읽고 교과서 읽기는 싫어한다. 그러나 학교 공부는 열심히 하려고 노력하는 중학생이고, 학교 축구부의 선수이며, 어떤 가정의 외아들일 수 있다. 현실의 개별 독자는 M처럼 또는 M 이상으로 복잡다단한 존재들이다. 이때 M을 해석하는 키워드는 청소년 독자, 중학생 독자, 학습 독자, 남학생 독자, 만화/웹툰의 열혈 독자, 간헐적 독자, 독서 선호와 동기, 독서 자발성에 이르기까지 매우 다양할 수 있다. 그리고 M을 독자로서 이해하고 분석하는 방법도 크게 양적 방법에서 질적 방법에 이르는 스펙트럼 안에서 매우 다양하다. 연구자에 따라 M을 다양한 장소와 시점에서 관찰하거나 설문 조사를 할 수도 있다. M 자신과 주변의 사람들을 인터뷰하거나 M에게 특정한 독서 활동을 수행하도록 요구할 수도 있으며 M의 생애사를 읽은 책이나 독서 기록을 중심으로 조사할 수도 있다. 대상을 바라보는 관점과 방식에 따라 부각되고 잘 해석되는 측

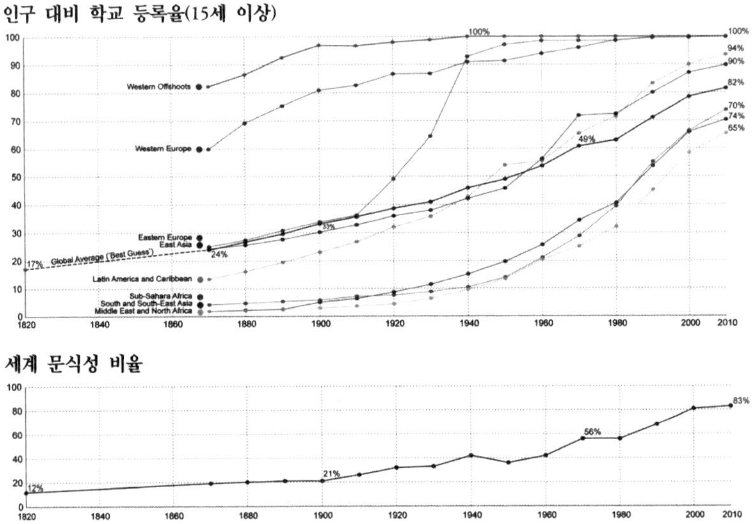

출처: Van Zanden 외(2014).

〈그림 2〉 세계 문식성 비율: 1820-2010년의 변화

면이 있는가 하면, 이로 인해 필연적으로 누락되거나 희석되고, 심지어 왜곡되는 측면도 생긴다. 그래서 하나 이상의 연구 방법을 혼합하거나 여러 종류의 상이한 자료를 수집하여 자료나 해석의 신뢰도와 타당성을 높이는 삼각검증법의 방법을 적용하기도 한다. M을 '청소년 독자'로 명명하는 것은 이 존재를 '청소년'과 '독자'라는 두 가지 렌즈를 중첩해서 탐구함을 의미한다. 청소년 독자라는 용어 자체가 연구를 수행하는 관점, 대상에 대해 연구자가 취하고 있는 특정한 인식론적 입장(epistemological stance)을 표상하고 있다고 볼 수 있다.

청소년 독자는 '독자 연구'의 중요한 영역이다. 독자 연구는 독서 행위의 주체인 독자를 탐구 대상으로 다루는 연구 분야이다. 개인을 독자로 인식하고 이 독자(들)의 존재와 특성을 본격적으로 연구하기

시작한 것은 불과 한 세기 전의 일이다. 인류의 역사 속에서 독자는 희귀한 존재였기 때문이다. 인류의 기원이 약 20만 년에 이르지만 세계 인구의 과반수가 문자를 익히게 된 것은 1970년대의 일이다. Our World in Data의 통계 그래프에 의하면 1970년에는 전세계 인구 중 약 56%가 글을 읽을 수 있었고, 44%는 문맹이었다(Van Zanden 외, 2014).[5] 인류의 역사 속에서 처음으로 글을 읽을 수 있는 이(literate people, 文識者), 즉 독자의 비율이 과반수를 넘어선 것이다. 1970년 이후 독자(문식자)의 비율은 더욱 증가하여 2014년에는 86% 이상이었다. 그래프의 출발점인 1820년만 해도 불과 12%만이 글을 읽을 수 있었음을 고려할 때 참으로 큰 변화이다.

〈세계 문식성 비율〉은 기본적으로 글을 읽을 수 있는 독자의 증가 양상을 보여주는 데이터이다. 그러나 이 데이터는 동시에 18세기 말까지 수천 년 동안 독자의 비율이 한 자리수였음을 보여준다. 이러한 데이터를 통해 20만 년 이상으로 추정되는 인류의 긴 역사 속에서 사람들의 문식성이 실질적으로 증가(12%에서 86%로)한 것은 최근 200년 동안의 일임을 알 수 있다. 읽기에 대한 학계의 관심이 고조되고, 본격적인 독서 연구가 시작된 것은 문식자의 비율이 50%를 넘어선 1970년대 중반의 일이다. 아동이나 청소년 독자에 대한 본격적인 연구는 1980년대부터 인류학, 심리학, 인구학, 사회학 분야에서 크게 증가했다. 국내의 경우는 청소년 독자에 대한 학계의 논의가 1990년대 후반에 활성화되기 시작하여 2000년대 중반부터 본격적으로 축적되고 있다(정옥년, 1998; 최인자, 2006; 박혜영, 2006; 류보라, 2012).

5) 이 그래프는 OECD에서 발행한 보고서에 근거한 것이다. 이 보고서는 1820년부터 2014년까지 약 200년에 걸친 인간 삶의 변화를 추적하였다. 교육 항목에서 문맹 지수, 학교 수학 기간 등의 다양한 정보를 제공하고 있다.

이는 독서나 독자에 대한 연구가 독자의 비율, 나아가 이들이 수행하고 있는 독서 행위의 질과 일정한 관계가 있음을 추측하게 해 준다. 문식성을 갖춘 독자들의 수가 늘어나고 이들의 독서 능력이 높아지면서 독자에 대한 연구의 주제가 분화되고 더욱 깊은 수준으로 발전해 왔다.

2) 청소년 독자의 특성 개관

평생 독자의 관점에서 볼 때 청소년 독자기는 생애의 전반기이다. 그러나 청소년 독자에게 요구되는 발달 과업은 매우 도전적이다. 아동·어린이 독자의 발달 과업이 문자를 습득하고 유창하게 읽고 독서에 관심을 갖고 즐기며 기초적인 독해력을 연습하는 데 있다면, 청소년 독자는 본격적인 읽기 활동을 통해 이전 시기에 습득한 읽기 기능과 전략을 고등 수준까지 발전시키고 정교화하게 된다. 청소년 독자는 다양한 독서 상황에서 자신의 독서 목적과 과정을 분석하고 문제를 해결해 나가면서 독립적인 독자로 성장하게 된다. 평생 독자의 삶 속에서도 청소년기는 독서 능력이나 수준의 질적인 변화가 가장 큰 시기이다.

세부적으로는 즐거움을 목적으로 하는 자유 독서(reading for pleasure)의 비중이 줄어드는 대신 교과 독서(content area reading)[6]나 학습

---

6) 이 문제와 관련하여 이순영(2012: 14)은 "청소년 독자들에게 강조하는 독서의 핵심은 각 교과 내용을 학습하는 교과 독서나 학습 독서다. 교과 독서는 기본적으로 학습 독서이며, 전문 독서이며, 지식을 이해하고 다루고 생산하는 적극적인 독서 활동이다. 학교의 교과 독서 활동이 대학이나 사회생활에서는 전문 독서나 직무 독서로 이어진다. 텍스트도 문예문보다는 사회·과학·예술 등 각 분야의 정보를 담고 있는 정보문이 일반적이다. 중등 학습자들은 다양한 분야의 글을 폭넓게 읽고, 그 내용을 효과적으로 이해하는 능력을 갖추어야 한다. 최근 세계적으로 교과 독서를

독서(reading for learning)의 부담이 늘어난다. 이외에도 읽어야 하는 텍스트의 주제 범위가 넓어지고, 텍스트의 유형도 온·오프라인에 걸쳐 다원화된다. 무엇보다도 텍스트의 복잡도(complexity)와 난도(difficulty)가 높아지고, 정보 텍스트(informational text)를 꼼꼼하고 깊이 독해해야만 하는 부담이 크게 증가한다(이순영, 2015).

청소년 독자들은 '자신이 하고 싶은 독서'와 '해야만 하는 독서' 속에서 갈등하는 독자이기도 하다. 아동·어린이 독자 시기에는 대부분의 독서 활동이 자유 독서이며, 개별 독자의 동기와 흥미 증진을 우선시하기 때문에 독자의 자율성을 보장하고 즐거움을 강조한다. 반면 청소년기에 이르면 자유롭고 즐거운 독서의 비중은 축소되고, 텍스트의 난도와 독해 활동의 수준은 크게 높아지며, 개인의 동기에 반하는 독서 활동에 대한 요구는 더욱 증가한다. 이러한 압박 속에서 많은 청소년 독자들이 독서에 대한 관심을 잃거나 독자로서의 효능감을 상실하고 있다(윤준채·김영란, 2008).

독서 연구자들은 청소년 독자의 부담을 높이고 부정적 태도를 형성하는 요인으로 텍스트의 선택부터 독서 활동과 평가에 이르기까지 독자의 선택권과 자율권이 축소되고, 경쟁이 강화되고, 정답을 고르는 선다형 평가가 강화되는 상황을 지적하였다(박영민, 2006). 이 상황에서 청소년 독자들은 좌절하기도 하고 저항하기도 하고, 혼란스럽지만 시행착오를 거쳐 자기 나름의 방식으로 균형을 찾기도 한다. 그러나 많은 청소년 독자가 스스로 독서를 포기하는 비독자(aliterate non-reader)가 되고 있다. 그리고 이러한 비독자의 비율은 나날이 늘어나

강조하는 이유는 '독서=자유 독서'라는 왜곡된 인식을 재편하여, 자유 독서와 교과 독서의 균형을 확립하고 나아가 중등에서 요구되는 교과 독서 능력을 증진시키기 위함이라고 할 수 있다."고 강조하였다.

고 있다. 우리나라는 성인의 40% 이상이 1년간 자발적으로 책을 읽은 적이 없는 비독자(2017년 국민독서실태조사 기준)이다. 전환된 비독자를 줄이기 위해서는 청소년기가 중요하다.

사실 청소년 독자와 이들의 문식 활동은 독서학계에서도 오랜 기간 동안 소외된 주제였다. 학계의 대표적인 연구 종합서를 살펴보면 그간의 주 관심사가 어린 독자의 글 깨치기와 초기 독해임을 알 수 있다(Kamil et al., 2000, 2011). 그 이면에는 '일단 문자만 습득하면 모든 독자는 자율적으로 성장해 나갈 수 있다/나갈 것이다/나가야 한다.'는 낭만적인 믿음과, 고학년의 학습자에게 독해를 어떻게 지도해야 하는지 잘 알지 못하는 현실적인 문제가 작용하고 있었다.

이러한 상황에서 청소년 독자라는 주제가 학계의 주목을 받게 된 것은 아이러니하게도 이들이 봉착한 문제 때문이다. 1990년대 후반부터 청소년 독자들의 동기·태도·습관·효능감 악화, 부정적인 정체성 형성, 저성취, 읽기 격차, 학교 문식성 학습과의 괴리 등의 다양한 문제가 제기되었다(윤준채, 2007; 김혜정, 2007; Franzak, 2006; Johannessen & Mc Cann, 2009).

현재 청소년 독자에 대한 학계의 논의는 크게 두 가지 방향에서 진행되고 있다. 이 방향은 논의자가 독서, 독자, 문식 환경에 대해서 가지고 있는 관점에 큰 영향을 받는다.[7)]

첫째는 청소년 독자를 '문제적 존재'로 인식하고 그 문제적 상황과 특성을 부각하는 입장이다. 예를 들어 "요즘 청소년들은 기본적인 책

---

7) 2011년에 Nicholas Carr의 『생각하지 않는 사람들(The Shallows)』(최지향 역, 2011)가 국내에 번역·출간되어 사회적 관심을 받았다. "인터넷이 우리의 뇌 구조를 바꾸어 있다"는 부제를 달고 있는 이 책 '얄팍한 사람들'이라는 원제에서 알 수 있듯이 디지털 시대가 인간사에 가져올 변화에 대해 한편으로는 경고하고 또 한편으로는 새로운 해석을 제공한다.

도 안 읽어 어휘력과 상식이 부족하다. 하루 종일 스마트폰만 보고 있고 매우 산만하다."는 논평이 이에 해당된다. 이런 논평 중에는 과거의 독자들과 비교하여 요즘 청소년들의 독서량, 독서 태도, 집중력, 기억력의 부정적인 변화를 지적하는 경우가 많다. 이를 뒷받침하는 연구 성과도 많다. 그러나 이러한 입장에는 논평자의 관점도 중요한 영향을 미친다. 만약 문자(서책) 중심의 독서관을 가지고 있고 인문학 양서의 다독과 열독을 강조하는 입장에서 본다면, 요즘의 청소년 독자는 매우 문제적 존재일 수 있다.

반면에 동일한 청소년 독자에 대해 매우 다른 접근을 취하는 이들도 있다. 요즘의 청소년 독자도 전통적 개념의 서책이나 양서는 아니지만 읽기 활동을 수행하고 있다고 보고, 이들의 읽기에 대해 가치와 가능성을 인정하는 입장이다. 예를 들어 New London Group을 비롯한 신문식성 학파(NLS: New Literacy Studies) 연구자들은 이들의 '새로운 읽기(독서) 행위'에 대해 일방적인 평가나 비판적 관점을 유보하고 이들의 문식 활동을 내부자의 입장에서 이해하고자 한다. NLS의 관점에 의하면 청소년 독자의 '부정적으로 보이는' 행동·정서·사회적 특성은 새로운 환경에 잘 적응한 결과일 수 있다. 청소년이 스마트폰과 웹에서 엄청난 시간을 보내며 산만[8]하게 수행하는 일들도 어떠한 렌즈를 적용하느냐에 따라 창의적이고 사회적이고 소통적이

8) 디지털 시대, 스마트폰 사용자의 특성을 명명하는 많은 신조어가 탄생하고 있다. 그 중에서는 '주의력 결핍/산만함, 즉흥성, 빠른 전환'에 대한 용어가 특히 많은데, 그 대표적인 경우가 '마이크로 모멘츠(micro-moments)'이다. 구글(Google)은 네 가지 마이크로 모멘츠―① 알고 싶은 순간(I-want-to-know), ② 가고 싶은 순간(I-want-to-go), ③ 하고 싶은 순간(I-want-to-do), ④ 사고 싶은 순간(I-want-to-buy)―를 지적하였는데, 이러한 용어들은 스마트폰 시대의 인간이 찰나를 살고 있으며, 아주 짧은 순간을 단위로 우리의 행동과 기대가 재편되는 양상을 지적한다 (https://www. thinkwithgoogle.com).

며 실용적이고 실제적인 문식 활동일 수 있다.

평생 독자의 발달 단계에 비추어 볼 때 청소년 독자기는 사실상 독서교육의 마지막 단계이다. 이에 따라 청소년 독자들은 독립적이고 스스로 문제를 해결할 수 있는 역량을 요구받고 있다. 학자에 따라 청소년 독자가 갖추고 있고, 또 갖추어야 한다고 생각되는 읽기 능력을 설명하는 방식은 조금씩 다르다. 예를 들어 O'Donell & Wood (1992)는 중학교 이상을 '고급 독서기(refinement reading stage)'로 명명한 반면 Chall(1996)은 이 시기의 독자들이 '다양한 관점'을 수립하고 '의미를 재구성' 할 수 있는 능력을 갖추게 된다고 보았다. 고급 독서기의 독자는 일정 수준 이상의 독해 능력을 숙달했을 뿐만 아니라 다양한 종류의 텍스트를 능숙하게 읽고, 다른 독자와 원만하게 상호작용을 할 수 있다. 천경록(1999)도 중·고등학교 시기를 각각 고급 독해기와 읽기 전략기로 명명하고, 이 시기에 추론적이고 비판적 읽기 능력을 갖추고 나아가 상위인지를 활용하여 적절하게 읽기 전략을 구사할 수 있다고 보았다. 연구자에 따라 청소년 독자들의 읽기 능력은 조금씩 다르게 규정되지만 그 안에는 상위 수준의 독해력에 대한 공통점이 있다.

청소년 독자들의 발달적 특성은 인지적, 정의적, 사회적인 측면을 살펴볼 수 있다. 인지적 측면은 '독자가 얼마나 잘 읽는가'라는 능력적 성취의 문제를 다룬다. 정의적 측면은 '독서를 얼마나 좋아하고, 독자 자신에 대해 긍정적인 인식을 가지고 있는가'를, 사회적 측면은 '독자가 다양한 사회적 상황 속에서 어떠한 타인과 어떠한 관계를 맺고 있으며, 이들과 어떻게 또 어떤 수준으로 소통하고 있는가'의 문제를 의미한다.

우리나라 청소년 독자들의 특성을 밝힌 실증적 연구 성과는 세 영역 중에서 인지적 특성을 밝힌 연구가 가장 많다. 청소년 독자의 인지적인 특성은 독해력 검사 결과를 기본으로 하되 부가적으로 독서의 과정과 전략을 질적으로 분석한 성과를 확인할 수 있다. 반면 정의적 특성은 주로 독자의 감정과 습관, 동기와 태도, 그리고 자아 인식에 대한 정보이기 때문에 자기 보고형 설문 문항/응답과 관찰을 통해 확인되었다. 사회적 특성은 상대적으로 연구가 미비한데 주로 관찰이나 담화 분석과 같은 질적 접근을 통해 탐구가 진행되고 있다.

〈표 6〉은 청소년 독자 394명(중학교 1·2·3학년생 280명, 고등학교 2학년생 114명)의 특성을 밝힌 최숙기(2011)의 연구 결과이다. 이 연구는 동일 시점에 여러 학년의 학생들을 비교한 학년별 비교 연구이다. 이 연구의 결과를 살펴보면 중학생은 사실적·추론적 독해력의 발달이 두드러지고, 비판적 독해력나 상위인지 전략의 활용은 고등학교 때

〈표 6〉 중학생 독자의 발달적 특성

구분	주요 특성
읽기 발달의 단계적 구분	• 발달 수준이 중1은 초6과, 중2는 중3과 유사함. • 전반적으로 여학생이 남학생보다 높은 수준임.
읽기 이해 관련 특징	• 중2부터 사실적, 추론적 이해의 발달이 누드러심. • 비판적 이해의 발달은 중학생 시기에 유의하지 않음. • 사실 · 추론 · 비판적 이해는 발달 전 단계에 걸쳐 연속적으로 나타남(분절적으로 발생하지 않음. 점차 심화되고 정교화 되나, 비판적 이해는 예외임).
인지적 요인 관련 특징	• 어휘 인식: 전 학년에 걸쳐 점차 향상됨(여학생이 남학생보다 더욱 높게 향상됨). • 단어 재인: 점차 빨라지고 의미 대응도 정확해짐. • 읽기 전략에 대한 상위인지 수준: 매우 소극적인 수준.
정의적 요인 관련 특징	• 읽기 동기와 태도: 중학교 시기에 지속적 감소 양상(여학생이 남학생보다 높으나 감소 양상은 동일).
환경적 요인 관련 특징	• 읽기 환경에 대한 인식: 부정적임(물리적 환경과 정의적 환경 모두에 부정적임). • 읽기 환경적 요인이 읽기 능력에 직접적 영향을 미치지는 않음.

출처: 최숙기(2011: 212-213 재구성).

발달하는 것으로 나타났다. 정서적 측면에서는 남녀 모두 독서 동기와 태도가 지속적으로 감소하고 있으며(중학교 전 시기), 독서 환경에 대한 인식도 부정적이다. 이 결과를 종합해 보면, 중학교를 포함해 고등학교 2학년까지 독자들의 인지적 능력은 높아지지만(세부 능력에 따라 발달의 양상은 다름), 정서적 측면이나 환경에 대한 인식은 악화되고 있다. 이러한 결과는 타 선행 연구에서 밝힌 청소년 독자들의 주요 특성과 합치된다. 다만 이 연구에서는 인지적 측면도 여러 항목에 걸쳐 중1·3 학생들에게 퇴행적인 결과가 나타나 결과의 해석에 유의할 필요가 있다. 이러한 쟁점 사안은 향후 중·고등학생 독자에 대한 추가 연구를 통해 검증해 나갈 수 있을 것이다.

3) 청소년 독자의 성취 수준

현재 청소년 독자들이 인지·정의·사회적 특성을 이해하는 데 함께 살펴볼 자료로는 이들을 대상으로 한 국가나 연구기관에서 제시하고 있는 '성취기준(achievement standards)'을 들 수 있다. 성취기준은 대상자들이 도달해야만 하는 최소한의 수준을 밝힌 것으로 대상자들에게 요구되는 수준을 의미한다. 그러나 성취기준은 대상자들의 성취 실태를 기반으로 하여 도달 가능한 기준을 설정한 것이기 때문에 역으로 대상자들의 성취 실태를 엿볼 수 있는 중요한 자료가 된다.

이와 관련하여 청소년 독자를 대상으로 한 성취기준의 사례로는 크게 세 가지를 들 수 있다. 첫째는 우리나라의 국가 수준 국어과 교육과정 내 읽기 성취기준, 둘째는 국제학업성취도평가(PISA: Programme for International Student Assessment) 중 읽기 과제 기준, 셋째는 미국의 국가 수준 국어과 교육과정 내 읽기 성취기준이다.

우선 우리나라 국가 수준 교육과정은 가장 최근에 고시된 〈2015 개정 국어과 교육과정〉의 내용을 살펴볼 수 있다. 2015 교육과정은 듣기·말하기, 읽기, 쓰기, 문학, 문법 영역의 성취기준을 제시하고 있

〈표 7〉 2015 개정 국어과 교육과정의 '읽기' 내용 체계

핵심 개념	일반화된 지식	학년(군)별 내용 요소		기능
		중학교 1~3학년	고등학교 1학년	
▸읽기의 본질	읽기는 읽기 과정에서의 문제를 해결하며 의미를 구성하고 사회적으로 소통하는 행위이다.	• 문제 해결 과정	• 사회적 상호작용	• 맥락 이해하기 • 몰입하기 • 내용 확인하기 • 추론하기 • 비판하기 • 성찰·공감하기 • 통합·적용하기 • 독서 경험 공유하기 • 점검·조정하기
▸목적에 따른 글의 유형 • 정보 전달 • 설득 • 친교·정서 표현 ▸읽기와 매체	의사소통의 목적, 매체 등에 따라 다양한 글 유형이 있으며, 유형에 따라 읽기의 방법이 다르다.	• 정보 전달, 설득, 친교 및 정서 표현 • 사회·문화적 화제 • 한 편의 글과 매체	• 인문·예술, 사회·문화, 과학·기술 분야의 다양한 화제 • 한 편의 글과 매체	
▸읽기의 구성 요소 • 독자·글·맥락 ▸읽기의 과정 ▸읽기의 방법 • 사실적 이해 • 추론적 이해 • 비판적 이해 • 창의적 이해 • 읽기 과정의 점검	독자는 배경지식을 활용하며 읽기 목적과 상황, 글 유형에 따라 적절한 읽기 방법을 활용하여 능동적으로 글을 읽는다	• 내용 예측 • 내용 요약[읽기 목적, 글의 특성] • 설명 방법 파악 • 논증 방법 파악 • 관점과 형식의 비교 • 매체의 표현 방법·의도 평가 • 참고 자료 활용 • 한 편의 글 읽기 • 읽기 과정의 점검과 조정	• 관점과 표현 방법의 평가 • 비판적·문제 해결적 읽기 • 읽기 과정의 점검과 조정	
▸읽기의 태도 • 읽기 흥미 • 읽기의 생활화	읽기의 가치를 인식하고 자발적 읽기를 생활화할 때 읽기를 효과적으로 수행할 수 있다.	• 읽기 생활화하기	• 자발적 읽기	

출처: 교육부(2015: 7).

는데, 교육 내용에 대한 전체 틀이 '내용 체계표'이다. 읽기/독서 관련 성취기준은 크게 초등학교(1-2, 3-4, 5-6학년군), 중학교(1-3학년군), 고등학교 1학년, 그리고 선택 중심 교육과정 교과목인 '독서'에 제시되어 있다. 2015 개정 국어과 교육과정의 '읽기'와 '독서' 관련 내용은 〈표 7·8·9〉에서 보다 구체적인 정보를 확인할 수 있다.

제시된 세 개의 표 중에서 가장 처음에 제시된 〈2015 개정 국어과 교육과정 내 '읽기' 내용 체계〉를 살펴보면 청소년 독자에 해당하는 중1-고1 독자들에게 읽기의 본질로서 문제 해결의 과정과 사회적

〈표 8〉 2015 개정 국어과 교육과정의 '읽기' 성취기준

중학교	학년군 성취기준
[9국02-01]	읽기는 글에 나타난 정보와 독자의 배경지식을 활용하여 문제를 해결하는 과정임을 이해하고 글을 읽는다.
[9국02-02]	독자의 배경지식, 읽기 맥락 등을 활용하여 글의 내용을 예측한다.
[9국02-03]	읽기 목적이나 글의 특성을 고려하여 글 내용을 요약한다.
[9국02-04]	글에 사용된 다양한 설명 방법을 파악하며 읽는다.
[9국02-05]	글에 사용된 다양한 논증 방법을 파악하며 읽는다.
[9국02-06]	동일한 화제를 다룬 여러 글을 읽으며 관점과 형식의 차이를 파악한다.
[9국02-07]	매체에 드러난 다양한 표현 방법과 의도를 평가하며 읽는다.
[9국02-08]	도서관이나 인터넷에서 관련 자료를 찾아 참고하면서 한 편의 글을 읽는다.
[9국02-09]	자신의 읽기 과정을 점검하고 효과적으로 조정하며 읽는다.
[9국02-10]	읽기의 가치와 중요성을 깨닫고 읽기를 생활화하는 태도를 지닌다.

고등학교	1학년 성취기준
[10국02-01]	읽기는 읽기를 통해 서로 영향을 주고받으며 소통하는 사회적 상호작용임을 이해하고 글을 읽는다.
[10국02-02]	매체에 드러난 필자의 관점이나 표현 방법의 적절성을 평가하며 읽는다.
[10국02-03]	삶의 문제에 대한 해결 방안이나 필자의 생각에 대한 대안을 찾으며 읽는다.
[10국02-04]	읽기 목적을 고려하여 자신의 읽기 방법을 점검하고 조정하며 읽는다.
[10국02-05]	자신의 진로나 관심사와 관련된 글을 자발적으로 찾아 읽는 태도를 지닌다.

출처: 교육부(2015: 43-44, 59).

상호작용을 강조하고 있음을 알 수 있다. 또한 다양한 읽기 목적(예: 정보 전달, 설득, 친교 및 정서 표현), 텍스트 주제 분야(예: 인문·예술, 사회·문화, 과학·기술)를 매체의 특성을 고려하여 읽도록 하고 있다. 구체적인 읽기의 내용과 수준은 내용 예측과 요약부터 비판적 읽기, 나아가 자신의 읽기 과정에 대한 점검과 조정과 같은 상위 수준의 독해력까지 다루고 있다. 나아가 읽기 활동을 생활화하고 자발적 읽기를 실천

〈표 9〉 2015 개정 국어과 교육과정의 '독서' 과목 성취기준

영역	핵심 개념	일반화된 지식	내용 요소	기능
독서의 본질	• 글과 독서의 가치 • 상호텍스트성	• 바람직한 독서는 자신에게 필요하고 좋은 글을 스스로 찾아 읽는 것이다.	• 글·책의 선택 • 주제 통합적 독서	• 글·책 선택하기 • 맥락 고려하기 • 몰입하기 • 보조·참고 자료 활용하기 • 내용 확인하기 • 추론·상상하기 • 비판하기 • 감상·성찰하기 • 대안 탐색하기 • 적용·발전시키기 • 공유·소통하기 • 점검·조정하기
독서의 방법	• 사실적 이해 • 추론적 이해 • 비판적 이해 • 감상적 이해 • 창의적 이해	• 능숙한 독자는 독서의 맥락과 글의 특성을 바탕으로 하여 적절하고 전략적인 방법으로 글을 읽는다.	• 사실적 읽기 • 추론적 읽기 • 비판적 읽기 • 감상적 읽기 • 창의적 읽기	
독서의 분야	• 교양 독서 • 매체 읽기	• 독자는 다양한 분야에서 다양한 주제의 글을 읽으며 교양을 쌓는다. • 독자는 다양한 맥락에서 생산되고 다양한 방식으로 유통되는 글을 읽으며 삶의 다양성을 이해한다.	• 인문·예술 분야의 글 읽기 • 사회·문화 분야의 글 읽기 • 과학·기술 분야의 글 읽기 • 시대의 특성을 고려한 글 읽기 • 지역의 특성을 고려한 글 읽기 • 매체의 특성을 고려한 글 읽기	
독서의 태도	• 독서 계획 • 독서 활동	• 독서는 스스로 독서 계획을 세우고 다양한 독서 활동을 하며 바람직한 독서 문화 형성에 참여할 때 효과적으로 수행된다.	• 자발적 독서 계획과 실천 • 독서 문화에의 참여	

출처: 교육부(2015: 93).

하여 정의적 영역을 발전시키도록 강조하고 있다. 읽기의 인지·정의·사회적 측면에서 볼 때, 현행 교육과정은 인지 측면에 대한 비중이 가장 높고 그 다음으로 정서 측면(읽기 태도)을 다루고 있음을 알 수 있다. 사회적 측면으로는 '읽기가 사회적 상호작용'임을 강조한 부분에 주목할 수 있으나, 구체적인 내용은 인지·정의적 요소에 비해 두드러지지 않는 것이 특징이다.

2015 개정 국어과 교육과정을 통해 우리나라에서 청소년 독자들에게 어떠한 읽기 능력을 강조하고 있으며, 교육을 받은 이상적인 독자의 인지·정의·사회적 면모를 확인할 수 있다. 특히 고등학교 단계까지 이른 독자는 비판적이고 감상적이며 창의적인 수준의 고급 독해력을 갖추고, 자발적으로 독서 활동을 수행하며, 나아가 독서 문화 창달에 참여하고 기여하는 독자로 설정되어 있다. 이는 우리 독서교육이 지향하는 청소년 독자의 모습을 보여준다. 국가의 교육과정은 성취기준을 포함하고 있기 때문에 이후 청소년 독자들의 성취와 읽기(독서)교육의 효과를 평가하는 직접적인 기준으로 활용되고 있다.

청소년 독자의 성취기준을 살펴볼 수 있는 국제적인 지표로는 국제학업성취도평가(PISA)의 읽기 영역이 있다. PISA는 3년 단위로 읽기, 수학, 과학 영역의 성취(소양, literacy)를 평가한다. 만 15세 학생을 대상으로 시행되기 때문에 시험 대상자 중 90% 정도가 고1 학생이고 10% 정도가 중3 학생이다. 가장 최근에 시행된 PISA 2015에는 전 세계 72개국이 참여하였고, 우리나라도 5,749명이 참여하였다. PISA는 읽기, 수학, 과학의 소양 수준을 파악하고 소양 수준에 영향을 주는 배경 변인과의 연계 분석을 통해 교육 정책 입안을 위한 정보를 제공하는 것을 주 목적으로 한다. 3년 단위로 시행될 때마다 하나의 주 영역을 두는데 2018년 평가의 주 영역은 '읽기'이다.

〈표 10〉 PISA 읽기 영역의 수준별 과제 진술

6 수준	일반적으로 이 수준의 과제는 복합적인 추론 능력과 상세하고 정확한 비교・대조 능력을 요구한다. 또한 하나 또는 그 이상 텍스트에 대해 종합적이면서도 상세한 수준의 이해를 보여줄 것을 요구하며, 여러 텍스트로부터 정보를 통합하는 능력을 묻기도 한다. 어떤 과제들은 서로 상충하는 정보를 포함한, 익숙하지 않은 아이디어에 대해 다루도록 하며, 이해를 위하여 추상적인 범주를 생성해낼 수 있는지 묻는다. '성찰 및 평가'와 관련된 과제들은, 복잡한 기준이나 관점을 고려하고 텍스트를 벗어난 수준 높은 이해를 적용하면서, 익숙하지 않은 화제를 다룬 텍스트에 대해 가설을 세우거나 비판적인 평가를 하도록 요구한다. 이 수준에서 '접근 및 확인' 양상과 관련된 가장 중요한 조건은 명확한 분석력과 눈에 잘 띄지 않는 세부 사항에 대한 뛰어난 주의력이다.
5 수준	이 수준의 과제는 텍스트에 깊이 내재되어 있는 정보를 찾아내고 그 정보들을 서로 조직하며, 어떤 정보가 관련이 있는지 추론하도록 한다. '성찰 및 평가' 과제는 전문적인 지식을 바탕으로 하여 가설을 세우거나 비판적으로 평가할 수 있는 능력을 필요로 한다. '통합 및 해석' 과제와 '성찰 및 평가' 과제는 공통적으로 내용 면이나 형식 면에서 익숙하지 않은 텍스트에 대해 종합적이면서도 상세한 수준의 이해를 요구한다. 모든 읽기 양상에서 공통적으로, 이 수준에서는 예상한 것과는 다른 개념에 대해 다루는 과제가 포함된다.
4 수준	이 수준의 과제는 텍스트에 깊이 내재되어 있는 정보를 찾아내고 그 정보들을 서로 조직하도록 한다. 이 수준 과제 중 일부는 텍스트 전체의 의미를 고려하면서 텍스트 각 부분에 사용된 언어의 미묘한 의미 차이를 해석할 것을 요구한다. 또 다른 '통합 및 해석' 과제는 낯선 맥락에서 범주들을 이해하고 적용하도록 한다. 이 수준의 '성찰 및 평가' 과제는 공식적이고 대중적인 지식을 바탕으로 하여 텍스트의 내용을 추정하고 비판적으로 평가하는지 묻는다. 이 수준의 독자들은 내용이나 형식이 익숙하지 않은, 길거나 복잡한 텍스트에 대한 정확한 이해를 보여주어야 한다.
3 수준	이 수준의 과제는 여러 가지 조건을 만족시키는 정보들을 찾아내고 경우에 따라 그 정보들을 조직하도록 한다. 이 수준의 '통합 및 해석' 과제는 텍스트의 중심 생각을 파악하기 위해 텍스트의 여러 부분들을 통합하고, 단어나 구절의 의미를 해석하거나 이들 간의 관계를 이해하도록 한다. 독자들은 비교, 대조, 범주화 하는 과정에서 여러 특성들을 고려해야 한다. 종종 필요로 하는 정보가 두드러지지 않거나 상충하는 정보가 제시되기도 한다. 또는 기대에 반하거나 부정적으로 진술된 아이디어와 같이 텍스트 상에 장애물이 존재하기도 한다. 이 수준의 '성찰 및 평가' 과제는 연결하기, 비교하기, 설명하기 등을 요구하며, 텍스트의 특성을 평가하도록 한다. 어떤 반성적 과제는 친숙하고 일상적인 지식과 관련하여 텍스트의 의미를 잘 이해하고 있는지 묻는다. 또 다른 과제는 상세한 수준의 텍스트 이해를 요구하진 않더라도 지나치게 상식적이지 않은 수준의 지식을 필요로 한다.
2 수준	이 수준 과제 중 일부는 추론을 하거나 몇 가지 주어진 조건을 고려하면서 하나 또는 그 이상의 정보들을 찾도록 한다. 다른 과제는 텍스트의 중심 생각을 파악하거나, 텍스트의 관계를 이해하거나, 정보가 두드러지게 제시되지 않아서 독자가 낮은 수준의 추론을 해야 하는 텍스트에서 한정된 부분의 텍스트 의미를 파악하도록 한다. 이 수준 과제 중 일부는 텍스트의 어느 한 가지 특성과 관련하여 비교하거나 대조하는 활동을 물을 수도 있다. 이 수준의 보편적인 '성찰 및 평가' 과제는 개인적인 경험이나 태도를 바탕으로 하여 텍스트와 텍스트 밖의 지식을 비교하거나 몇 가지 관련성을 찾도록 한다.

출처: 김경희 외(2010: 81-82).

PISA 2018의 결과는 2019년에 발표될 예정이다.

읽기 영역의 성취는 최하 1수준 미만, 1수준부터 최상 6수준까지 크게 7단계로 구분된다. 6수준이 가장 높은 수준이다. 7개 수준 중에서 2수준 이하를 '하' 수준으로, 3-4수준을 '중' 수준으로, 5-6수준을 '상' 수준으로 이해할 수 있다. 〈표 10〉은 PISA의 '읽기 과제'에 대한 진술 중에서 하 수준인 2수준부터 상 수준인 6수준에 대한 설명이다.

PISA의 수준은 기본적으로 학생들이 갖추어야 하는 핵심 역량(key competencies)를 중심으로 설정되어 있는데, 핵심 역량은 우리나라를 비롯하여 세계 각국의 교육과정에 큰 영향을 미쳤다. 우리나라의 2015 교육과정도 핵심 역량을 적극적으로 반영하여 개정되었다(서혁·오은하, 2013). 2015 개정 교육과정과 PISA의 읽기 평가의 체제와 수준(소양)은 매우 긴밀한 관계를 맺고 있다. 이런 맥락에서 PISA 읽기 영역의 수준이 어떻게 설정되어 있는지를 살펴보는 것은 의미가 있다. 이를 통해 특히 고1 독자들에게 국제적으로 어떠한 기준이 요구되고 있는지를 확인할 수 있다.

2015년에 시행된 최근의 PISA 읽기 영역의 결과(구자옥 외, 2016)를 살펴보면 우리 학생들의 성취는 참여국 중에 4-9위 수준이다. 이 성취도 높은 수준이지만 2006년 1위였던 이래 2009년과 2012년에 이어 2015년까지 지속적으로 순위가 하락하고 있는 추세이다. 이러한 추세는 세부 수준별 변화를 통해 그 원인을 확인할 수 있는데, 우리나라 독자들은 이전 시기에 비해 '하' 수준에 해당하는 2수준 미만과 2수준의 증가가 두드러졌다. 하 수준에 해당하는 2수준 이하의 비율이 전체의 32.9%에 이르렀고, 특히 1수준의 증가율이 가팔랐다. 또한 최고 수준인 6수준의 비율이 0.3% 증가하였으나, 5수준의 비율이 전 시기에 비해 1.8% 감소하여 '상' 수준 학생의 비율은 12.7%

였다. 전반적으로 2수준 이하 '하' 수준 학생들의 급속한 증가가 최근의 문제적 특징이라고 할 수 있다. 이와 관련하여 기초 학력 미달 또는 저성취 독자(low-achievement readers)를 위한 지원 방식에 대해 적극적인 고민이 필요한 상황이다.

이와 함께 남녀 학생의 격차도 지적할 수 있다. 읽기는 우리나라가 PISA에 참여한 2000년부터 2015년까지 지속적으로 여학생의 성취가 남학생보다 높은 영역이었다. 이는 우리나라만의 특성이 아니라 전 세계적인 결과이기도 하였다. 중요한 점은 남녀 학생의 성취 차이(성차, 性差)의 변화 양상이다. 남녀 학생들의 읽기 성차는 2000년에 가장 낮았다가 직전 주기인 2015년에는 41점까지 증가하였다. PISA가 평균이 500점으로 설정된 평가임을 고려할 때, 남녀 독자의 성차가 41점에 이르는 것은 간과할 수 없는 수준이다. 또한 세부 정보를 분석해 보면 특히 1수준 이하인 최하 집단에서 남학생의 비율이 매우 높다. 그리고 직전 시기 결과를 보면 이 남학생 독자들이 '접근 및 확인' 영역에 해당하는 가장 기본 독해 문항(사실적 독해)에서 성취가 크게 하락한 것으로 나타났다. 이는 우리나라의 청소년 중에 기본 독해에 어려움을 겪는 하위 수준 독자, 특히 남학생 하위 독자의 비율을 잘 보여주는 결과라고 할 수 있다.[9)]

청소년 독자의 성취 수준과 관련하여 국제적인 지표로는 미국의 공통핵심기준(CCSS: Common Core State Standards)을 살펴볼 수 있다. CCSS는 미국의 유치원, 초등, 중등학교 전 학년 학생들에게 국

9) PISA 2015 읽기 성취와 관련해서는 김주환·이순영(2018)을 참고할 수 있다. 김주환·이순영(2018)은 4대 국가 수준 평가·조사(국제학업성취도평가인 PISA 2015와 국가 수준 학업성취도평가 NAEA 2015를 비롯하여 2017년 국민독서실태조사, 한국교육종단연구 2005)의 결과를 종합하여 우리나라 청소년 독자들의 읽기와 독서 특성을 설명하고 있다.

어와 수학 과목에 한정하여 필수적인 교육 내용을 제시한 것으로, 일종의 국가 수준 교육과정이라고 볼 수 있다(이순영, 2011b). 〈표 11〉은 청소년 독자에게 요구되는 읽기 수준 중에서 청소년 독자에 해당하는 중3-고1의 사례를 정리한 것이다.

미국의 공통핵심기준(CCSS) 중 국어는 ① 국어 교과를 위한 교육과정, 그리고 ② 내용 교과인 역사·사회, 과학, 기술 교과에서의 읽기·쓰기 학습 교육과정의 두 트랙으로 구성되어 있다. 전자는 다시 ㉠ 유치원부터 초등 5학년까지를 위한 교육과정과 ㉡ 6-12학년을 위한 교육과정으로 구성되는데, 이 중에서 6-12학년을 위한 읽기(reading) 교육과정이 청소년 독자를 위한 교육 내용과 성취 수준에 해당된다. 6-12학년을 위한 읽기 교육과정은 6-7, 7-8, 9-10, 11-12학년의 총 4단계로 구성되어 있고, 〈표 11〉에는 이 중에서도 3단계에 해당되는 9-10학년의 성취기준을 예로 제시하였다. 9-10학년은 우리나라 국어과 '공통' 교육과정의 최상위 수준에 해당되며, PISA 읽기 평가의 실제 대상자도 고1 독자이기에 상호 비교가 용이하다.

우리나라의 2015 교육과정 중 중학생에서 고1 대상 '읽기' 성취기준, CCSS의 9-10학년 읽기 성취기준, 그리고 고1을 주 대상으로 하는 PISA 읽기 평가의 수준을 살펴보면 몇 가지 특징을 발견할 수 있다. 공통적인 특징으로는 우선 세 자료 모두 '텍스트 기반의 독해 능력', 즉 인지적 측면을 가장 강조하고 있다. 특히 세 자료 중에서는 CCSS가 이런 특성이 가장 두드러진다. 세 자료 모두 텍스트 기반의 사실적 독해와 추론적 독해를 강조하고 있는데, CCSS는 이를 핵심 내용과 세부 정도, 텍스트의 기능과 구조, 텍스트 내 주제와 아이디어 통합의 층위로 나누어 정교한 독해를 강조하고 있다. 이외에도 여러 문서에 대한 독해(다문서 독해, multiple-text reading)와 복잡한 글

〈표 11〉 공통핵심기준(CCSS) 읽기 기준의 예

읽기 기준 (CCR for Reading)	중3-고1 학생을 위한 읽기 기준 (정보 텍스트의 예)
핵심 내용과 세부 정보 1. 텍스트가 정확하게 무엇을 말하는지를 이해하기 위해서, 그리고 텍스트로부터 논리적 근거를 찾기 위해서 세심하게 읽는다. 2. 텍스트의 핵심 아이디어와 주제를 파악하고 그 발전 과정을 분석한다. 핵심 아이디어와 정보를 요약할 수 있다. 3. 텍스트의 범주를 넘어서 사람과 사건, 그리고 아이디어가 어떻게 발전되고 상호작용 하는지를 분석한다.	**핵심 내용과 세부 정보** 1. 텍스트가 명시적으로 전달하는 내용과 추론 가능한 내용의 분석을 위해 적합하고 철저하게 텍스트의 근거를 인용한다. 2. 텍스트의 핵심 아이디어와 주제를 파악하고 텍스트 전반에 걸친 그 발전 과정을 분석한다. 그 핵심 아이디어가 구체적으로 어떻게 나타나고 형성되며 정교화 되는지 설명할 수 있고, 텍스트에 대해 객관적인 요약을 한다. 3. 글쓴이가 연속적인 아이디어나 사건을 전개하는 순서, 각 아이디어나 사건의 소개와 발전 방법과 각각의 연결 방법을 분석한다.
기능과 구조 4. 텍스트에서 기술·함축·비유적 의미로 사용된 단어나 구의 의미를 이해한다. 또한 의미와 분위기를 나타내기 위해서 어떤 특별한 단어를 사용하는지를 분석한다. 5. 단어나 문단, 그보다 더 큰 부분들이 서로 어떻게 관련되는지, 텍스트의 구조를 분석한다. 6. 관점이나 목적이 어떻게 텍스트의 내용과 스타일을 만드는 데 기여하는지를 이해한다.	**기능과 구조** 4. 텍스트에서 기술·함축·비유적 의미를 포함해서 단어와 구절의 의미를 파악하고, 구체적인 단어 선택이 텍스트의 어조와 의미에 미치는 누적적 효과(예: 신문에 따라서 법원의 판결에 대한 기술이 어떻게 다른가)를 분석한다. 5. 글쓴이의 아이디어나 주장이 특정한 문장, 문단, 텍스트의 보다 큰 부분(예: 특정한 장의 일부분)에 의해 정교화되는 구체적인 양상을 분석한다. 6. 텍스트에서 글쓴이의 관점이나 목적을 확인하고, 글쓴이가 어떻게 그 관점이나 목적을 발전시키기 위해 수사적 요인들을 사용하는지 분석한다.
지식과 아이디어의 통합 7. 단어뿐만 아니라 시각적, 수량적으로 표현된 내용들을 통합시키고 평가한다. 8. 텍스트에 있는 논쟁과 특별한 주장이 타당한 이유와 근거를 갖고 있는지 기술하고 평가한다. 9. 지식을 형성하거나 작가의 접근 방식을 비교하기 위해서 어떻게 두 개 혹은 그 이상의 텍스트가 비슷한 주제와 화제를 나타내는지 분석한다.	**지식과 아이디어의 통합** 7. 하나의 주제가 여러 매체로 설명되는 방식을 분석하고 (예: 개인의 삶을 다룬 인쇄물과 멀티미디어), 매체별로 어떤 부분이 강조되는지 확인한다. 8. 텍스트에서 논쟁과 구체적인 주장을 확인하고, 그 추론이 유효하고 증거가 적절하고 충분한지, 또 허위 진술과 그릇된 추론 여부는 없는지 확인하여 평가한다. 9. 역사적, 문학적 의의가 있는 미국의 주요 문서를 어떻게 주제와 개념을 설명하고 있는지를 포함하여 분석한다 (예: 워싱턴의 고별 연설, 게티스버그 연설, 루즈벨트의 네 개의 자유 연설, 킹의 '버밍햄 감옥으로부터의 편지').
읽기의 범위와 텍스트 복잡성 10. 복잡한 문학 텍스트와 정보 텍스트를 독립적으로 그리고 충분히 읽고 이해할 수 있다.	**읽기의 범위와 텍스트 복잡성** 10. 9학년 말까지, 9-10학년군에 포함된 텍스트 복잡도를 가진 문예적인 논픽션 글을 최고 수준의 비계의 도움을 받으면서 이해한다. 10학년 말까지, 9-10학년군에 포함된 최고 수준의 복잡도를 가진 문예적인 논픽션을 독립적으로 또 유창하게 이해한다.

출처: CCSS Initiative(2010: 35, 39).

에 대한 정교한 독해(close reading)를 강조하는 점이 중요한 특징이다. 이러한 양상은 그 대상이 청소년 독자라는 점에서 볼 때, 읽기의 개념과 속성을 고려해 볼 때 지나치게 텍스트 기반 독해에 한정된 편협한 설정이라는 비판이 가능하다. 그러나 세 자료에 제시된 '성취기준(읽기 수준)'은 독자에게 희망하는 바가 아니라, 모든 독자가 반드시 갖추어야만 하는 최소한의 요건을 밝힌 바임을 고려할 때 이렇게 설정된 취지를 이해할 수 있다.

CCSS에 비해 우리나라의 국어과 '읽기' 교육과정은 인지적 측면에서는 독자의 자기 점검·조정·평가를 강조하고 있으며, 정의적 측면에서는 읽기의 생활화와 태도를 강조하는 점이 특징적이다. 인지와 정의적 측면을 비교적 조화롭게 교육 내용으로 다루고 있는 점은 고무적이다. 그러나 고1 성취기준의 경우 교육 내용의 양이 절대적으로 작고, 중·고등학교 전반적으로 정교한 독해나 독해의 질 증진에 초점을 맞춘 성취기준은 미약한 편이다.

한편 PISA의 7단계 수준은 실제 평가 상황이기 때문에 최근의 읽기 연구 동향을 가장 실제적으로 반영하고 있으며, 실제 평가 결과를 통해 학생들의 성취를 세세하게 확인해 낼 수 있다는 점에서 큰 차별성을 갖는다. PISA 2015 읽기 영역은 기본적으로 컴퓨터 기반 읽기 평가(CBT: computer-based tests)를 제공하였으며, ① 상황(개인, 공적, 직업, 교육), ② 텍스트(연속-비연속, 혼합-다중), ③ 양상(접근-확인, 통합-해석, 성찰-평가)의 조합을 통해 다양한 층위·성격·수준의 읽기 과제를 개발하였다. PISA의 읽기 평가는 만 15세의 독자가 다양한 상황에서 실제로 접할 수 있는 텍스트를 제공하고, 구체적인 상황에서 특정한 문제를 해결하고 과제를 수행하도록 하였다는 점에서 현장성·실제성이 높은 것이 특징이다.

PISA 2015의 평가 결과, 우리나라의 청소년 독자(특히 고1 학생들)는 여러 유형의 문항 중에서도 '열린 응답'을 요구하는 문항, 그리고 '혼합 텍스트' 체재(글+도표+그래프)의 독해 상황에 어려움을 겪는 것으로 나타났다. 또한 독해 능력이 낮은 독자는, 시행 시기가 반복될수록 텍스트의 구체적인 정보에 접근해서 그 내용을 확인하는 사실적 독해 문항에서의 성취가 하락하는 특성이 확인되었다. PISA는 변화하는 문식 환경, 특히 컴퓨터 기반의 읽기, 그리고 다문서 독해, 다양한 읽기 목적과 상황을 제공한다는 점에서 새로운 시도가 돋보인다. 이런 맥락에서 볼 때 PISA에서 요구하고 측정하는 읽기 소양(literacy)의 구체적인 내용과 이에 대한 우리 독자들의 성취 특성과 추이를 확인할 필요가 있다.

4) 청소년 독자의 정서적 특성

마지막으로 청소년 독자들의 '정서적 특성(affective characteristics)'을 살펴볼 수 있다. 정서적 영역은 정의적 영역이라고도 명명되는데, 독자의 감정, 정서, 신념, 인식과 깊이 연계된 특성을 의미한다. 구체적으로는 독자가 독서의 중요성을 인식하고, 독서 활동에 가치를 부여하고, 독자로서 자신을 인식하고 신뢰하며, 독서 활동을 좋아하고 즐거하는 태도를 형성하는 것을 포괄한다. 독서의 정서적 영역에 해당하는 용어와 그 개념을 정리하면 〈표 12〉와 같다.

독서 동기와 흥미, 태도, 효능감, 몰입, 자의지, 주체성 등은 모두 독서의 정의적 특성을 설명하는 매우 중요한 용어들이다. 이들은 서로 긴밀하게 연계되어 있으며(예: 연구자에 따라서는 독서 흥미를 독서 동기의 주요 구인으로 설명하기도 한다), 인간의 감정과 직결되는 정의적 영

〈표 12〉 정의적 영역의 독서 용어와 개념

용어	개 념
독서 동기	• 독서 행위를 촉발하고 지속적으로 유지, 강화시키는 독자의 다면적인 심리 구조. - 내재적 독서 동기: 독서 효능감, 호기심, 몰입, 독서 가치 인식, 선택권 등 독자 내적인 요인에 의해 촉구되는 자기목적적인 동기. - 외재적 독서 동기: 독서와 관련된 경쟁, 성적, 칭찬, 인정, 벌 등의 외적 자극이나 행위 후 결과에 의해 독서 행위가 유발되는 것.
독서 흥미	• 특정한 독서 주제나 분야에 대한 독자의 선호도나 취향. (독서 자료의 주제, 장르, 외형 체제, 독서 환경의 영향을 받음.)
독서 태도	• 장기간에 걸쳐 형성된 독서나 책에 대한 독자 개인의 호불호. • 독서에 대한 지속적 호의나 비호의적 반응을 동반한 학습된 성향.
독서 효능감	• 자신의 독서 능력과 성공적인 독서 행위에 대한 독자의 기대와 믿음.
독서 몰입	• 특정한 문식 경험과 상황 하에 독자가 독서에 인지・정의적으로 몰입하는 상태, 또는 몰입 상태에서 경험하는 여러 가지 심리적 현상. • 독서 활동에 개인의 모든 주의가 완전히 집중되면서 시간이 무의미해지고 텍스트에 대한 깊은 이해를 동반하는 심리적 과정.
독서 자의지	• 독서를 위한 독자의 자발적이고 지속적인 노력. (주의를 산만하게 하는 방해 요소에도 불구하고 근면성과 행동 통제 전략을 요구하는 일에 집중할 수 있는 능력.)
독서 주체성	• 독자가 자신의 독서 활동을 통제하거나 조절하고 있다는 믿음. (독자가 독서 과제・자료에 대해 선택권을 가질 때 주체성이 높아짐.)

출처: 이순영 외(2015: 62).

역의 특성상 명료하게 규정하고 실증적으로 검증하기 어려운 특성도 있다. 그러나 이 모호성과 연구의 어려움에도 불구하고 독서의 정의적 영역은 독자의 발달과 독서 경험을 설명하는 데 필수적인 요소로서 주목을 받아 왔다. 특히 청소년 독자의 독서 활동을 이해하기 위해서는 정의적 특성에 대한 논의가 필수적이다.

청소년 독자의 정서적 요인은 인지적 요인과는 다른 양상을 보인다. 우선 앞서 살펴보았던 독자의 인지적 발달을 간단히 요약하면 다음과 같다. 평생 독자의 발달 측면에서 볼 때 독자의 인지적 발달은 발생적 문식성(emergent literacy) 시기부터 시작된다. 발생적 문식성기를 거치면서 독자는 문자를 인지하고 점차 문자 환경에 익숙해진다. 이후 유치원과 초1학년 시기에는 문자를 익히는 등 본격적으로 읽기를 익히는 읽기 학습(learning to read)을 시작한다. 초등 중학년 시기에는 유창성과 기초 독해 능력을 습득하게 된다. 이후 청소년 시기까지 개인차는 있지만 독자들의 인지 능력은 지속적으로 발달하고 이와 함께 독해력이 증진된다.

그러나 정서적 요인은 평생에 걸쳐 선조적으로 발달하지 않는다. 특히 청소년 독자의 정서적 요인은 아동·어린이 독자기에 비해 퇴행적인 양상이 두드러진다. 국내·외 여러 연구에 의하면 중등 학생(특히 중학생기)은 독서 동기와 흥미가 낮고, 부정적인 독서 태도가 강화되며, 독자 효능감이 악화되는 양상을 보인다(윤준채, 2007; 최숙기, 2011; Baker 외, 2000). 특히 임현정 외(2009)의 교육종단연구를 살펴보면, 학생의 학년이 높아질수록 독서 시간, 독서/국어 관련 내재적 동기, 국어 교과 효능감, 국어 수업에 대한 이해 등이 모두 악화되었다. 중등 학생은 부모나 교사의 지원 양상에 대해서도 부정적인 인식이 강했다.

독서의 정서적 요인은 독자를 실제로 움직이는 가장 강력한 동력원이다. 독서교육에서 잘 읽는 능력(독해력)과 함께 독서를 좋아하고 즐겨 읽는 습관(독서 태도)을 갖도록 강조하는 이유도 이 때문이다. 독서 습관이 없거나 읽기를 싫어한다면 그 독자의 읽기 능력은 가치를 더할 수 없으며 더 이상 증진되기도 쉽지 않다. 개별 독자의 역량은 사실상 정의적 영역이 탄탄할 때 발현될 수 있고 장기간에 걸쳐 지속될 수 있다. 사회가 요구하고 있는 독해력의 수준이 나날이 높아지는 요즈음 독자들은 과거 그 어느 때보다도 오랜 기간 동안 능동적으로 도전적인 독서 활동을 수행해야만 한다. 정의적 측면을 갖추지 않고는 불가능한 일이다.

그러나 현재 우리의 청소년 독자 중에는 독서 능력을 갖추고 있으나 자율적으로는 읽지 않는 '비독자'(aliterate non-reader)가 많다. 독서학계에서는 비독자를 '무문식력'(김명순, 2003: 20)이나 '준문맹'(정혜승, 2006: 387)으로 명명하기도 한다. 과거에는 문자를 습득하지 못한 '문맹(illiteracy)'이 사회적 문제였다면, 현재는 능동성이나 자발성을 상실한 비독서(aliteracy)가 독서학계가 직면하고 있는 최대 난제라고 할 수 있다. 2년마다 조사하는 국민독서실태조사의 결과를 살펴보면 2017년의 경우 최소 1년 동안 자발적으로 책을 본 적이 없는 비독자의 비율이 40%를 넘었다. 비독자의 비율은 해마다 증가하고 있다. 비독자는 독자의 자발성이 관건인 문제이다. 이 문제를 해결하기 위해 독서교육 연구자들은 학생들의 독서 동기와 몰입에 영향을 주는 요인들을 다각도로 탐구하고 있다.

일례로 이순영(2006)은 독서 동기와 몰입에 영향을 미치는 요인에 관한 학계의 연구 성과를 종합하여 ① 텍스트 요인, ② 독자 내적 요인, ③ 교사·교수학습·교실 환경 요인, ④ 가족·가정 환경 요인, 그리고 ⑤ 독자를 둘러싼 사회적 상황 맥락 요인을 지적하였다. 위 그림에 의하면 독서의 정의적 요인들은 텍스트와 독자는 물론 외부의 다양한 요인들이 복합적으로 상호작용한 결과임을 알 수 있다. 이러한 양상은 개별 독자의 정의적 요인이 쉽게 증진시키기 어려운 이유이기도 하고, 한편으로는 각 독자마다 정의적 요인을 자극할 수 있는 접근의 방법이 다양함을 의미하기도 한다. 비독자가 지속적으로 증가하는 현실에서 각 요인들은 중요한 의미를 갖는다.

최근 독서의 정의적 요인과 관련하여 연구자들이 가장 주목하는 문제는 개별 독자의 성향(독서 흥미, 관심사, 진로 등), 선택권(텍스트 선택, 독서 활동 선택, 독서 공간 선택 등), 그리고 사회적 소통의 힘(책 수다, 독

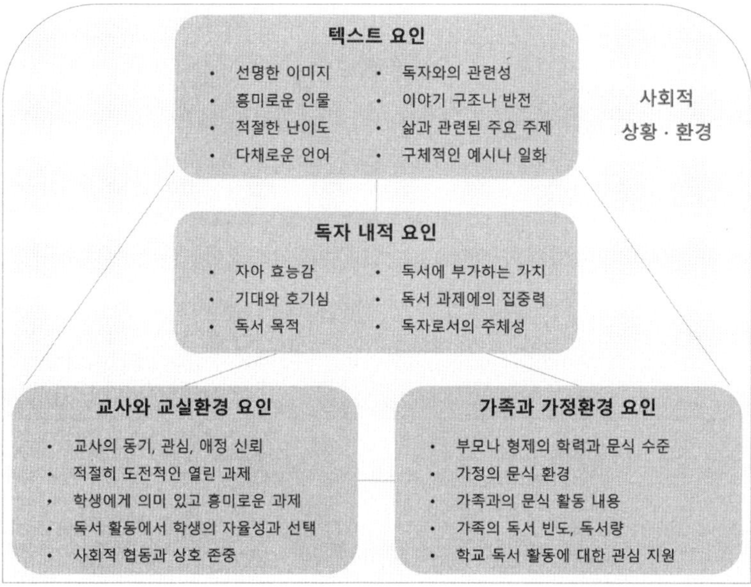

출처: 이순영(2006: 373).

〈그림 3〉 독서 동기와 몰입 경험에 영향을 미치는 요인들

서 토론, 온·오프라인의 각종 독서 동아리 등)이다. 그러나 청소년 독자를 동기화 하고 독서하도록 움직이는 일은 결코 쉽지 않으며, 그 해답이 단일한 것도 아니다. 결국 독자를 동기화 하고 긍정적인 독서 태도를 형성하기 위해서는 개별 독자에 대한 이해가 선행되어야만 한다. 이하 3장과 4장에서는 우리의 청소년 독자들이 어떠한 문식 환경 속에서 어떤 독서 활동을 수행하고 있으며, 나아가 이들은 어떠한 존재인지를 탐구해 보고자 한다.

제 3 장

청소년 독자의 문식 환경과 독서 활동

제3장 청소년 독자의 문식 환경과 독서 활동

1. 가정과 학교의 문식 환경과 독서 활동

청소년 독자들은 가정, 학교, 도서관, 지하철, 북카페 등 다양한 공간에서 여러 가지 종류의 독서 활동을 수행하고 있다. 독자를 둘러싼 '문식 환경(literacy environment)'은 독서의 대상인 '텍스트'나 독서의 주체인 '독자'와 달리 평소에는 그 존재나 영향력을 인식하기가 쉽지 않다. 그러나 문식 환경은 분명 독자에게 큰 영향을 미친다. 동일한 책이라 하여도 독서 활동을 수행하는 환경에 따라 개별 독자의 독서 경험에는 큰 차이가 있을 수 있다. 이런 맥락에서 볼 때, 인간의 독서 행위는 독자가 텍스트 그리고 환경과의 상호작용 속에서 의미를 구성하는 역동적 정신 작용으로 이해할 수 있다. 이에 3장에서는 청소년 독자를 둘러싼 문식 환경과 이들의 문식 활동(literate activities)을 살펴보고자 한다. 본격적인 논의에 앞서 우선 문식 환경의 개념을 규정해 보자.

1) 문식 환경의 개념

'문식 환경'은 독자에게 영향을 미치는 유·무형의 모든 것을 의미한다. 읽기 자료(도서, 잡지, 광고지, 웹상의 정보 등), 미디어(라디오, TV, 스마트폰, 컴퓨터와 인터넷 접속 도구), 문식 활동의 공간(가정, 도서관, 교실), 인적 환경(부모, 형제, 또래, 교사, 사서)을 포함한 물리적·심리적·추상적 개념이다. 일차적으로는 독자가 실제로 머무는 공간과 같은 물리적 환경을 의미하지만, 이차적으로는 독자 개인이 소속감을 느끼고 활동하는 심리적이고 추상적인 환경에 이르기까지 사실상 독자에게 영향을 미치는 모든 것을 의미한다.

이런 이유로 독자와 문식 환경, 그리고 이들의 상호작용과 이 관계에서 수행되는 문식 활동에는 매우 다양한 요인들이 개입되어 있으며 유기적 속성을 가지고 있다. 우선 문식 환경은 시대 변화에 영향을 받는 요인으로 매우 유동적인 요소이다. 1장에서 자세히 살펴보았듯이 인류의 역사 속에서 책은 매우 희귀한 재화였으며 대부분의 사람은 평생 책을 접할 수 없었다. 수천 년간 대중들은 구술 문화 속에서 생활하였고 이들의 문식 환경[1]은 철저하게 구어 환경이었다.[2] 문자 언어를 포함하는 문식 환경의 개념은 인쇄물의 대량 생산과 빠른 유

---

1) '문식 환경'을 문자 그대로 문자 학습과 사용 환경으로 한정한다면 인류 역사의 대부분, 대중에게 문식 환경은 존재하지 않았다고도 볼 수 있다. 그러나 인간의 언어 발달은 음성 언어 자극에 대한 인지에서 출발하여 점차 문자 언어에 대한 인식으로 전이·확장되기에 이 책에서는 문식 환경을 개인의 문식성 획득과 발달에 영향을 주는 광의의 개념으로 설정하고자 한다.

2) 현재에도 전 세계의 여러 지역에는 구술 문화의 전통 속에서 생활하는 원주민 공동체가 존재한다. 이런 원주민 공동체의 아동들(aboriginal children)은 읽기 경험 자체가 절대적으로 부족하므로 진학 후 일반적인 읽기 학습에 익숙해지기까지 상당한 어려움을 겪는다. 캐나다의 여러 교육청에서는 구술과 암송 중심의 문화 환경에서 성장한 원주민 학생들을 위한 읽기 지도 방식을 개발·적용하고 있다(Mattatall, 2017).

통, 그리고 무엇보다도 인쇄물의 가격이 합리적인 수준까지 하락하면서 본격적으로 형성되고 보급되었다. 개인이나 가정 단위로 많은 책을 소유하고 있는 현재의 문식 환경은 인류사적 측면에서 볼 때 엄청난 변화였다.

이처럼 시대별로 문식 환경은 변화하며 그 변화의 속도도 다양했다. 그리고 동시대를 살아간다 하여도 개별 독자에 따른 편차가 존재했다. 최근에는 문식 환경에 있어서 시대보다도 독자가 속한 국가, 지역, 소속 집단, 경제·사회적인 세부 조건의 영향력이 더욱 크다. 나아가 전자 매체와 디지털 기술의 발전으로 인해 문식 환경에서 '공간'이 갖는 물리적 한계가 빠르게 허물어지고 있다. 디지털 세계에서 공간은 종래의 물리적 공간과는 매우 다른 속성을 가지고 있으며, 나아가 국지적이고 한정된 장소로서의 공간이 개별 독자에게 미치는 압도적인 영향력을 희석하는 중요한 요소로서 작용하고 있다. 이런 맥락에서 볼 때 21세기는 문식 환경적인 측면에서 볼 때 인쇄 혁명기에 이은 또 다른 혁명적 변화기라고 할 수 있다.

문식 환경은 특정 시대를 살아가는 개별 독자의 생애사적인 측면에서 볼 때도 변화가 큰 개념이다. 개별 독자는 아주 어린 시기부터 다양한 문식 환경과 상호작용을 하면서 성장한다. 평생 독자의 성장에 따라 주로 활동하거나 영향을 받는 문식 환경도 변화한다. 특히 영·유·아동기의 문식 환경은 성인이 문식성을 시도하기 이전부터 개인의 언어 습득과 같은 인지적 측면과 읽기 흥미 발달 등 정서적 발달에 두루 큰 영향을 미친다(천화영·황혜정, 2013). 또한 영·유·아동기의 독자는 생애 다른 시기에 비해 활동 반경이 좁아 직접적으로 영향을 주고받는 문식 환경의 수가 적다. 대신에 각 문식 환경이 독자에게 미치는 영향력이 매우 크다. 이런 이유로 독서 연구자들은 영·유·아동기 독자의 발달에 있어서 문식 환경의 직접적인 또 잠재적인 영향을 중요한 요소로 보고 있다.

문식 환경은 물리적 요인과 심리적 요인으로도 나누어 살펴볼 수 있다. 물리적 요인은 사용하는 언어 자료의 유형과 양, 자료의 활용 빈도, 문식 활동의 유형과 시간 등을 들 수 있다. 과거에는 가정에 소장한 책의 권수와 같은 물리적 요인이 강조되었다. 그러나 최근에는 가정은 물론 사회 전반에서 문식성을 자극할 수 있는 요소들이 비약적으로 증가했기 때문에 '풍부한 문식 환경'을 규정하는 데 자료의 양보다도 '질'과 '다양성'을 더 중시하는 입장이다. 예를 들어 아동에게 적합하지 않은 책(예: 아동의 관심을 끌 수 없는 낡고 관심사가 아닌 주제를 다루는 책)을 많이 보유하는 환경보다는 권수는 적더라도 아동이 실제로 읽을 수 있는 책, 즐길 수 있는 책, 그러면서도 주제나 장르나 특성 면에서 다채로운 책을 제공할 필요가 있다.

그리고 근본적으로는 문식 환경과 관련하여 '독자가 체감하는 심리적 요인'의 중요성을 강조할 수 있다. 심리적 요인으로는 문식 활동을 지원하는 이의 유형과 독자와의 관계(예: 신뢰/애착 관계, 두려움/회피 관계 등), 책을 읽어주는 방법(목소리, 몸짓, 질문, 피드백, 오류 수정, 모델링), 읽기와 관련된 상호작용의 유형과 목적 등을 살펴볼 수 있다. 문식 환경은 독자의 인지적·정의적·사회적 측면에 큰 영향을 미친다. 특히 어린 독자가 풍부한 문식 환경 속에서 성장하면서 이른 시기부터 재미있고 의미 있는 읽기 경험을 축적하고, 읽기 활동에 흥미를 갖고, 자신의 읽기 능력을 신뢰하고, 나아가 읽기 활동에 대해 긍정적인 태도를 형성하게 되면 그 파급 효과는 장기간에 걸쳐 나타난다. 이런 이유로 세계 각국에서는 영·유·아동 독자에게 크게 영향을 미치는 가정과 학교의 문식 환경에 각별한 관심을 기울이고 있다.

마지막으로 최근 문식 환경과 문식 공간에 대한 한국 독서학계의 동향을 소개하고자 한다. 한국독서학회에서는 2018년 4월 '독서 문화 공간의 성찰과 재발견'이라는 주제로 전국학술대회를 열었다. 이후 발표문이 학술지에 출판(독서연구 47호)되었다.

우선 학술대회의 기조 발제였던 이성영(2018: 14)은 박인기(2006)의 연구를 인용하여 "독서 환경은 사회의 독서 운동 차원에서 주로 사용하는 용어로서, 독서가 일어나는 물적 공간을 포함하여 독서와 관련되는 행정·제도 및 문화·의식 등을 아우르는 말"이나, "맥락은 상황이나 시대와 같은 시간성이 부각되는 반면, 환경은 독서가 일어나는 배경 등 공간성이 더 부각되는 차이"가 있음을 지적하였다. 이어 "맥락보다는 환경이 공간과 더 가까운 개념"이며, "독서 환경은 공간 이외의 제도나 문화 등을 아우른다는 점에서 독서 공간보다 개념 범위가 넓다."라고 보았다. 이 연구에서는 독서를 현상학적 차원에서 바라보기 위하여 독서 공간이라는 용어를 택해 실제공간(물리적 공간과 인식적 공간)과 가상공간의 그 의미를 설명하였다. 이 연구는 독서 환경, 공간, 맥락을 비교하여 논의를 정교화하고 있다는 점에서 주목할 만하다.

한편 또 다른 발표자였던 옥현진(2018: 69-70)은 읽기 공간을 "읽기를 지원하는 물적 토대이자 읽기 행위가 이루어지는 물리적 또는 가상의 장소"로 규정하고, "독자의 읽기에 관여하는 여러 요인 중에서도 인적 요인이나 사회·제도적 요인보다 물적 요인에 집중하는 개념"임을 강조하였다. 이는 읽기 공간이 독자의 읽기 행위에 영향을 미치는 중요한 요인임을 인지하고 읽기와 읽기 공간의 상호교섭 양상을 설명하는 입장이다.

한국독서학회의 발표와 논의는 텍스트나 독자에 비해 주목받지 못

했던 독서 공간에 대해 학계와 현장의 관심을 촉구한다는 점에서 의미가 있다. 독서 공간을 비롯한 문식 환경은 최근 과학기술의 발전에 따라 온라인 환경까지 확장되면서 급변하는 양상을 보이고 있다. 현재의 독자들은 과거 그 어느 시기의 독자들보다도 복잡다양한 문식 환경 속에서 활동하고 있다. 이런 이유로 독서 공간과 환경이 독자의 문식 활동에 미치는 영향을 새로운 관점에서 조망할 필요가 있다. 그러나 학회의 발표자들이 언급하였듯이 '공간(space)'은 '환경(environment)'에 비해 물적 장소에 한정된 속성을 갖기 때문에 이 책에서는 문식 환경이라는 용어를 사용하여 이후의 논의를 전개하고자 한다.

2) 가정의 문식 환경

한 사람의 독자는 평생 동안 가정, 학교, 도서관, 서점, 웹(디지털 공간)에서 자신이 속한 특정 사회나 집단의 독서 문화에 이르기까지 다양한 문식 환경의 영향을 받는다. 이 중에서 가장 크게 주목을 받는 문식 환경은 가정과 학교이다. 특히 여러 문식 환경 중에서도 가장 기본적인 환경은 개별 독자의 '가정'이다.

문식 환경의 중요성은 독자가 문식성을 습득하고 유지하고 발달시켜 나가는 데 미치는 영향력으로 볼 수 있다. 가정은 개별 독자가 탄생 이후 가장 처음 만나는 문식 환경이다. 독자는 가정에서 처음 책을 만나고 독서의 방법을 배우고, 가정의 구성원들과 책을 통해 다양한 의사소통을 하면서 성장해 나간다. 가정은 이후에도 독자가 평생 동안 가장 오래 머무르는 환경이며, 사실상 가장 많은 독서 활동(특히 자유 독서 활동)을 수행하는 공간이기도 하다. 가정 문식 환경으로서 갖는 중요성은 확고하다고 할 수 있다. 이런 이유로 가정 문식 환경

구 내 장서수는 98권(읽을 만한 책 33권) 수준이었다. 이러한 결과를 종합해 볼 때 장서수를 중심으로 한 가정 문식 환경은 어린 독자일수록 높은 수준임을 알 수 있다.

가정 문식 환경에 대한 관심과 연구가 어린 독자에만 한정된 이유는 여러 가지 측면에서 설명할 수 있다. 가장 큰 이유는 어린 독자의 경우에 가정 문식 환경의 직접적인 영향력이 가장 크기 때문이다. 앞서 살펴보았듯이 가정 내 도서의 종류와 권수, 아동에게 책을 읽어주고 글자를 지도하는 부모의 독서지도 시간과 빈도, 부모의 의사소통 양상과 아동 독자의 인지적·정의적·사회적 발달에 대한 연구는 모두 가정 문식성의 영향을 검증한 결과이다. 어린 독자의 문식성 발달은 부모는 물론 국가·사회적 관심사이다. 가정 문식 환경과 독서지도의 문제는 교육·복지·보육·문화를 담당하는 다양한 정부 부처(예: 여성가족부, 교육부, 문화체육관광부, 보건복지부)의 지원을 받고 있다.

그러나 가정이 문식 공간으로서 갖고 있는 위치는 평생 독자의 연령과 상황에 따라 변화한다. 가정의 독보적인 위상도 아동이 성장하여 학령기가 되면 큰 변화를 맞고 결국 위축된다. 그 변화의 폭은 청소년기에 이르면 더욱 크다. 변화의 양상은 크게 두 가지이다.

변화의 첫 번째 양상은 '문식 공간의 다원화'이다. 가정이 삶의 중요 공간인 영·유아·아동 독자(초등 저학년까지)와 달리 청소년 독자는 직·간접적으로 소속되고 참여하며 활동하는 문식 공간이 다원화된다. 청소년 독자들은 가정 외 자신이 소속된 학교 학급, 학교도서관, 지역 도서관, 지역 서점, 동아리 모임, 온라인 채팅방, SNS 네트워크, 온라인 카페 등 다양한 공간에서 문식 활동을 수행하고 있다. 문식 환경이 다원화되면서 개별 환경이 갖는 영향력은 약화된다. 이와 함께 청소년 독자들은 이미 상당한 수준의 문식성을 갖추고 있기 때문에 문식 환경이 개별 독자의 문식성 발달에 미치는 영향력은 이전 시기에 비해 약하다. 또한 최근에는 과학기술의 급격한 발전으로 인해 청소년 독자들이 참여하고 있는 문식 공간 자체에도 변화가 크다. 청소년 독자들은 여러 독자들 중에서도 특히 디지털 환경에 적응력이 강해 새로운 문식 환경의 주요 사용자가 되었다. 청소년 독자들에게 영향을 미치는 다양한 문식 환경과 그 안에서의 문식 활동에 대해 관심과 연구가 필요하다.

두 번째 양상은 주요 문식 공간이 '학습성이 강한 학교로 이양'되는 점이다. 취학 초기 아동 독자에게 있어 학교는 또래를 만나고 새로운 생활 방식을 익히고 안전하게 생활하는 사회적 소통과 보육의 공간이다. 이후 학교는 학습과 사회화의 공간으로, 가정은 주로 휴식과 여가의 공간으로 그 성격이 분화된다. 이러한 이원 체제는 중등학교 입학 후 더욱 견고해진다. 그리고 중·고등학생의 경우 학교와 함께 학원에서 학습하는 시간이 극대화 되면서 가정이 문식 환경으로서 갖는 비중은 더욱 축소되고 있다.

물론 〈2017년 국민독서실태조사〉 결과에서도 확인할 수 있듯이 초등의 아동 독자는 물론 중등의 청소년 독자에게 있어서도 가정(집)은 독서의 가장 중요한 공간이다. 그러나 미취학과 초등의 영·유·아동 독자에게 있어 가정 문식 환경이 갖는 의미와 청소년 독자의 경우는 매우 다르다. 전자는 가정 문식 환경이 영·유·아동의 언어 습득, 그리고 독서 흥미와 습관 형성에 큰 영향을 미치는 공간이다. 반면에 청소년 독자의 경우는 가정이 독자의 특성을 형성하고 발전시켜 나가는 역할은 상당히 축소된다. 청소년 독자에게 있어 가정은 학교나 학원과 같은 공적이고 학습 목적의 공간에서 벗어나 휴식을 취하고 가족과 함께하는 개인적 공간이다. 이때 가정은 청소년 독자가 자유 독서 활동을 수행하는 공간이며, 특히 신체적으로나 심리적으로 편안히 머무르는 '안전 지대'(safe zone)로서의 성격을 갖는다.

필자가 수행한 연구(이하 〈2017 청소년 독자 연구〉로 명명)[4]에 참여한 청소년 독자들에 의하면 가정 문식 환경이 미취학이나 아동기에 비해 비슷하거나 다소 악화되었다는 응답이 지배적이었다. 집에서 생활하는 절대 시간과 실질 여가 시간이 축소하면서 자연스레 독서 시간이 감소하였고, 이로 인해 가정 내 도서의 양과 질이 개선되지 않았다는 설명이 많았다. 독서 장애 요인으로 흔히 지적되는 '시간 부족'과 '도서의 질' 문제이다.

그러나 청소년 독자들이 지적하는 보다 결정적인 이유는 스마트폰의 사용이었다. 다음 절에서 자세히 다루겠지만 현재 우리 청소년들은 하루 평균 5-6시간 동안 스마트폰을 사용하고 있었다.[5] 사실상 수업과 수면을 제외한 개인 시간이 거의 존재하지 않는 상황이었다. 이런 상황에서 청소년 독자들에게 전통적인 독서 활동, 그리고 이에 대한 가정 문식 환경의 영향력은 크게 위축될 수밖에 없었다. 이런 이유로 도서를 구매하거나 문식 환경의 질과 수준을 개선하기 위한 경제적·인지적·사회적 노력이 위축되고 있었다.

3) 가정의 독서 활동

현재 청소년 독자들의 가정 문식 환경은 정확하게 확인할 수 없지

4) 이 조사 연구에는 전국 5개교의 청소년 독자 205명이 참여하였다. 이 중에서 중학생 독자는 75명, 고등학생 독자는 130명이었다. 이 연구의 연구 방법은 4장 1절에서 상술하였고, 연구 결과는 5장에서 다룰 예정이다.

5) 연세대 ICT연구소의 2016년 연구에 의하면 중·고등학생의 스마트폰 평균 이용 시간은 38.6시간(주당)임(http://barunict.kr/?p=7490).

만 이들의 문식 활동은 국가 수준의 조사와 개별 연구를 통해 간접적으로 그 실태를 확인할 수 있다. 대표적인 정보원은 격년으로 실시되는 〈국민독서실태조사〉 결과이다. 이 조사는 20년 이상의 정보가 축적되어 시계열적 추이를 확인할 수 있다. 최근 조사는 전국에서 층화 표집된 총 9,329명의 반응이 수합된 결과이며 통계청에 등록된 통계지표로서 공신력과 대표성도 갖고 있다. 2017년 조사의 전체 설문 참여자는 성인이 6천 명, 학생이 3,329명(초 4-6학년, 중학생, 고등학생 각 1천 명 이상씩)이었다. 특히 학생은 초·중·고등학교 학교급을 나누어 표집하고 정보를 공개하기 때문에 중·고등학교에 재학 중인 청소년 독자들의 응답을 확인할 수 있다.

〈표 13〉은 가장 최근에 발표된 〈2017년 국민독서실태조사〉 결과에서 청소년 독자(중·고등학생)와 관련된 정보만을 선별하여 정리한 것이다. 이 결과는 2017년 11월부터 12월에 설문 조사한 자료를 바탕으로 추출된 것이다. 이 조사에서 사용한 '독서'는 "교과서·참고서·수험서·잡지·만화를 제외한 일반도서"에 대한 읽기 활동을 의미하기 때문에 종이책 중심의 자유 독서 결과라고 할 수 있다. 이 표를 통해 우리 청소년의 문식(독서) 활동과 관련된 기본적인 현황을 확인할 수 있다. 청소년 독자의 자유 독서 활동은 주로 '가정'에서 실행되고 있기 때문에 〈표 13〉의 항목 대부분(도서관 이용률 제외)은 가정 내 문식 활동의 현황으로 이해할 수 있다.

〈표 13〉의 현황(독서율, 독서량, 독서 시간 등)을 살펴보면 전반적으로 아동·어린이 독자에 비해 청소년 독자의 독서 활동이 위축되고 있음을 확인할 수 있다. 특히 '독서 시간'에 유의할 수 있는데 청소년 독자의 하루 평균 독서 시간은 50분 정도이다. 과반수의 청소년 독자가 자신의 독서 시간이 '부족하다'고 평가하고 있다. 특히 고등학생

〈표 13〉 청소년 독자의 독서 관련 현황

항목	조사 결과 및 실태	추가 정보
1. 독서율	• 중학생: 92.5% 고등학생: 87.2%	• 초등학생: 96.8% • 초등 대비 중등 독자가 낮은 수준 • 2013, 2015년에 비해 감소세
2. 독서량	• 중학생: 18.5권 고등학생: 8.8권	• 초등학생: 67.1권, 성인: 8.3권 • 2015년 대비 초중고교생, 성인 모두 독서량 감소
3. 독서 시간	• 중학생: 평일 50.45분 주말 69.5분 • 고등학생: 평일 44.9분 주말 68.7분	• 초등: 평일 53.5분, 주말 66.1분 • 성인: 평일 23.4분, 주말 27.1분 • 2013년 대비 여가 시간 중 학생의 독서 시간 감소(성인은 동일함)
4. 독서 분야	• 중고생: 장르소설(30.3%)> 문학도서(17.3%)> 순서	• 장르소설: 추리 · 로맨스 · 판타지 등 • 문학도서: 일반소설, 수필 등
5. 도서 선택 참고 정보	• 중등: 서점, 도서관에서 책을 직접 봄(31.3%)> 지인 추천(14.5%)> 베스트셀러 목록(10.8%)	• 초등: 서점 · 도서관에서 책을 직접 봄(41.1%), 지인 추천(15.9%) • 학교급이 높아질수록 '베스트셀러 목록' 이용 비중이 다소 높아짐 * 초중고 모두 책 선택은 타인의 도움 없이 '스스로 선택'이 44.8%
6. 독서량 자가 평가	• '부족하다'는 평가 중학생: 58.1% 고등학생: 60.9%	• 초등은 '부족하다'가 32.4%, '충분하다'가 33.7% • 중학생부터 성인은 독서량 부족 체감
7. 도서관 이용률	• 공공도서관 중학생: 64.0% 고등학생: 55.6% • 학교도서관 중학생: 82.0% 고등학생: 77.2%	• 초등은 공공도서관 72.0%, 학교도서관 94.1% 이용 • 학교급이 높아지면 공공도서관과 학교도서관 모두 이용률이 하락
8. 성인의 독서 권장	• 중학생: 62.8% 고등학생: 51.7%	• 부모/선생님의 독서 권장률 의미 • 초등학생 응답은 66.4% • 학교급이 높아지면서 권장률 하락
9. 부모의 그림책활동	• 중학생: 63.7% 고등학생: 60.0%	• 어린 시절 부모가 그림책을 자주 읽어주었던 학생의 비율을 의미함 • 그림책 읽어주기-독서 습관 형성

정보 출처: 2017년 국민독서실태조사(문화체육관광부, 2017), '연간'과 '종이책' 기준.

독자의 경우 이 비율이 61%에 달한다. 이를 통해 청소년 독자의 자율적인 독서 활동은 매우 제한적인 상황이며, 독자로서의 자기 평가도 부정적임을 확인할 수 있다.

청소년 독자의 독서 시간이 절대적으로 부족하며, 학년이나 학교급이 높아질수록 더욱 축소되는 양상은 다양한 조사에서 재확인되고 있다. 일례로 중학교 1학년 학생을 고등학교 3학년 때까지 매년 추적 조사한 〈한국교육종단연구〉의 결과(임현정 외, 2009)를 살펴보면, 이 독자들의 '독서 시간'이 급감하는 종단적 추이를 확인할 수 있다. 독서 시간의 감소는 청소년 독자의 독서 경험이 빈약해진다는 점에서 심각한 문제라 할 수 있다. 독서 능력과 태도가 개선되기 위해서는 무엇보다도 양질의 독서 경험이 축적되어야 하는데 이를 위해서는 일정 수준 이상의 독서 시간이 필요하다.

독서 시간은 독서 동기·흥미·효능감 등 정서적 요인과 강한 상관관계를 갖고 있었다. 이 종단 연구 결과에 의하면 청소년 시기에 독자의 '내재적 동기'는 지속적으로 하락하였다. 이들의 내재적 동기 수준은 독서 흥미, 독서(읽기) 성취 수준, 그리고 국어 교과의 자기효능감과도 연동되어 이들 요인의 하락 양상을 확인할 수 있었다(임현정 외, 2009: 117, 128). 이순영 외(2018)에서도 청소년 독자들의 책이나 독서에 대한 부정적 정서가 심화되는 실태가 확인되었다. 부정적인 독서 태도와 독서 행동의 악화를 인과 관계로 해석할 수는 없다. 그러나 부정적인 독서 태도로 인해 독서 시간이 감소하고 독서 경험이 위축되면 다시 정서적 측면에서도 부적 강화가 진행되는 악순환의 고리를 예측할 수 있다. 청소년 독자에게 있어 정서적 지원과 개선이 절실한 이유이다.

〈2017년 국민독서실태조사〉 결과에서 확인할 수 있는 청소년 독자의 독서 분야는 주로 '추리, 로맨스, 판타지 등 장르소설'(30.3%)과 '시, 일반소설, 수필 등 문학'(17.3%), '연예, 오락, 스포츠, 취미, 여행'

(9.9%)로 나타났다. 전반적으로 문학 텍스트, 특히 소설책에 대한 선호가 50%에 육박하는 강한 특성을 확인할 수 있다.

우리나라 청소년 독자의 '소설 중심의 서책 독서 현황'은 국제학업성취도검사의 결과에서도 재확인 된다. PISA 2009 결과(김경희 외, 2010)에 우리나라 만 15세(대부분 고1) 독자의 자유 독서 텍스트는 소설(46.6%)이 가장 많았다. 반면에 OECD 국가의 만 15세 독자들은 신문(59.4%), 잡지(55.9%)와 같은 정보 텍스트에 대한 선호가 높았다. 이러한 텍스트 선호 양상은 독자 개인의 특성이라기보다는 부모와 교사들의 독서에 대한 인식과 지도 방향, 그리고 문학 중심의 독서 진흥 정책과 독서 문화의 영향으로 해석할 수 있다(이순영, 2011c; 이순영·송정윤, 2012b; 송유진, 2013; 김주환·이순영, 2014).

〈한국아동·청소년패널 조사〉도 가정 내 청소년들의 독서 활동과 관련하여 흥미로운 결과를 제시하고 있다. 하여진(2017)은 청소년의 가정 내 독서 활동이 여가 시간의 활용 양상과 깊이 연관되어 있다는 데 근거하여 고등학생을 4개 집단(독서 위주 여가 활용 집단, 저여가 집단, 놀이 위주 여가 활용 집단, 게임 위주 여가 활용 집단)으로 범주화 하였다. 그 결과 각 집단의 구성에 청소년의 성별, 통제력, 부모 학력, 학교 적응, 교사 관계와 친구 관계가 영향을 미치고 있음을 확인할 수 있 있다. 구체적으로는 남학생, 낮은 통제력, 학교 생활 적응 수준이 낮은 경우, 친구 관계가 나쁠 때는 '게임(또는 놀이) 위주 집단'에 소속될 가능성이 높았다. 또한 '독서' 집단의 진로 정체감이 가장 높고 게임 집단의 정체감이 가장 낮았다. 이러한 연구는 청소년의 여가 활용 양상과 독서 여부에 여러 요인이 관련되어 있음을 보여 준다.

청소년 독자를 둘러싼 독서 환경과 독서 능력의 관계도 중요한 문제이다. 김성준(2014)에 의하면 우리 학생들의 전반전인 독서 수준 중에서도 특히 독서 경험(독서량과 독서 시간의 수준)이 부족하며, 학교급이 높아질수록 이 문제는 더욱 악화되고 있었다. 여기에 학생들을 둘러싼 독서 환경은 독서교육에, 그리고 독서교육은 학생들의 독서 경험에 영향을 미치고 있음을 확인할 수 있었다. 그리고 인과 관계 분석에 의하면 독서교육보다는 독서 경험이 학생들의 독서 능력에 미치는 영향력이 더욱 크게 나타났다. 이러한 연구 결과를 종합해 보면, 우리의 청소년 독자들이 더 자주, 더 능동적으로 읽고, 텍스트의 의미를 더 잘 이해하기 위해서는 '독서 경험의 확대'가 필수적임을 확인할 수 있다. 그 시발점은 가정 내 독서 활동일 것이다.

마지막으로 가정 내 독서 경험의 확대를 막고 있는 주요 요인을 확인할 수 있다. 〈2017년 국민독서실태조사〉에 참여한 학생들과 성인은 모두 '독서 장애 요인'으로 우선 일/공부로 인한 시간 부족(성인 32.2%, 학생 29.1%)을 들었다. 학생들은 이어서 2순위로 독서 습관이 형성되지 않은 점(학생 21.1%), 3순위의 장애 요인으로 책 외의 타 매체 활용(휴대전화, 인터넷, 게임)을 들었다.[6]

이 결과는 독서자의 응답이라는 점에서 의미가 있다. 그러나 '시간 부족'이 과연 독서의 가장 중요한 장애 요인인가의 문제는 숙고할 필요가 있다. 앞서 언급하였듯이 이렇게 부족한 시간 속에서도 스마트폰 사용 시간은 하루 평균 5-6시간에 달하고 있기 때문이다. 이때의 시간 부족은 절대적인 시간의 부족이 아니라, 독서 시간을 확보하고자 하는 동기나 의지의 부족일 수도 있기 때문이다. 여기에는 과중한 학습 부담 등의 환경적 제약도 있지만 독자 자신의 심리적 영향이 매우 크다. 실제로 〈읽는 사람, 읽지 않는 사람〉 조사 연구(이순영 외, 2018)

6) 성인들은 2순위 장애 요인이 '휴대전화 이용, 인터넷, 게임'(19.6%), 이어 '다른 여가 활동'(15.7%) 순으로 학생들의 응답과 다소 차이가 있었다.

에 의하면, 비독자가 밝힌 독서 장애 요인은 독서의 필요성을 인식하지 못하며 독서가 즐거웠던 적이 없었기 때문이었다. 청소년 비독자는 자신의 여가 시간을 독서에 할애하는 대신 더욱 재미있고 유혹적인 여타의 여가 활동에 할애하는 존재였다. 특히 독서 습관이 형성되어 있지 않은 청소년 중에는 독서의 필요성을 인식하지 못하는 대신 '비독서의 논리'(예: 독서하지 않아도 다른 경로로 지식·정보 습득이 가능함, 독서보다 즐거운 활동이 많음)를 제시하는 이들이 많았다.

4) 학교의 문식 환경: 교실과 학교도서관

학교는 청소년들에게 있어서 매우 중요한 학습의 공간이자 문식성을 습득하고 증진해 나가는 공간이다. 특히 중등학교에 재학 중인 청소년 독자는 평일 기준 하루의 1/3 이상의 시간을 학교에서 생활하기 때문에 그 중요성이 더욱 크다. 학교의 공간은 기본적으로 교수학습 공간과 이를 지원/준비하는 공간, 관리·행정 공간, 공용 공간, 옥외 공간 등으로 구성된다. 학교의 여러 공간 중에서도 문식성의 습득과 실행 측면에서 가장 중요한 공간으로는 '교실'과 '학교도서관'을 들 수 있다.

우선 학생들이 장시간 머물면서 타인과 소통하고 학습 활동을 수행하는 가장 중요한 공간은 '교실'이다. 우리나라의 학교 교실은 1962년 문교부에서 발행한 〈학교 시설 표준 설계도〉에 준거하여 획일화된 모습으로 건설되었다. 이 규준이 해제된 이후 조금 더 다양한 모습이 가능해졌다. 그러나 대중에게 우리의 학교 교실은 아직도 정방향 모양과 전면에 위치한 칠판의 고정된 형태로 각인되어 있다. 실제로 2000년 이후에 건설된 학교 교실은 교실 크기(폭과 깊이 모두 8m

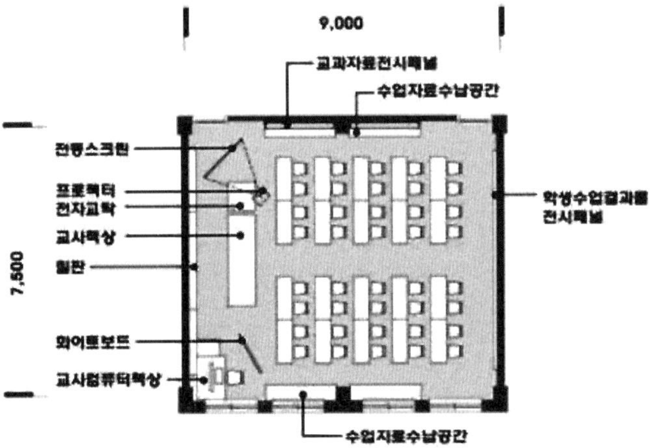

출처: 조진일 외(2011: 131).

〈그림 4〉 일반형 이론 교과 교실의 단위 공간 평면 예시

정도), 창(벽 면적의 45-50%), 층고, 천장고, 천장 내부 높이 등이 유사한 상황이다(조진일 외, 2011). 최근의 학교 교실은 일반 교실 외에도 교과 전담·컴퓨터·토론·연극·동아리 교실 등이 있으며 그 목적에 따라 가구와 집기를 배치하여 변화를 주고 있다.

이 중에서 문식 공간으로는 일반 교실과 교과 교실에 주목해 볼 수 있다. 〈그림 4〉의 평면도에서 보듯 교실의 기본 구조는 전면에 칠판과 교탁이 있고 학생들의 책·걸상이 전면을 향해 나란히 배치된 형태이다. 이 구조는 교사가 수업의 중심이고, 학생들은 교사의 수업을 경청하는 데 적합하다. 문식 활동은 교과서를 기본으로 하되 칠판과 컴퓨터(빔프로젝터나 TV)를 매개로 진행된다. 교실 전면 일부와 후면에 게시물(안내문, 학생 활동 작품 등)이 전시된다. 이러한 게시 자료도 교실 내 문식 환경을 구성하는 요소이다.

교실의 문식 환경은 그 안에서 실행되는 학생과 교사의 문식 활동

에 직·간접적 영향을 미치기에 주목할 필요가 있다. 위에 제시된 형태의 일반 교실이나 이론 중심 교과 교실은 구조상 '교사 중심의 교재 강독형 수업'에 용이하고 학생 간 대면 상호작용을 촉진하는 데는 부적합하다. 이런 교실은 문식 환경 측면에서 볼 때 각 교과의 교과서를 설명하며 수업을 진행하는 공간이며, 교실 전면에 배치된 멀티미디어 매체가 보조적으로 사용되고 있음을 알 수 있다. 교실의 구조와 구성 요소가 이 공간 안에서 자연스럽게 진행되는 전형적인 수업의 모습이나 문식 활동의 양상을 규정하고 있음을 알 수 있다.

이런 이유로 최근에 설치되는 교과 교실 중에는 전형성을 탈피하고 교실 공간을 재편한 경우가 있다. 예를 들어 교실의 정방향 구조를 탈피하거나 학생 좌석을 소집단 단위로 배치하거나, 넓은 공용 공간을 두어 자유로운 활동을 가능케 하기도 한다. 이외에도 학생의 포트폴리오/활동 자료/과제물을 수납하는 공간을 설정하고, 각 공간 구역에 따라 특화된 학습 활동(예: 교사나 학생의 책 읽어주기, 시범 보이기, 발표, 몸으로 표현하기, 제작하기 등)을 운영하여 교실 공간을 두루 사용하려는 시도도 있다. 다음 장에는 교육부의 공모 과제에서 제안한 국어 교과 교실을 위한 구성 방안이 사례로 실려 있다.

이러한 교실의 공간 구성 방향을 살펴보면 교실 내에 문식성을 자극하는 다양한 요소가 존재하고, 교실이 이 공간에서 수행되는 문식 활동의 유형과 특성을 적극적으로 고려하고 있음을 확인할 수 있다. 특히 최근에는 독서 공간에 대한 관심이 높아지면서 교실 공간에 대한 새로운 논의가 시작되고 있다.

일례로 정혜승(2018: 65)은 "'정서적 비계'로서의 교실 공간 구성하기' 라는 논문에서 "공간을 구성하는 네 요소(주체, 문화, 사회적 관계, 물리적 실재)사이의 상호작용을 고려하면서 학생의 문화 자원을 적극

국어 교과 교실의 공간 구성 방향

(1) **기본 방향**

- 듣기, 말하기, 읽기, 쓰기 지도, 지식 및 문학 지도 등을 통해 정확하게 파악하여 내용의 정확성, 타당성 등을 검토하고 말하는 이의 관점과 의견을 비판적으로 평가하는 학습 활동의 교수-학습방법에 대응할 수 있는 단위 학습 공간을 계획함.
- 개별 작품을 학습자의 삶과 관련지어 상상력과 건전한 심성을 계발하고, 바람직한 인생관과 세계관의 형성을 돕는 학습활동의 교수-학습방법에 대응할 수 있는 단위 학습 공간을 계획함.

* 교과교실제는 교과별 특성화된 전용 교실을 갖추고 학생들이 교과 교실로 이동하여 수업을 듣고, 교과의 특성과 학생의 학습능력을 반영한 학생 맞춤형 수준별 수업을 지원하는 학생 중심의 학교 운영 방식임.

(2) **공간 구성 가이드**

- 일반수업, 독서토론, 역할극 등의 다양한 수업을 할 수 있는 공간 구성.
- 독서토론 등의 모둠식 수업 등을 위한 다용도 교구의 배치를 고려함.
- 역할극 수업이 진행될 경우 교실 내 교단을 간단한 무대로 설치 활용하는 방안 혹은 시청각실, 강당 등을 활용하는 방안도 고려함.
- 컴퓨터를 활용한 수업이 요구될 경우 컴퓨터 및 멀티미디어 장비의 배치를 컴퓨터실과 같이 구성하거나, 일반 교실의 측면이나 후면부에 배치하는 공간 구성을 고려함.
- 가변 벽의 변경을 통해 실크기를 융통성 있게 변화시킬 수 있는 공간 구성을 고려함.
- 학습패턴에 따라 대규모(60-80명), 중규모(30-40명), 소규모(20-30명)의 세 가지 다목적실을 활용할 수 있는 공간 구성이 바람직함.
- 멀티미디어 학습에 필요한 장비들, 컴퓨터, OHP, 실물 투영기, A/V 장비 등의 첨단 강의 공간의 확충이 요구되지만, 모든 교실에 확충하는 것보다 실습이 요구되는 교실 등 동일한 국어 교과 교실이라도 특화된 교실에 설치하는 계획이 바람직함.
- 신문 잡지를 활용한 협력학습에 필요한 공동 작업대 수용 공간을 확보함.

출처: 조진일 외(2011: 132-133).

적으로 인정하고 활용하기, 교실 사용과 관리 및 책임을 학생과 나누기, 교실의 물리적 실재를 구성하는 도구의 가치를 재인식하고 활용하기" 등의 방안을 제안하고 있다. 이러한 논의는 교실 공간을 물리적 장소로 인식하는 데서 나아가 그 공간에 참여하는 구성원들의 정서를 긍정적인 방향으로 촉진하여 양질의 문식 활동을 매개하는 매우 적극적 요소로서 인식한다.

과거에는 '학급 문고(교실 서가)'가 교실에서 가장 중요한 문식성 지원 장치였다. 가정이나 지역 사회의 문식 환경이 풍부하지 않던 상황이었기 때문에 교실 내에 학급 문고를 두어 독서 활동을 권장하였다. 특히 학급 문고는 경제적인 이유나 지역·환경적 제약으로 인해 교과서 외 다양한 책을 접하기 어려운 학생들에게 읽을거리를 제공하는 중요한 자원이었다. 학급 문고는 교실 내 일정 공간을 정해 서책을 비치하여 학급 내에서 윤독하거나 대출해 주는 방식으로 운영되었다. 책은 학급비를 걷어 구매하거나 학생별로 일정 권수의 책을 모아 운영하는 경우가 일반적이었다. 학급 문고는 높은 접근성과 활용의 용이성 때문에 1990년대까지도 학교 독서 활동의 중요한 요소였다.

그러나 2000년 이후 학교의 문식 환경은 큰 변화를 맞게 된다. 바로 학교도서관의 정비이다. 국민들의 문식 환경을 개선하고 독서를 진흥하는 실제적인 방법 중에서 가장 효과적인 방법이 바로 학교도서관 시설을 갖추는 것이었다. 이에 2003년부터 2007년까지 3,000억 이산의 예산을 들여 〈학교도서관 활성화 종합방안〉이 실행되었다. 그 이후에 학교도서관진흥법, 도서관법, 독서문화진흥법 등 다양한 법제적 지원 속에서 학교도서관의 시설과 인력을 확충하는 정책이 실행되었다. 〈표 14〉는 관련 정책을 정리한 것이다.

학교도서관에 대한 대대적인 정비 사업의 결과, 2015년까지 전국 96% 이상의 초·중·고교에 도서관이 갖추어졌다(총 11,561개 도서관, 특수학교를 제외하면 100% 설치율). 세부적으로는 중학교 도서관이 3,138개, 고등학교 도서관이 2,332개이다. 학교도서관의 수는 우리나라의 전체 도서관의 80%에 육박하는 것으로, 학교도서관의 중요성과 영향력을 짐작할 수 있다(이순영·송정윤, 2012). 그리고 이처럼 학교도서관의 인력과 시설이 확장되던 시기에 공공도서관과 작은도서관도 크게 늘어났다. 학교 안팎의 문식 환경이 재편되고 독서를 위한 사회적 인

〈표 14〉 학교도서관 관련 주요 정책

정책 사업	기간	정책의 핵심 내용
학교도서관 활성화 종합 방안	2003-2007	① 학교도서관 기본 시설 확충. ② 학교도서관 활용 프로그램 강화. ③ 전담 인력 배치 및 전문성 제고. ④ 지역 단위 민관협력운동 활성화.
학교도서관 진흥 기본 계획	2008-2012	① 학교도서관 이용 서비스 강화. ② 도서관 기본 역량 강화. ③ 학교도서관 네트워크 구축.
학교독서교육 및 도서관 활성화 방안	2009.09-	① 학교급, 학생발달단계에 맞는 학교 독서교육. ② 독서교육 역량 강화를 위한 대상별 연수 체계. ③ 교사 · 학생 · 학부모의 다양한 독서 활동 지원. ④ 자기주도적학습, 평생교육센터로서의 도서관.
학교독서교육 및 도서관 활성화 방안	2010.03-	① 학교도서관 지역문화센터 사업. ② 사제동행 독서 동아리 지원. ③ 독서교육종합지원시스템 보급.
초 · 중등 독서 활성화 방안	2011.07-	① 학교생활 속 독서 강화. ② 교원 · 학부모 독서교육 역량 강화. ③ 독서 친화적 환경 조성. ④ 학교 · 지역 중심의 독서 문화 운동. ⑤ 독서 활성화 지원체제 구축.

출처: 이순영 · 송정윤(2012: 293).

프라가 확충된 것이다. 현재 학교 내 독서 활동을 지원하고 진흥하는 핵심 공간은 학교도서관이며, 과거 이 역할을 담당했던 학급 문고는 일부 교실에서 담임 교사의 재량에 따라 운영되고 있다.

학교도서관은 학교도서관진흥법 제2조(정의) 2항에 의하면 “학교에서 학생과 교원의 학습·교수활동을 지원함을 주된 목적으로 하는 도서관”을 의미한다. 도서관에는 공공·전문·학교·병영·교도소 도서관 등 다양한 종류가 있지만 학교도서관의 정체성은 학교 내에 설치되어 ‘교수학습지원센터’로서 기능한다는 점이다. 학교도서관은 학생들이 학교 내에서도 특별히 접근성이 높고, 채광·통풍 등의 제반 환경이 적합한 공간에 설치된다. 콘텐츠적인 측면에서 볼 때 학교도서

〈표 15〉 2017년 학교도서관 현황

단위: 개, 명, 권, 천 원

구분	합계	초등학교	중학교	고등학교	대학(교)
도서관 수	12,340	6,132	3,152	2,341	715
직원 수	9,205	3,152	1,583	1,098	3,372
좌석 수	1,057,249	280,430	174,924	156,615	445,280
장서 수	340,808,142	101,004,104	44,334,187	36,187,866	159,281,985
이용자	72,064,061	55,242,971	8,198,497	7,340,336	1,282,257
이용책	142,713,549	104,604,431	13,525,698	12,323,740	12,259,680
예산액	355,272,789	62,026,600	29,764,773	27,117,682	234,363,734

출처: 교육통계연보(index.go.kr), 도서실 포함.

관은 교수학습지원센터로서 해당 학교의 교과(교사) 교육과정에 연동되는 맞춤형 자료를 갖출 수 있기에 실제성이 높다. 그리고 무엇보다도 도서관의 장서 구입부터 프로그램 운영까지 해당 학교 학생들(주 이용자), 교사, 학부모의 요구를 최대한 고려할 수 있다는 점에서 여타의 도서관과는 차별화된 장점이 있다.

〈표 15〉는 학교도서관에 대해 다양한 정보를 제공해 준다. 이 중에서도 청소년 독자가 직접 이용하는 중·고등학교 도서관의 정보에 주목할 수 있다. 2017년을 기준으로 할 때 전국에는 5,493개의 중등 학교도서관이 존재하며, 단일 학교도서관에 구비하고 있는 평균 장서수(비도서 자료 제외)는 14,659권 정도이다. 이는 매우 작은 도서실을 포함한 평균값이다. 규모가 있는 중등 학교도서관은 3만 권 이상의 장서를 보유하고 있다. 위 표에는 제시되어 있지 않으나 교육부에서 제시한 〈2015 학교도서관 운영 현황〉에 의하면 학교도서관 보유 장서수는 학생 1인당 27.8권, 1인당 장서 구입 예산은 14,723원 수준이다.[7] 학교도서관의 수, 장서의 수, 실질 예산은 2000년 이래

7) 출처(http://www.newswatch.kr/news/articleView.html?idxno=2729).

2017년까지 꾸준히 증가하고 있다.

앞서 〈2017년 국민독서실태조사〉 결과에서 확인할 수 있듯이 중등 학생의 학교도서관 이용률은 79.6%이다(초등은 94.1%). 대부분의 학생들이 학교도서관을 이용하고 있다는 점에서 고무적이다. 그러나 도서관 이용률은 년 1회 이상의 사용 빈도만을 의미하는 지표라는 점을 고민할 필요가 있다. 중등의 독서교육을 고민하는 이들에게 '청소년 독자의 약 80%가 1년에 1회 이상 학교도서관을 이용한다.'는 수치 자체는 만족스러운 결과가 아닐 수 있기 때문이다. 게다가 이 이용률도 하락하는 추세이다. 특히 2008년 이후에는 장서를 비롯해 학교도서관의 설비가 크게 개선되었음에도 불구하고 도서관 이용율이 늘어나지 않고 있을 뿐만 아니라, 대출 도서 수도 지속적으로 감소하고 있다. 이제는 시설적 인프라 확충만으로는 청소년 독자의 학교도서관 이용 현황을 개선할 수 없는 상황이다. 이 문제는 학교도서관의 실제적인 기능과 서비스의 질을 점검하고, 나아가 청소년 독자 그 자신과 이들을 둘러싼 문식 환경의 변화에 대한 새로운 이해를 필요로 한다. 이와 관련하여 다음 절에서는 학교에서 실제로 운영하고 있는 독서 프로그램에 대해 살펴보고자 한다.

5) 학교의 독서 활동: 학교도서관과 교실 프로그램

이 절에서는 학교에서 청소년 독자들이 실제로 수행하고 있는 독서 활동을 검토한다. 학교도서관 내 독서 활동을 살펴본 후에 일반 교실과 학교 단위의 활동을 다루고자 한다. 앞서 4)절에서 다룬 학교도서관의 문식 환경이 인프라와 같은 하드웨어에 집중했다면 이 절에서는 학교도서관의 소프트웨어를 살펴보고자 한다. 이를 확인하기 위해서는 학교도서관이 실제로 어떤 프로그램을 제공하고 있으며, 이 공간에서 학생 독자들이 어떠한 독서 활동을 수행하고 있는가 하는 문제가 중요하다. 그러나 학교도서관의 외적 현황에 대한 정보가 다양한 데 반해 학교도서관이 실제로 기여하는 바와 그 안에서 진행되는 독서 활동의 질적인 측면을 확인할 수 있는 정보는 매우 미미하다. 이 절에서는 청소년 독자를 지원하는 학교도서관 프로그램을 집중적으로 조사·분석한 이순영·송정윤(2012)의 연구와 〈2017년 국민독서실태조사〉의 결과를 살펴보고자 한다.

이순영·송정윤(2012)는 서울·경기·충청·경상·강원·전라 지역에서 표집된 총 72개 중등 학교도서관의 독서 프로그램을 분석한 연구이다. 이를 위해 각 도서관에서 운영한 독서 프로그램의 주제, 주관자/주최, 강사, 독서 프로그램 참여자의 수와 학년, 독서 프로그램 참여자의 반응 등의 정보를 수합하여 분석하였다. 그 결과 72개의 중등 학교도서관에서 2011년 한 해 동안 운영한 523개의 독서 프로그램이 확인되었다. 개별 도서관 단위로는 1개의 프로그램부터 많게는 19개 프로그램을 운영한 곳까지 그 편차가 매우 컸다. 도서관 당 운영한 연평균 독서 프로그램의 수는 7.3개였다. 그러나 약 40%의 도서관이 1-4개의 독서 프로그램을 운영하여 프로그램의 수는 그리 많지 않은 상황이었다.

〈표 16〉은 72개 중등 학교도서관에서 실제로 운영한 각종 독서 프로그램의 정보를 수합하여 유목화 한 것이다. 이순영·송정윤(2012)에서 조사하여 정리한 중등 학교도서관의 독서 프로그램은 크게 5개 대영역(도서관 이용과 운영, 독서 흥미 및 도서관 이용 증진 행사, 독후 활동, 교과 학습, 기타)에서 총 43개이다. 이를 통해 학교도서관에서 청소년 독자들에게 매우 다양한 독서 프로그램을 제공하고 있음을 알 수 있다.

〈표 16〉 중등 학교도서관 독서 프로그램의 유형

대영역	소영역 (프로그램)
1. 도서관 이용과 운영	1 도서관 이용 교육 및 체험 활동
	2. 도서관 신문, 소식지 발간 활동
	3. 도서관 운영 아이디어 공모
	4. 도서관 관련 도서 동아리 운영
	5. 학부모와 지역 주민 이용 프로그램
2. 독서 흥미 및 도서관 이용 증진 행사	1. 독서계획표(독서리스트) 작성 활동
	2. 대출자 이벤트(뽑기, 경품, 추첨)
	3. 독서 캠페인
	4. 도서관 열람실 개방과 이용 장려
	5. 독서 캠프(학생 및 학부모 대상)
	6. 작가와의 만남, 명사 초청 강연
	7. 시화전 프로그램
	8. 시낭송 프로그램
	9. 도서 전시회 프로그램
	10. 윤독도서 운용, 아침독서 · 학급도서 활용
	11. 다독 학급 · 학생 시상, 사례 게시
	12. 독서인증제 권장 프로그램
	13. 사제동행 추천도서 함께 읽기
	14. 추천도서 작성과 권장 활동
3. 독후 활동 (책 내용 관련)	1. 책제목 관련 활동(끝말잇기, 다행시 창작)
	2. 독후감상화, 만화, 마인드맵 표현 활동
	3. 북아트와 독서노트 제작
	4. 책에서 인상 깊은 구절 찾기
	5. 독서 신문 만들기
	6. 독후감 쓰기 활동
	7. 동료에게 책 추천하기 활동
	8. 저자에게 편지쓰기, 저자 인터뷰하기
	9. 책 홍보물 제작(표어, UCC, 광고, 포스터)
	10. 책 내용 패러디, 바꿔 쓰기
	11. 독서퀴즈 · 독서골든벨(제목, 주인공, 내용)
	12. 독서 토론 및 논술

4. 교과 학습	1. 국어과 도서관 활용 수업
	2. 타교과 도서관 활용 수업
	3. 교과 학습 관련 자료 수집 및 활용 교육
	4. 교과 학습 관련 독서전략지도
5. 기타 (독서 관련 문화 활동)	1. 외부 도서관이나 서점 견학
	2. 문학 기행
	3. 독서 심리 치료 프로그램
	4. 진로 지도 관련 독서 활동
	5. 뮤지컬, 연극, 영화 관람
	6. 음악회, 공연 개최
	7. 각종 만들기 활동(책가방, 필기구 등)
	8. 도서관 영화제

출처: 이순영 · 송정윤(2012: 298-299).

이 중에서 가장 기본적인 프로그램은 대영역 1이었다. 이 영역에는 이용자 교육을 비롯하여 도서반 운영까지 5개의 프로그램이 있었다. 특히 도서관 이용자 교육은 학교도서관법에서도 규정하고 있는 필수적인 교육 내용이다. 대부분의 학교도서관에서는 신입생을 대상으로 하여 이용자 교육을 실시하고 있다. 도서관에 대한 기본적인 정보와 이용 방법(도서 대출/반납 방법 포함), 그리고 주요 프로그램에 대한 안내를 제공한다. 이 프로그램을 적극적으로 운영하는 학교에서는 신입생 오리엔테이션의 한 과정으로 편성하여 실제 도서관을 방문·체험하도록 하지만, 일부는 관련 정보를 게시하는 것으로 대체하고 있었다. 도서관 이용과 운영에 대한 프로그램 중에서 독서 활동으로 가장 의미가 있는 프로그램은 도서반 활동일 수 있다. 그러나 도서반은 학생들이 독서 활동을 수행하는 일반적인 학교 동아리(독서토론 동아리)와는 달리 학교도서관 운영을 돕는 성격이 강했다. 대영역 1의 프로그램은 전반적으로 학생들의 독서 활동을 촉진하는 기반이 될 수

〈표 17〉 중등 학교도서관 독서 프로그램의 현황

대영역	도서관 이용과 운영	독서 흥미 및 도서관 이용 증진 행사	독후 활동	교과 학습	기타	계
소영역 항목	5개	14개	12개	4개	8개	43개
프로그램 수 (도서관 전체)	79개 (15.1%)	183개 (35%)	152개 (29.1%)	47개 (9%)	62개 (11.9%)	523개
프로그램 수 (개별 도서관)	1.1개	2.5개	2.1개	0.7개	0.9개	7.3개

출처: 이순영 · 송정윤(2012: 300).

는 있으나 독서 활동의 실행 자체를 포함하고 있지는 않았다.

5개 대영역 중에서는 '독서 흥미 및 도서관 이용 증진 행사(대영역 2)'와 '독후 활동(대영역 3)'의 독서 프로그램이 가장 많이 운영되었고, 세부 프로그램의 종류도 가장 많았다(35%). 전국의 중등 학교도서관에서 가장 많이 운영한 '독서퀴즈와 골든벨'과 '대출자 이벤트'도 두 영역에 포함된 프로그램이었다. 이 영역에는 매우 다양한 프로그램이 운영되고 있었으나 대부분 일회적 이벤트(예: 다독자 시상)나 관습적으로 실행되는 고부담 활동(예: 독후감 대회, 독서 논술)이라는 점에서 한계도 있었다. 대영역 2의 프로그램이 특히 많은 이유는 이용자인 청소년의 독서 동기와 도서관 이용률이 모두 저조하기 때문이다. 그러나 소수의 학생만 참여하는 일회적 이벤트는 실효성이 약하다. 일례로 다독자 시상을 한다고 하여 도서관을 이용하지 않던 학생들의 이용률이 높아지지는 않았다. 도서관 이벤트의 대부분은 평소 도서관을 많이 이용하는 독자들에게 효과가 높은 것들이다. 독서 동기와 흥미가 저조한 청소년을 위해서는 이들의 실제 특성과 요구를 분석해서 새롭게 접근해야 한다.

마지막으로 이순영·송정윤(2012)이 밝힌 가장 중요한 결과는 '교과 독서'나 '독해/독서 감상' 프로그램이 매우 저조한 점이었다. 앞서 학교도서관은 학교 교육과정을 지원하는 교수학습지원센터임을 확인했다. 그러나 그에 해당하는 대영역 4, 5의 프로그램이 가장 빈약했다. 그리고 보다 근본적으로 무언가를 읽고 그 내용을 공유·심화·확장하는 진정한 의미의 독서 프로그램은 극히 드물었다. 이는 학교도서관이 일반 도서관과 같이 '도서 대출' 업무를 담당하고 '자유 독서의 공간'으로는 존재하지만 존재의 목적인 각 교과 '교수학습과 연계된 독서 활동(교과/학습 독서)'을 지원하거나 '양질의 독서 체험'에는 기여하지 못하고 있음을 의미한다.

〈2017년 국민독서실태조사〉의 결과에서도 학생들이 학교에서 받은 독서지도 활동의 세부 내용을 확인할 수 있다. 독서지도의 내용은 교사의 지도를 전제로 하지만 사실상 학생들에게 학교에서 어떤 독서 활동을 요구·권장하고 있는지를 알려주는 정보라고 할 수 있다. 1년간의 활동에 대한 학생들의 응답(복수 응답 허용) 결과는 〈그림 5〉와 같다.

이 그래프는 3천 명의 학생(초·중·고교생) 응답을 종합한 결과이지만, 학교별 수치를 분석해 보아도 특별한 차이가 나타나지는 않았다. 중학생의 경우도 '독후감 쓰기'(75.8%)와 '도서관 이용 및 도서 분류'(36.9%)의 수치가 가장 높았으며, 고등학생도 '독후감 쓰기'(73.8%)와 '도서관 이용 및 도서 분류'(30.0%)로 나타났다. 이는 청소년 독자가 학교에서 실제로 수행하는 독서 활동이 독후감 쓰기에 집중되어 있음을 보여주는 결과이다. 독후감 쓰기는 초·중·고등학교 전 학교급에서 최우선 지도 활동으로 강조되고 있는 상황이었다. 그러나 현재의 독후감 쓰기는 대표적인 독서지도의 방법임에도 불구하고 대부분 매우 형식적이고 일방적인 과제 활동으로 운영되고 있다는 데 문제가 있었다.

필자가 수행한 〈2017 청소년 독자 연구〉에 의하면 청소년 독자들은 독후감 쓰기에 대해 부정적 인식이 매우 강했다. 초등학교 때부터 반복적으로 제시되는 독후감 과제에 대한 피로도도 매우 높았다.[8] 학생들은 중등 학교에서 시행되는 독후감 쓰기에 대하여 ① 독서지도나 수행 활동이 아니라 사실상 '과제'나 '평가(수행평가 성적 산출)를 위한 수단'이며, ② 독후감 제출 후 어떠한 피드백을 받지 못하는 경우가 대부분이며, ③ 제출 여부만을 확인하기 때문에 독후감의 질은 고려되지 않으며, ④ 대부분 실제로 텍스트를 읽을 필요가 없으며(요약본을 베껴서 제출함), ⑤ 독후감의 형식이 줄거리와 약간의 감상으로 고정되어 있어 획일적인 점 등의 문제점을 지적하였다. 청소년 독자들은 학교의 독후감 쓰기를 설명하면서 '지겨운 숙제'와 '수행평가'라는 용어를 가장 많이 사용하였다. 청소년 독자 중에는 독후감 쓰기를 체벌을 대신하는 일종의 '처벌 방법'으로 인식하는 경우도 많았다.

이처럼 초등학교 저학년 때부터 빈번하게 요구되지만 피드백이나 후속 활동이 없고, 교사가 일방적으로 부가하는 '숙제나 평가를 위한 독후감 쓰기'는 청소년 독자의 정서적 측면(독서 동기·자율성)에 부정적인 영향을 미치고 있었다. 교사의 입장에서 독후감은 손쉽게 부가할 수 있는 과제일 수 있다. 그러나 청소년 독자의 입장에는 무의미한 과제일 수 있기 때문에 독서 동기나 자율성이 악화되는 요인이었다. 그리고 독후감이 독서(국어과) 평가의 자료로 활용되면서 청소년 독자들은 중등 수준에서 구체적으로 어떤 내용을 독후감에 적어야 하

8) 독후감 과제의 부정적 영향은 이순영 외(2018) 독자 연구에서도 동일하게 나타났다. 특히 '과제나 시험 연계 독후감'은 강요된 독서 경험과 함께 부정적 독서 경험의 대표적 사례였다.

는지, 어떤 독후감이 좋은 독후감인지에 대한 의문을 가지고 있었다. 학생들의 입장에서는 중등 단계에서 요구되는 독후감에 대한 정확한 교육이 없었기 때문에 독후감 쓰기를 부담스러워 했다. 이는 '교육 없는 평가'의 부정적인 모습이기도 하다.

독후감이 학생들의 실제 독서 활동을 심화·확장하기 위해서는 독해를 촉진하고 이를 공유하는 독서지도가 필요하다. 나아가 초등과는 다른 수준의 독서지도를 통해 요구하는 독후감의 내용과 수준을 구체적으로 안내할 필요가 있다. 〈그림 5〉에 나타난 '교과 독서' 활동이나 '책의 선택과 읽는 방법'에 대한 지도, 그리도 '독서 토론과 발표'가 활성화되면 학교에서 학생들이 수행하는 독서 활동이 더 다원화되고 질적인 측면도 높아질 것이다.

독후감 쓰기와 함께 학교에서의 독서 활동으로 주목할 만한 사안은 '아침 독서' 활동이다. 아침 독서의 학문적 기반은 '지속적 묵독'(SSR: Sustained Silent Reading)이나, 일반적으로는 학교에서 수업을 시작하기 전 아침 시간을 할애하여 책을 읽는 활동으로 통용되고 있다.

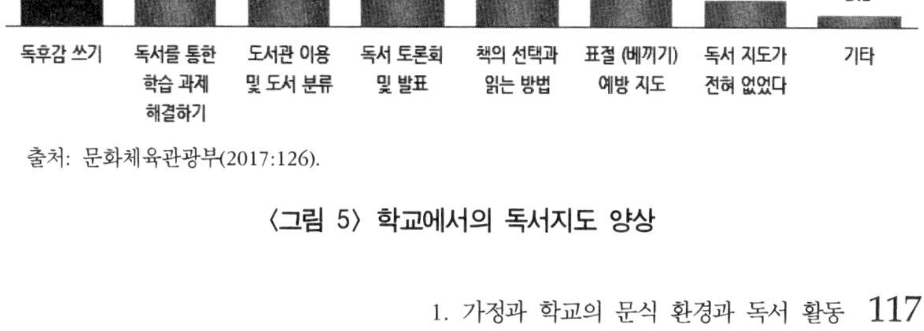

출처: 문화체육관광부(2017:126).

〈그림 5〉 학교에서의 독서지도 양상

본래 1988년 일본에서 시작된 일종의 사회 운동으로 우리나라에서는 2005년부터 시작되었다. 현재 사단법인·사회적 기업인 '행복한아침독서'란 기관이 존재하며, 과반수 이상의 초·중·고등학교에서 아침 독서 시간을 운영하고 있다. 약간의 차이는 있지만 대략 아침 1교시 수업 전 10-25분 정도를 아침 독서 시간으로 설정하고 있다. 이 시간에 교사와 학생 모두 책을 읽거나 학생이 독서를 하게 된다. 아침 독서는 기본적으로 독서할 시간이 부족하거나 독서 동기가 낮은 학생들에게 책을 읽는 시간을 확보하여 독서를 습관화하도록 하는 독서 운동이다. 이런 이유로 대부분의 경우 개별 독자가 선정한 도서를 자유롭게 읽도록 허용하고 있으며, 일부 학교에서는 학교 단위로 도서 목록(예: 한 학교 한 책 읽기 운동)을 제공하기도 한다. 아침 독서 시간은 학교가 학생들에게 보장하는 '자유 독서' 시간이라고 볼 수 있다.

〈2017년 국민독서실태조사〉의 제2부 항목을 보면 아침 독서와 관련된 결과를 확인할 수 있다(2017: 118-125). 이 조사에 의하면 아침 독서의 시행률은 초등학교에서 가장 높고(81.7%), 중학교도 과반수를 넘으나(52.9%), 학업의 부담이 높은 고등학교에서는 매우 저조하다(3.5%). 아침 독서를 시행하는 중등학교에서는 주 5회(매일)가 일반적이며, 1회 운영 시간은 20-25분이 가장 많았다. 아침 독서의 시행 추이는 감소하는 양상이었다. 특히 2015년보다 2017년에는 전 학교급에서 감소폭이 컸다(고등학교 -12.0P, 중학교 -8.9P, 초등학교 -7.4P). 전문가들은 9시 등교의 확산으로 아침 시간이 축소된 점과 자유학기(학년)제로 독서 시간이 증가한 점을 이유로 들고 있다. 아침 독서가 '독서 습관 형성'에 도움이 되는가 하는 질문에 중학생은 53.6%가, 고등학생은 42.1%가 긍정적으로 응답하였다. 중학생이 아침 독서에 대해 더 긍정적인 반응을 보였고, 특히 책 다독자가 비독자에 비해 긍정적이었다.

아침 독서의 효과는 초·중·고등학교 학교급과 구체적인 운영 방식에 따라 논쟁이 계속되고 있다. 아침 독서의 효과를 검증한 일군의 연구는 아침 독서가 정서적인 측면(독서 동기, 흥미, 태도, 인식 개선)과 인지적 측면(독서 능력 증진)에 모두 긍정적임을 강조하고 있다. 일례로 의정부 모 중학교 1학년 학생 163명을 대상으로 하여 아침 10분 독서의 효과를 검증한 최소연·이상복(2010)은 ① 독서의 필요성에 대한 인식 개선, ② 독서 습관 형성에 긍정적 영향, ③ 책을 읽는 시간 증가, ④ 책을 읽는 속도 증진, ⑤ 전반적인 독서 능력의 증대를 그 효과로 지적하였다.

그러나 아침 독서 시간을 제공하는 것만으로는 학생들의 독서 동기나 독서 능력 증진에 통계적으로 유의한 효과를 거두기 어렵다는 결과도 있다. 중학교 1학년 학생 196명을 대상으로 연구한 홍순성(2006)은 아침 독서 그룹에서 독서 활동이 진행되기는 하나 독서 시간이 여전히 부족하고, 독서 습관이 온전히 형성되지는 않았으며, 독서 장애 요인의 영향이 강하고, 독서 후에 별다른 활동이 진행되지 않는 등의 문제점이 존재함을 확인하였다. 이에 아침 독서 시간을 제공하는 것과 함께 적절한 독서지도 활동이 병행되어야 함을 강조하였다.

아침 독서의 효과는 중등보다는 초등에서 활발하게 검증되고 있다. 초등 4학년 학생들을 대상으로 한 Yoon(윤준채, 2002)에서는 지속적 묵독 활동이 학생들의 '독서 태도'에는 긍정적인 영향을 미쳤으나 '독서 능력(독해)'에는 영향을 주지 못한 것으로 나타났다. 장은미·윤준채(2013)는 초등 아침 독서 활동의 성공 요소와 관련하여 교사와 학생의 인식(예: 흥미로운 요소, 독서 분위기, 독서 격려, 연수, 시간 요소 등)에 큰 차이가 있음을 검증하였다. 연구자들은 아침 독서 활동이 실효를

내기 위해서는 교사와 학생의 인식 차를 고려하여 학생 독자의 입장을 적극적으로 고려해야 함을 강조하였다. 이러한 연구 결과를 종합하면 아침 독서나 지속적 묵독 활동은 비독자에 대한 영향보다는, 독서 동기·흥미·태도가 긍정적이고 독해 능력이 이미 높은 독자에게 더욱 효과적이라는 해석도 가능하다. 독서 동기가 매우 낮은 비독자들, 그리고 독서 능력이 부족한 저성취 독자에 실효가 있기 위해서는 시간을 제공하는 것 외에 고려할 점이 많다. 현재 국내·외의 여러 연구자가 아침 독서를 비롯한 지속적 묵독 활동의 효과적 지원 방안을 모색하고 있다.

2. 디지털 공간의 문식 환경과 독서 활동

지난 수십 년간 인간의 삶은 디지털 기술의 혁명 속에서 큰 변화를 맞았다. 특히 세기말이었던 20세기 후반부터 새롭게 도래하는 새 천년에 대한 희망과 두려움이 교차하였고, 전 세계적으로 이에 연동하는 각종 준비 작업이 진행되었다. 이러한 변화는 디지털·인터넷 혁명, 미래사회, 인공지능, 그리고 최근에는 제4차 산업혁명에 이르기까지 다양한 시대 명명을 낳으며 지속되고 있다. 이 과정에서 사회 구성원들이 새로운 시대를 맞아 자신의 일상과 업무 속에서 크고 작은 변화를 경험하고 또 적응해 온 지 벌써 수십 년의 시간이 흘렀다. 이 시기 디지털 환경의 변화는 매우 다양한 용어로 대표되나 특히 인터넷, 스마트폰, 그리고 디지털 혁명으로 압축될 수 있다.

1) 우리나라의 디지털 환경 개관

우리나라의 디지털 환경은 세계적인 수준이다. 우리나라는 국가별 ICT 발전지수(IDI)가 세계 1위이며, 특히 무선 인터넷과 스마트폰을 중심으로 하는 디지털 환경의 발전 속도가 매우 빠른 나라이다. 디지털 환경의 이러한 현황은 여러 종류의 대규모 조사를 통해 거듭 확인되고 있다.

일례로 6만 명 이상을 조사하여 우리 국민의 인터넷 이용 양상을 조사한 〈2016 인터넷이용실태조사〉의 결과를 들 수 있다. 이 조사에서는 우리나라의 특성을 4S(smart, silver, social, shopping)로 정리했다. 이는 ① 스마트 기기(스마트폰, 스마트패드, 웨어러블)의 보유 비율이 85.2%에 달하는 점(smart), ② 60대 이상 연령대의 인터넷(51.4%)과 스마트폰(40.7%) 이용률이 높아지는 점(silver), ③ 국민 대부분이 인터넷 커뮤니케이션(메신저 92.5%, SNS 65.2%)을 이용하는 점(social), ④ 국민의 절반 이상이 인터넷을 통해 국내·외에서 다양한 형태의 쇼핑을 하는 점(shopping)을 의미했다(미래창조과학부·한국인터넷진흥원, 2016: 서문). 이러한 대규모의 조사 결과를 통해 우리나라의 청·장년층은 물론 노인계층까지 거의 전 연령대가 스마트 기기를 이용하며 다양한 활동을 수행하고 있음을 확인할 수 있다.

〈2016 인터넷이용실태조사〉의 결과를 조금 더 살펴보면 우리나라의 인터넷·디지털 환경과 국민들의 그 이용 실태를 세세하게 확인할 수 있다. 우선 2016년 기준으로 볼 때, 우리나라의 인터넷 이용자[9] 수는 4,364만 명(만 3세 이상 인구 10명 중 8명꼴)로 매우 높다. 우리나라

9) 이 조사에서 '인터넷 이용자'는 "만 3세 이상 인구 중 최근 1개월 이내 1회 이상 유선 또는 무선인터넷을 이용한 자"로 규정된다(미래창조과학부·한국인터넷진흥원, 2016: 21). 참고로 2002년은 만 6세 이상이 기준이었다.

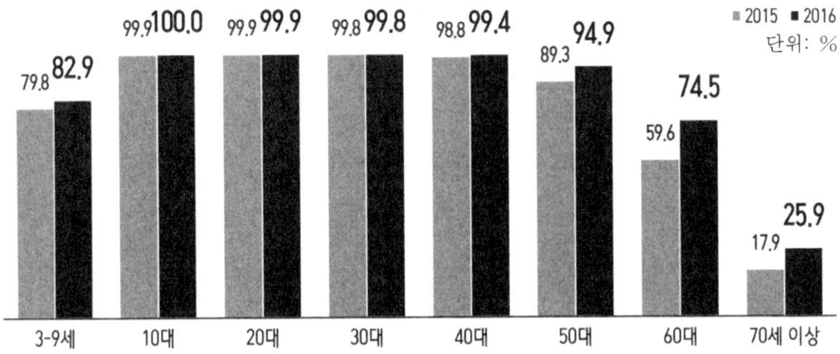

출처: 미래창조과학부 · 한국인터넷진흥원(2016a: 28).

〈그림 6〉 연령대별 인터넷 이용률

는 전국 대부분의 가구(99.2%) 내에서 모바일 인터넷과 xDSL, 케이블 모뎀, 광랜 등의 방법으로 인터넷 접속이 가능하며, 거의 모든 가구(99.9%)에서 무선랜과 모바일 인터넷 접속이 가능했다. 인터넷 접속 기기는 대부분 스마트폰(88.5%)이었으며, 스마트폰과 컴퓨터의 보유율은 만 6세 이상 국민의 85% 수준, 인터넷 이용 시간은 주당 14.3시간이다.

〈그림 6〉에서 확인할 수 있듯이 연령대별 인터넷 이용률은 10대가 가장 높아 100%였고, 청·장년층(20-40대)도 거의 100%에 달한다. 마지막으로 2015년에 비해 2016년에 60대 이용자의 비율이 15%나 증가한 추세도 확인할 수 있다. 노년층의 증가 추세가 가장 두드러지는 이유는 이미 성인 타 연령대의 이용률이 거의 100%에 육박하기 하기 때문이라고 볼 수 있다. 이 결과를 종합해 보면 3세 이상 60대까지의 우리 국민 대부분이 인터넷 사용자임을 알 수 있다.

〈표 18〉은 우리 국민들의 인터넷 이용 장소와 이용 목적을 보여준다. 가장 중요한 결과는 인터넷 사용 장소의 구분이 없어진 점

〈표 18〉 인터넷 이용 장소와 목적

단위: %(복수응답)

구분		가정	회사(직장)	상업시설(카페 등)	공공시설(관공서 등)	학교 등 교육장소	다른사람의 집	장소 구분 없음
성별	남성	95.2	55.3	43.7	28.2	19.3	12.8	96.8
	여성	94.4	33.2	41.1	28.0	17.2	14.9	96.9
연령별	3-9세	97.4	-	9.9	6.4	27.2	8.6	71.5
	10대	99.1	2.0	42.5	24.7	73.0	24.6	95.4
	20대	98.4	49.0	64.0	38.6	39.1	18.3	99.6
	30대	98.0	70.1	54.6	36.1	3.8	13.2	99.5
	40대	96.1	66.0	43.1	29.5	2.8	11.5	99.3

구분		커뮤니케이션	여가활동	자료 및 정보 획득	홈페이지 등 운영	교육학습	직업 · 직장
성별	남성	92.2	90.1	90.2	47.0	45.1	19.9
	여성	90.9	87.9	87.9	47.4	42.0	15.2
연령별	3-9세	35.3	95.0	16.9	5.7	33.9	-
	10대	95.1	97.5	88.4	51.5	72.4	7.9
	20대	99.9	98.5	99.8	74.7	60.4	42.2
	30대	99.8	96.8	99.7	66.6	50.9	28.9
	40대	99.2	92.5	99.1	51.3	41.4	16.8
	50대	96.2	82.1	95.5	33.8	27.3	8.1
	60대	81.8	63.9	78.5	14.9	14.7	3.4
	70세 이상	50.3	37.6	47.2	4.9	8.5	1.5

출처: 미래창조과학부 · 한국인터넷진흥원(2016a: 39, 41).

(96.9%)이다. 우리 국민들이 인터넷을 이용하는 장소와 목적은 성별이나 연령에 따른 차이가 적었다. 3-9세 아동(71.5%)을 제외하면 전 연령대의 응답자들이 무선 인터넷과 모바일 접속을 통해 어떤 장소에서건 인터넷을 쓰고 있다. 그러나 구체적인 사용 장소 중에서는 '가정'의 비율이 가장 높았다(94.8%). 인터넷의 이용 목적은 '커뮤니케이션이나 여가활동', '자료 및 정보 획득'이 높은 반면에 '교육 · 학습이나 직업 · 직장' 목적은 낮았다. 10대는 여가 활동이 가장 높고(97.5%), 커

뮤니케이션(95.1%), 자료 및 정보 획득(88.4%) 순이였다. 이러한 결과는 전 연령대의 이용자에게 있어 인터넷은 주로 '여가와 소통의 통로'임을 의미한다.

읽기 행위와 관련해서는 온라인을 통해 잡지나 서적을 읽는 비율을 확인할 수 있는데 이 비율은 만 6세 이상 인터넷 이용자의 27.3% 수준으로 그리 높지 않았다. 성별로는 남성(28.4%)이 여성(26.0%)보다 높은 수준을 나타냈으며, 연령대로는 20대가 47.6%로 타 연령보다 높았다(미래창조과학부 · 한국인터넷진흥원, 2016a:114).

이와 관련하여 〈2012 전자책 독서실태조사〉의 결과도 살펴볼 수 있는데 위 조사 결과와 비슷한 수준이다. 전자책 독서율은 27.1%로, 이 중에서 초등학생이 33.7%, 중학생 26.9%, 고등학생 22.3%였다. 과거의 조사 결과와는 달리 초등학생의 전자책 독서율이 가장 높게 나타난 것이 특징이다. 전자책 독서로 선호하는 분야는 판타지, 로맨스, 무협과 같은 장르문학으로 비율(19.8%)이 가장 높았다. 이어서 일반문학이 18.5%, 건강 · 스포츠 · 취미 · 여행 · 연예 · 오락이 12.3% 순으로 서책 독서와 차이가 별로 없었다. 전자책 독서의 주요 목적도 서책 독서 상황과 유사하게 '재미'와 '교양'인 중심인 것으로 나타났다.

이상의 결과를 종합해 보면 만 3세 이상의 우리나라 국민들은 주로 디지털 기기(특히 스마트폰)를 이용해 무선 인터넷을 이용하며, 인터넷 사용은 공간의 제약이 없이 이루어지며, 학업이나 직장과 같은 공적인 목적보다는 오락 활동과 타인과의 의사소통이 주요 이용 목적임을 알 수 있었다. 그러나 압도적인 인터넷 이용률과 시간에 비해 온라인에서의 본격적인 읽기 활동(예: 잡지, 전자책 읽기)의 비율은 30% 미만으로 저조한 수준이었다. 대부분의 온라인 읽기가 메신저 활동과 웹 콘텐츠(예: 웹툰, 웹소설, 만화, 게임, 웹 정보글 등) 소비를 위한 읽기 활동에 집중되어 있는 실태를 확인할 수 있었다.

2) 세계 인터넷 프로젝트(WIP)와 청소년 독자들

인터넷 사용 양상은 국제적인 관심사이기 때문에 세계 각국에서 다양한 연구가 진행되고 있다. 대표적인 경우가 '세계 인터넷 프로젝트'(WIP, www.worldinternetproject.net)이다. 세계 인터넷 프로젝트는 인터넷을 비롯한 테크놀로지의 사회적, 정치적, 경제적 영향력을 검증하는 국제 협력 프로젝트이다. 이 프로젝트는 1999년 USC 아넨버그 스쿨 디지털 미래 센터(구 UCLA의 커뮤니케이션 정책 센터)에서 시작되어 현재 우리나라, 싱가포르, 칠레, 체코, 헝가리, 뉴질랜드 등 전 세계 20개 이상의 국가/지역이 참여하고 있다. 세계 인터넷 프로젝트에서는 사회 관계망 서비스(SNS)와 문자 메신저의 사용, 텍스트 기반의 의사소통 행위, 그리고 가상 세계의 환경적 특징 등 수많은 결과를 밝혀내고 있다.

세계 인터넷 프로젝트에서 수집한 정보 중에서도 7개국 청소년의 특성을 조망한 Subrahmanyam과 Šmahel(도영임·김지연 역, 2010: 341-363)은 ① 청소년이 디지털 활동 중에서 타인과의 상호작용과 의사소통에 가장 큰 비중을 두고 있으며, ② 기존의 연구와는 다르게 청소년의 발달 추세는 디지털 세계와 오프라인이 유사하고(온·오프라인의 세계가 심리적으로 연결됨), ③ 청소년이 디지털 테크놀로지에 익숙한 한편 그 공간이 제공하는 기회를 활용하거나 위험에 대처하는 방법은 매우 미숙하며, ④ 부모를 비롯한 기성세대는 청소년의 디지털 문식 활동에 대한 이해가 매우 부족한 상황임을 밝혀내었다.

이처럼 인터넷과 스마트폰을 중심으로 하는 디지털 문식 활동의 가장 중요한 주체는 다름 아닌 청소년들이다. Marc Prensky(2001)는 디지털 시대에서 학생들(청소년)이 급격하게 변화하고 있으며, 이 학생들은 더 이상 기존의 교육 시스템에서 가르치도록 디자인 된 존재가 아님을 강조하였다. 마크 프렌즈키는 디지털 사회에서 태어나고 성장해온 학생들은 '디지털 원주민(digital natives)'이며, 디지털 환경에 적응하면서 이들을 가르치느라 고군분투하고 있는 성인들을 '디지털 이민자(digital immigrants)'로 대비하였다. 이 용어들은 청소년과 성인의 지식(권력) 수준이 전복된 상황, 그리고 나날이 급변하고 있는 디지털 문식 환경에서 학생들의 지식과 적응력이 더욱 높은 상황과 이에 대해 기존 권위자(예: 교사, 학부모, 직장 상사, 연장자)들이 느끼는 불안을 잘 보여준다.

기존의 교육은 교사(성인, 일부 지식인, 부모)이 지식과 정보를 독점하고, 이를 후속 세대에게 전승하는 시스템이었다. 그러나 디지털 기술이 발달하고 누구나 시공간의 한계를 초월하여 인류가 축적해 온 방대한 지식·정보에 접근할 수 있는 환경이 실현되었다. 이러한 환경의 변화를 통해 성인들이 지식의 공급자로서 갖고 있던 전문성과 권위는 심각한 타격을 받게 되었고, 지식과 정보, 그리고 학습과 교육에 대한 우리의 인식도 크게 변화하고 있다. 과거에는 지식을 습득하고 보유(암기)하는 데 큰 가치를 부가하였다면 이제는 지식을 효과적으로 운용하고 나아가 새롭고 가치 있는 지식의 창조가 강조된다. 디지털 환경이 구축되면서 지식의 양과 종류와 질과 속성이 변화하고 있으며, 이를 전승하고 창조하는 교육의 목표와 방법도 변화하고 있으며, 나아가 이를 기반으로 하는 사회 구성원들의 관계와 의사소통의 방식에도 큰 변화가 나타나고 있는 것이다(옥현진, 2008; 정현선, 2006).

3) 청소년의 스마트폰·인터넷 과의존의 문제

우리 청소년들의 일상에서 스마트폰이나 인터넷은 이미 필수적인 요소로 자리잡았다. 그러다 보니 청소년들의 인터넷·스마트폰 이용 시간이나 빈도가 과도하다는 비판의 목소리도 높다.

2016년에 시행된 연세대 바른ICT연구소의 조사에 의하면 우리나라 청소년들(중·고등학생)은 일주일에 약 38.6시간 동안 스마트폰을 이용하였고, 1일 평균 이용 시간이 6.43시간이었다.[10] 이는 학교 수업과 수면 시간을 제외한 거의 대부분의 시간에 해당된다. 2016년에 미래창조과학부·한국정보화진흥원에서 스마트폰 및 인터넷 이용자 18,500명을 조사한 결과에서도 우리나라의 십대 청소년(만 10-19세)의 하루 평균 스마트폰 이용 시간은 4.8시간이었다. 이 중 2.7시간은 SNS 사용 시간이었다.[11]

두 조사는 응답자와 이들을 통해 확인한 디지털 이용 시간에 차이가 있다. 그러나 부인할 수 없는 사실은 우리나라 청소년의 인터넷·스마트폰 사용 실태가 과도한 상황이라는 점이다. 과도한 인터넷·스마트폰 사용 실태가 사회 문제로 불거지고 비판이 강해지자 최근 페이스북이나 인스타그램과 같은 기업에서는 SNS 중독 방지를 위한 장치(예: 일일 사용 시간 제한과 정보 알림 등)를 강구하고 있다.[12]

인터넷·스마트폰 사용과 관련하여 흔히 거론되는 이슈는 '중독' 문제이다. 인터넷에 '청소년 문제'를 검색해 보면 학교 폭력, 스마트폰 중독, 게임 중독, 인터넷 중독 등의 문제가 나열된다. 중앙 부처(미래창

---

10) 연세대 바른ICT연구소의 결과(http://barunict.kr/?p=7490).

11) 출처(http://www.cpbc.co.kr/CMS/newspaper/view_body.php?cid=668549&path=201701).

12) 관련 기사 참조(http://news.hankyung.com/article/201808023369Y).

조과학부)에서도 이 문제의 심각성을 인지하여 2004년 이래 매년 한국 정보화진흥원(NIA)과 함께 우리 국민들의 〈인터넷 과의존 실태조사〉 결과를 발표하고 있다. 2016년에는 전국에서 1만 가구(약 24,386명, 만 3세-69세)를 조사하였다. 이 연구에 의하면 스마트폰 과의존은 "과도한 스마트폰 이용으로 스마트폰에 대한 현저성(salience)이 증가하고, 이용 조절력이 감소하여 문제적 결과를 경험하는 상태"로 조절 실패, 현저성, 문제적 결과의 3요인으로 구성된다. 세 요인에 대한 설명은 다음과 같다(미래창조과학부·한국정보화진흥원, 2016b: 9).

- **조절 실패**(out of control): 이용자의 주관적 목표 대비 스마트폰 이용에 대한 자율적 조절 능력이 감소하는 것.
- **현저성**(salience): 개인의 삶에서 스마트폰을 이용하는 생활 패턴이 다른 형태보다 두드러지고 가장 중요한 활동이 되는 것.
- **문제적 결과**(serious consequences): 스마트폰 이용으로 인해 심리적·사회적으로 부정적인 결과를 경험함에도 불구하고 스마트폰을 지속적으로 이용하는 것.

〈2016년 인터넷 과의존 실태조사〉에서는 과의존 척도를 활용하여 '일반군'과 대비되는 '과의존 위험군'을 확인하고, 과의존 위험군은 '고위험군'과 '잠재적 위험군'으로 구분하였다. 청소년 대상 과의존 위험군 해석은 다음과 같다(미래창조과학부·한국정보화진흥원, 2016b: 10).

- **청소년 고위험군**: 스마트폰 사용에 대한 통제력을 상실한 상태로 일상생활의 상당 시간을 스마트폰 사용에 소비하고 있으며 그로 인해 대인 관계 갈등이나 일상의 역할 문제, 건강 문제 등이 심각하게 발생한 상태로 ICT 역량 발달을 지체시킬 위험성이 높은 상태.

• **청소년 잠재적 위험군**: 스마트폰 사용에 대한 조절력이 약화된 상태이며 그로 인해 이용 시간이 증가하여 대인 관계 갈등이나 일상의 역할에 문제가 발생하기 시작한 단계로 ICT 역량 발달에 부정적인 영향을 미칠 위험성이 존재하는 상태.

청소년 문제로 인터넷이나 스마트폰 중독이 우선적으로 거론되는 이유는 이들의 위험 수준이 매우 높기 때문이다. 〈그림 7〉의 〈연도별·대상별 스마트폰 과의존 위험 현황〉을 살펴보면 이를 확인할 수 있다. 미래창조과학부와 한국인터넷진흥원의 조사 결과에 의하면 지난 몇 년간 스마트폰 '과의존 위험군'의 비율(17.8%)은 매년 증가하고 있다. 과의존 위험군 안에는 고위험군(2.5%)과 잠재적 위험군(15.3%)이 포함되는데, 두 범주의 비율도 시계열적 추이가 매년 증가하고 있다.

그런데 '과의존 위험군'에서 가장 두드러지는 대상이 바로 청소년이다. 이 조사에서 10대로 규정된 청소년의 스마트폰 과의존 위험군 비율은 유아동(17.9%), 성인(16.1%), 노년(60대, 11.7%)에 비해 월등히 높은 30.6%이다. 특히 청소년은 고위험군(3.5%)과 잠재적 위험군의 비율

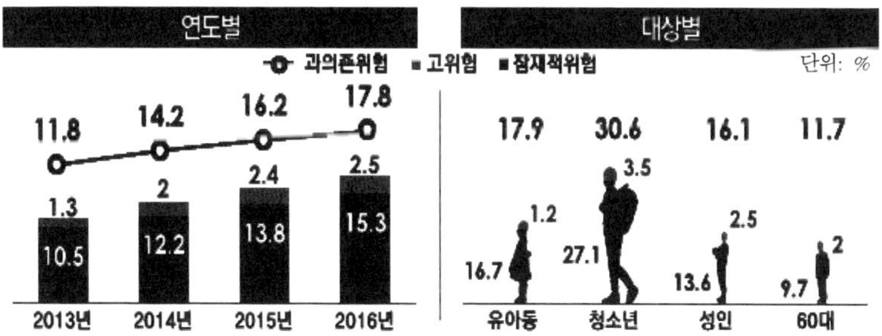

출처: 미래창조과학부·한국정보화진흥원(2016b: 27).

〈그림 7〉 연도별·대상별 스마트폰 과의존 위험 현황

(27.1%)이 모두 타 대상에 비해 가장 높아 그 심각성을 알 수 있다.

〈그림 8〉을 보면 스마트폰을 통한 주 이용 콘텐츠는 과의존 위험군과 일반군의 차이가 거의 없음을 알 수 있다. 다만 '게임'은 두 집단의 차이가 큰 중요한 지표이다. 과의존군이 가장 많이 사용하는 콘텐츠는 게임(97.9%)과 메신저(97.7%)가 압도적이었고, 이어서 웹서핑(74%)과 SNS(70.2%)로 나타났다. 일반군은 메신저(93.8%)의 비중으로 높았고, 이어서 게임(77.7%)과 웹서핑(73.7%), SNS(63.9%) 순이었다. 10대의 청소년 과의존군은 메신저와 게임이 각각 100%로 과의존군 평균에 비해 높았다. 특히 게임의 비율은 훨씬 높은 수준이다. 청소년 이용자는 과의존군과 일반군 모두 타 대상에 비해 '게임' 콘텐츠 이용 현황이 매우 높아 청소년의 게임 의존 문제를 확인할 수 있다.

10대 청소년 중에서도 과의존 위험군은 '중학생'이 34.7%로 가장 높았다. 고등학생은 29.5%로 차순위였다. 초등학생(23.6%)과 대학생의 비율(22.5%)은 20% 초반 수준이었다. 성별은 고위험군과 잠재적 위험군 모두 여자 청소년의 비율이 더 높게 나타났다. 특히 고위험 청소년은 여학생의 비율이 4.1%로 남학생 2.9%보다 훨씬 높았다. 이러한 성별 양상은 청소년 외에 성인과 60대 과의존 위험군에서도 동일하게 나타나 주목할 필요가 있다.

10대 청소년들의 스마트폰 이용 시간은 평일과 주말의 양상이 상이했다(미래창조과학부·한국정보화진흥원, 2016b: 78-79, 170-172). 청소년들은 평일에 평균 22.5회 스마트폰을 사용하고, 회당 사용 시간은 6.2분 정도였다. 청소년들의 응답은 20-30회 정도 사용한다는 응답(62.7%)이 가장 많았다. 반면에 주말은 자유 시간의 확대로 인해 평균 33.1회, 회당 9.2분으로 스마트폰의 사용 빈도와 시간이 모두 평일에 비해 높았다. 전체 청소년 중 약 40%가 주말에는 하루 평균 30-50회 정도

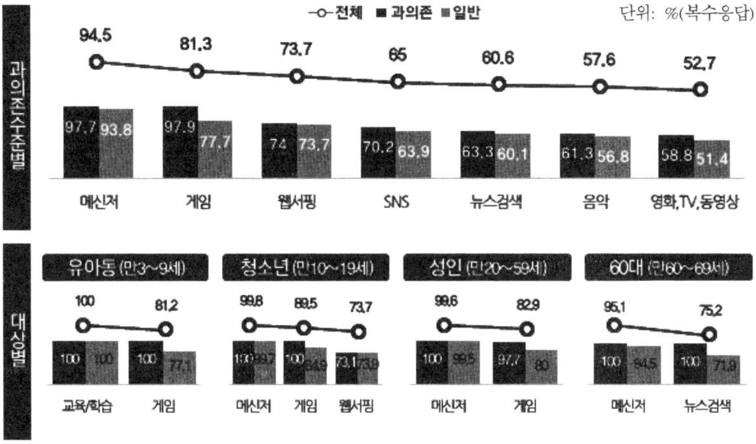

출처: 미래창조과학부 · 한국정보화진흥원(2016b: 34).

〈그림 8〉 스마트폰의 주 이용 콘텐츠 현황

스마트폰을 사용한다고 응답하였다. 이러한 결과는 우리 청소년의 스마트폰 사용은 현저성이 높고 '습관화된 행위'임을 알 수 있다.

앞서 스마트폰을 과도하게 이용하여 스마트폰에 대한 현저성이 증가하고, 이용 조절력이 감소하여, 문제적 결과를 경험하는 상태를 과의존 상태로 규정하였다. 스마트폰 과의존을 판단하는 3대 요인이 '조절 실패, 현저성, 문제적 결과'이다. 전 연령대의 과의존 위험군의 응답을 분석해 보면 세 요인 중에서 조절 실패를 가장 많이 경험하는 것으로 나타났다. 조절 실패는 '스마트폰 이용 시간을 줄이려 할 때마다 실패한다, 스마트폰 이용 시간을 조절하는 것이 어렵다, 적절한 스마트폰 이용 시간을 지키는 것이 어렵다'와 같은 문항을 통해 확인할 수 있다.

청소년 과의존 위험군의 경우도 조절 실패(2.7점/4점 만점 기준)가 가장 높고, 이어서 현저성(2.67점)과 문제적 결과(2.54점) 순으로 나타났다(미래창조과학부·한국정보화진흥원, 2016b: 33, 62). 타 집단과 같이 청소년에게도 조절 실패의 경험이 가장 높았지만, 다른 두 요인에 대한 경험도 두루 높은 상황임을 알 수 있다. 현저성은 스마트폰을 이용하고 싶은 충동을 강하게 느끼고, 스마트폰이 있으면 다른 일에 집중하기 어려우며, 스마트폰 생각이 머리에서 떠나지 않는다와 같은 진술로 확인된다. 과의존 위험군 청소년은 세 가지 진술에 대해 50% 이상이 긍정 응답을, 고위험군 청소년은 95%이 긍정 응답을 제시하였다.

문제는 스마트폰 과의존이 다양한 부작용을 동반한다는 점이다. 과의존 위험군의 청소년들은 성격적(심리적)인 문제(22.7%), 신체적 문제(18.5%), 가족 관계 문제(17.8%), 사회 관계 문제(15.1%)로 인한 부작용을 우려하고 있었다(미래창조과학부·한국정보화진흥원, 2016b: 37). 스마트폰 과다 사용으로 인한 부작용에 대해서는 청소년 외 유아동, 성인, 60대 이용자에게도 유사한 응답이 나타났다.

특히 전 연령대의 대상자에게서 '성격적(심리적) 문제'가 가장 높은 부작용으로 지적된 데 주목할 필요가 있다(미래창조과학부·한국정보화진흥원, 2016: 38). 스마트폰 과의존 위험군이 경험하는 심리·사회적 부작용은 ① 부정적 정서, ② 성격, ③ 인지, ④ 일상 경험 측면에서 살펴볼 수 있었다. 구체적으로는 우울, 불안, 분노, 외로움, 예민함, 비적정성, 충동성, 낮은 자기존중감, 인터넷을 통한 스트레스 해소, 생활 불만족, 스트레스, 여가 활동 부족 등 다양한 양상으로 확인된다. 특히 인터넷을 통한 스트레스 해소(54.1%), 스트레스(53.3%), 여가활동 부족(48.3%), 충동성(46.7%)이 가장 높은 수준으로 나타났다.

스마트폰 과의존 위험군 청소년들은 '스마트폰 이용 때문에 건강에 문제가 생긴 적이 있다, 스마트폰 때문에 가족과 심하게 다툰 적이 있다, 스마트폰 때문에 친구 혹은 동료와 사회적 관계에서 심한 갈등을 경험한 적이 있다, 스마트폰 때문에 학업 수행에 어려움이 있다.' 는 네 진술에 대해 50% 이상의 긍정 응답을 제시하고 있었다. 이는 스마트폰이 이들의 생활에 실제적인 문제를 초래하고 있으며, 이 문제를 스스로 인지하고 있음을 의미한다. 과의존 판단 요인 중 문제적 결과 요인은 현저성이나 조절 실패에 비해 결과적인 요인임에도 불구하고 그 수치가 상당히 높은 상황임을 알 수 있다.

청소년들은 스마트폰 이용과 관련하여 전반적으로 성격(심리) 문제에 대한 도움이 필요하다고 응답하였다. 과의존 위험군은 성격(심리) 문제 외에 가족과의 문제에도 도움이 필요하다고 응답하였다. 이들 학생들은 부정적 정서를 경험한 경우가 많았는데, 특히 '외롭다'(35.7%)와 '불안하다'(23.8%)는 응답이 높았다. 성격 측면에서는 충동성(46.7%)과 낮은 자아존중감(37.9%)이 높았고, 일상 경험으로는 학업 스트레스(53.3%)와 여가 활동 부족(48.3%), 생활 불만족(44.9%)이 두루 높았다(미래창조과학부 · 한국정보화진흥원, 2016: 97-99).

스마트폰 과다 사용 어려움 경험자의 응답에 의하면, 과의존을 줄이기 위해서는 주변의 도움, 자신의 의지, 교육 및 상담이 모두 필요했다. 청소년기는 신체와 정신의 성장이 가속화 되고 자아가 발달하는 중요한 시기이다. 우리의 청소년 독자들이 자신의 삶에 대해 주체성을 획득하고 긍정적인 정체감을 형성하기 위해서는 디지털 매체에 대한 자기 조절 능력이 필수적인 상황이다. 청소년들이 온 · 오프라인의 다양한 문식 환경 속에서 주체적으로 의미 있는 문식 활동을 해 나갈 수 있도록 가정, 학교, 사회의 보다 많은 관심과 지원이 필요하다.

제 4 장

청소년 독자의 정체성 연구 개관

제4장 청소년 독자의 정체성 연구 개관

1. 청소년 독자의 정체성 연구 설계

이 책을 관통하는 핵심 질문은 '청소년 독자는 누구인가?'이다. 이 문제를 탐구하기 위하여 직접 청소년 독자들에게 질문을 던졌고 이들의 목소리(voice)를 듣고자 노력하였다. 그리고 그 안에서 우리의 청소년들이 구성하고 있는 '독자로서의 정체성(identities as a reader)'을 이해하고자 노력하였다. 4장에서는 청소년 독자의 정체성을 이해하기 위한 이 연구의 설계를 설명하고 이론적 기반을 밝힌다.

1) 연구의 목적과 대상

이 연구는 우리나라의 청소년 독자들이 수행하고 있는 문식 활동의 특성을 확인하고, 청소년 독자의 정체성을 설명하는 주요 테마를 추출하여 이들의 정체성을 이해하기 위한 목적에서 수행되었다.

이 연구는 연구의 취지를 이해하고 참여를 허락한 총 205명의 청소년 독자(중학생 75명, 고등학생 130명)를 대상으로 수행되었다. 학생들은 수도권, 충청권, 경상권에 위치한 다섯 학교(중학교 3개교, 고등학교

2개교) 소속으로, 연구 목적을 고려하여 참여 학교와 학생을 의도적으로 표집하였다. 학생 참여자는 다섯 학교의 국어 교사에게 연구의 목적을 설명한 후, 교사의 추천을 통해 성취 수준이 상이한 학생들(상·중·하)을 고루 표집하였다. 참여자는 추천 교사가 최소 10개월 이상 직접 지도한 학생들이었기 때문에 학생에 대해 충분한 정보를 가지고 있었다. 그리고 학생이 자신의 문식 활동과 정체성을 드러낼 수 있도록 원만한 의사소통이 가능한 경우(예: 담임 학급, 국어 교과 지도, 독서 동아리 지도)에 한해 표집하였다. 참여자 중 독서 동아리 활동을 하고 있는 학생의 수는 42명이었다. 연구 자료는 2017년 10-12월에 걸쳐 수집하였다. 학생들의 구성은 〈표 19〉와 같다.

참여자가 표집된 학교는 독서교육 측면에서 볼 때, 전국의 평균적

〈표 19〉 연구 참여자 정보

중학교	지역	인원	성비	학년 구성
가	수도권 (수원/공립)	12	남: 7 녀: 5	2학년: 10 3학년: 2
나	충청권 (대전/공립)	15	남: 5 녀: 10	1학년: 3 2학년: 9 3학년: 3
다	경상권 (부산/사립)	48	남: 23 녀: 25	1학년: 31 2학년: 10 3학년: 7
중학생 합계(명)		75	남: 35(46.7%) 녀: 40(53.3%)	1학년: 34(45.3%) 2학년: 29(38.7%) 3학년: 12(16.0%)

고등학교	지역	인원	성비	학년 구성
라	수도권 (서울/강북 공립)	82	남: 42 녀: 40	1학년: 32 2학년: 50
마	강원권 (원주/공립)	48	남: 20 녀: 28	1학년: 30 2학년: 18
고등학생 합계(명)		130	남: 62(47.7%) 녀: 68(52.3%)	1학년: 62(47.7%) 2학년: 68(52.3%)

인 수준이었다(이순영·송정윤, 2010). 다섯 학교는 학교도서관 이용 지도('가·다·라'교는 사서, '나·마'교는 국어 교사 운영자), 독서 골든벨, 아침독서 등의 기본 프로그램을 운영하고 있었다. 그러나 이를 제외한 학교 단위의 특별한 독서지도는 없었다. 세 학교 중 '가' 학교는 전국 대비 학생들의 성취가 높은 수준이었고, '나·다·마'교는 중간 수준, '라'교는 다소 낮은 수준이었다.

2) 연구의 도구와 방법

이 연구에서는 청소년 독자들의 문식 활동과 정체성을 확인하기 위해 '자기 보고형 서면 응답' 자료를 수합하였고 일부 독자를 대상으로 하여 후속 인터뷰를 실시하였다. 이는 소수의 대상에 집중하여 질적인 정보를 수집하는 연구 방법이다. 이 방법을 선택한 이유는 정보의 깊이 때문이었다. 이 연구에서는 학생 개인이 제공하는 정보의 질이 곧 연구의 질에 영향을 주기 때문에 학생이 연구의 취지와 목적, 그리고 각 질문의 내용을 이해할 수 있도록 여러 층위의 안내를 제공하였다. 학생은 우선 교사의 설명을 듣고, 도입문과 함께 제시된 6개의 질문(A4 용지, 총 3면 편집 인쇄물)에 자신의 응답을 기록하였다. 자기 보고형 서면 응답에 사용한 질문은 〈표 20〉과 같다.

자기 보고형 서면 응답이 진행되는 동안 교사는 편안한 분위기를 조성하고, 학생이 자신의 생각과 경험을 최대한 솔직하고 또 성실하게 설명하도록 독려하였다. 학생은 자신이 선호하는 공간(예: 교실, 집)에서 충분한 시간을 갖고 응답하였다. 일부 학생은 구술 방법을 선호하여 교사가 그 내용을 기록하였다. 각 문항에는 안내를 덧붙였으나 학생이 추가적인 안내를 원할 경우, 교사가 관련 내용을 설명하였다.

〈표 20〉 연구 참여자에게 제공한 질문 목록

구분	내용
도입문	'독서'는 책 읽기뿐만 아니라 모든 종류의 읽기 활동을 의미합니다. 학교 수업 시간에 읽는 교과서 읽기부터, 인터넷 뉴스 읽기, 블로그 글 읽기, 스마트폰 검색하기, 카톡하기, 제품 설명서 읽기, 안내문 읽기, 과자 봉지의 문구 읽기도 모두 읽기 활동입니다. 우리는 매일매일 학교 안팎의 다양한 공간에서 다양한 읽기 활동을 하고 있습니다. 읽기 활동을 하는 이를 "독자(readers)"라고 부릅니다. 여러분은 독자로서 어떠한 사람입니까? 솔직하게 이야기해 주세요. 여러분의 이야기가 듣고 싶습니다.
문항 1	**내가 생각하는 나는 독자로서 이런 사람이야…** 타인에게 '독자로서의 나'는 어떤 존재인지 설명해 보세요. 독자로서의 나는 어떤 특징, 장점, 단점이 있나요? 내가 생각하는 독자로서의 나는 옛날에도 지금과 같았나요? 아니면 달라졌나요? 달라졌다면 그 이유는 무엇인가요?
문항 2	**남이 생각하는 '독자로서의 나'는…** 부모님, 선생님, 친구들이 생각하는 나는 독자로서 어떤 존재일까요? 내가 생각하는 독자로서의 나와 같을까요, 다를까요? 만일 다르다면 그들은 왜 그렇게 생각할까요?
문항 3	**나의 읽기 활동은…** (자주 하는 읽기, 스스로 하는 읽기, 남이 시켜서 하는 읽기) 요즘에 주로 어디에서, 어떤 읽기 활동을, 누구와 많이 하나요? 옛날에는 주로 어떤 읽기 활동을 많이 했나요? 그 읽기 활동을 좋아했나요? 읽기 활동 중에 내가 원해서 하는 읽기와 남이 시켜서 하는 활동은 무엇인가요?
문항 4	**행복했던 읽기 경험, 내가 좋아하는 읽기, 내게 특별히 의미가 있었던 읽기는…** 읽기/독서를 하다가 행복하거나 즐거웠던 경험이 있나요? 왜 그랬나요? 글(책) 자체가 좋았나요? 아니면 같이 읽는 이들이나 다른 이유가 있었나요 읽기 활동 중에 내가 가장 좋아하는 것은 무엇인가요? (책, 장르, 활동도 좋습니다.) 내게 특별히 의미가 있었던 읽기 활동이나 글(책)은 무엇이었나요? 왜 그게 의미가 있나요? 그 읽기가 현재 "독자로서의 나"를 만드는 데 어떤 영향을 주었나요?
문항 5	**'독자로서의 나'가 성장했던 순간은… 요즘의 나는?** 독자로서 내가 성장했음을 느꼈던 순간이 있나요? 어떤 때였나요? 또 그 이유는 무엇이었나요? 요즘은 어떠한가요? 나의 읽기 능력, 습관, 흥미가 성장하거나 발달하고 있다고 생각하나요?
문항 6	**만약 모든 것이 자유롭다면 내가 하고 싶은 읽기는…** 내가 원하는 독자로서의 나는? 내가 원하는 독자로서의 나와 현실의 나는 일치하나요? 혹시 일치하지 않는다면 그 이유는 무엇인가요? 여기에 영향을 주는 것들은 무엇인가요? 만일 내가 원하는 대로 할 수 있다면 어떤 읽기 활동을 하고 싶나요? 내가 바라는 "독자로서의 나"는 어떤 모습인지 설명해 주세요.

학생들의 응답 분량은 문항별로 평균 5줄 정도였다.

수합된 질적 자료는 지속적 비교 분석의 방법을 통해 확인되는 핵심 테마(emerging themes)를 추출하였다. 이 연구에서는 우선 학생들의 응답을 문항 단위로 전사하였다. 이때 참여자별로 고유 번호(학교-성별-학년-개인 번호)를 부여하여 개별 응답을 추적할 수 있도록 하였다. 2단계에서는 지속적 비교 분석 방법과 개방 코딩을 통해 개별 학생의 응답에 포함된 주요 테마를 확인하고 응답을 재분류하였다.

이 연구에서는 ① 청소년 독자가 수행하는 주요 읽기 활동, ② 청소년 독자가 의미를 부여하는 읽기 경험과 독자로서의 성장, ③ 청소년 독자가 정체성과 이를 둘러싼 영향 요인이 주요 테마로 확인되었다. 분석 과정에서 보듯 이 연구에서는 개별 학생의 특별한 경험보다는 청소년 독자들의 보편적인 경험과 인식을 확인하고자 노력하였다. 이를 위해 핵심 테마를 설정할 때는 학생 참여자 중 최소 25% 이상이 공통적으로 보고한 응답에 주목하였다.

청소년 독자의 응답을 수합한 후 추가 정보가 필요한 경우에는 심층 인터뷰를 실시하였다. 인터뷰는 20명의 학생을 대상으로 진행되었고(전체 참여자 중 약 10%), 주로 대상자 자신의 서면 응답 내용에 대해 추가 설명을 듣는 자극 회상 방식(stimulus recall)으로 진행되었다. 이 연구에서 인터뷰는 학생들의 서면 응답을 왜곡 없이 이해하기 위한 부가적인 방법(예: 응답의 정교화, 응답에 대한 해석의 타당성 제고 등)이었기 때문에 그 자체를 연구의 주요 데이터로 활용하거나 이 책에서 노출시켜 제시하지는 않았다.

이 연구는 기본적으로 청소년 독자의 속성을 깊이 있게 이해하고자 하는 목적에서 수행되었다. 다만 전형적인 질적 연구에 비해 연구의 대상과 자료에 대해 일정한 거리를 유지하여 객관적이고 관찰적인 입장을 취하였다.

2. 독자 정체성의 속성과 의의

이 연구은 독자 정체성에 대한 최근의 학문적 논의를 바탕으로 하여 설계되고 또 수행되었다. 이 절에서는 이 연구의 이론적 기반이 된 독자 정체성에 대한 이론적 기반을 간략하게 제시하고자 한다.

1) 독자 정체성의 개념과 학문적 기반

청소년 독자 연구는 청소년 독자의 존재, 즉 정체(正體)를 규명하는 일에서부터 시작된다. 독자 정체성은 독자가 세상과 텍스트를 인식하고 의미를 구성하는 일정한 방식으로 규정할 수 있다(McCarthey & Moje, 2002). 독자 정체성은 '독자로서의 나'에 대한 인식을 의미하기에 독자의 자기 인식을 전제로 한다. 이런 이유로 독자 정체성은 독자의 자기 인식(self-perceptions), 자아 개념(self-concepts), 자아상(self-images) 등의 용어와 유사한 개념으로 사용되고 있다.

선행 연구에 의하면 독자 정체성은 독자가 생각하는 독서의 개념과 가치, 독해 수준, 독서 태도와 독자 효능감, 독서와 관련된 신념, 과거의 독서 경험과 독서 행동, 이 독자에 대한 타인의 인식과 기대 등 다양한 요소의 영향을 받는다(Hall, 2010; 정옥년, 2007; 최숙기, 2009; 류보라, 2013; 정혜승, 2013; 정지은, 2015). 특히 독자에 대한 타인의 인식은 객관적인 사실일 수도 있고, 독자인 '나'가 인식한 사실일 수도 있어 두 인식 간에 복잡한 관계가 형성된다(Lee, 2007). 이런 이유로 독자 정체성은 독자 내·외부의 다양한 각도에서 탐구될 수 있으며 독자의 성장에 따라 그 변화를 추적할 수 있다.

역사적으로 볼 때 독자 정체성은 사회심리학자인 조지 허버트 미드(George Herbert Mead)와 발달심리학자인 에릭 에릭슨(Erik H. Erikson)의 자아(self/ego) 이론에 근간을 두고 있다.

미드는 『정신·자아·사회』(1934; 나은영 역, 2010)에서 인간의 정신과 의식, 나아가 자아(self)까지도 사회적 상호작용의 산물로 보았다. 미드의 자아 정체성 이론은 '객체로서의 자아'(객체아, me)와 '주체로서의 자아'(주체아, I)로 정체성의 형성과 변화의 과정을 설명하였다. 미드에 따르면 주체로서의 자아(I)는 객체로서의 자아(me)에 대한 일종의 반응이며, I는 다시 새로운 me를 불러일으키기도 한다. 미드의 정체성 이론은 me-identity와 I-identity의 인식적 틀을 제공하여 현재까지도 학계에 큰 영향을 주고 있다.

에릭슨의 이론(1968)에서 정체성은 개인의 성향, 흥미, 태도, 능력, 관점, 목표에 대한 개인의 이해가 통합적이고 안정적으로 형성된 의식 상태를 의미한다. 에릭슨이나 크로거(Kroger)와 같은 연구자는 '자신에 대한 일관성 있는 의식', 즉 정체성을 구성하는 데 개인의 젠더(사회적으로 구성된 성), 신체적 성, 직업을 비롯한 사회적 업무, 종교적 역할 등이 포함된다고 보았다. 이들은 개인의 의식이 '개인'과 '환경' 내 무수히 다양한 요인의 영향을 받으며 매 순간 변화하는 대상임을 잘 알고 있었다. 그래서 개인이 변화무쌍한 자기 인식을 통합하여 보다 안정적이고 일관성이 있게 구성해 낸 정체성에 주목하였다.

에릭슨 이후 정체성 이론은 개인적 정체성(individual identity)과 사회적 정체성(social identity)을 축으로 하되 그 스펙트럼이 확장되고 있다. 특히 후자의 경우, 집단에 대한 귀속감과 일체감, 정체성의 맥락적 적합성, 이를 위한 개인의 행동주체성(agency) 등 다양한 주제가 탐구되고 있다(Giddens, 1991; 이재창, 1993; 옥현진, 2009). 정체성은 문학·교육학·심리학(자아심리학, 사회심리학, 발달심리학)·철학·언어학 등 여러 분야에서 관심을 가지고 있기 때문에 논의되는 양상도 다양하다.

특히 최근에는 구조 상징적 상호작용론에 근거한 정체성 이론(Burke & Stets)와 개인의 주관적 해석을 강조하는 서술적 정체성(narrative identity) (McAdams, 2001; McAdams & McLean, 2013)에 대한 관심이 높다. 정체성 연구의 동향은 개인의 정체성에 영향을 주는 사회 관계망, 즉 개인이 관계를 맺고 있는 타인이나 소속 집단 자체가 과거 그 어느 때보다도 빠르게 다원화되고 또 여러 층위로 분화되는 데 힘입은 바가 크다. 이에 따라 개인의 정체성도 과거의 경험과는 매우 다른 차원에서 다른 편폭으로 재구성되고 실행되며 또 서술되고 있다.

인간의 정체성을 이해하는 출발점이자 가장 중요한 요소는 개인이 사용하는 '언어'이다(Hall, 2013). 정체성은 자아의 문제이기 때문에 매우 복잡다단하며 외부의 타인이 직접 관찰하기 어려운 것이 특징이다. 독자 정체성도 독자가 실제로 느끼고 생각하는바, 그리고 이러한 독서 경험이 왜 일어나며 어떻게 진행되는지, 그 결과 개별 독자의 정체성은 다시 어떻게 구성되는지를 외부에서 확인하기가 매우 어렵다.

한편 언어는 인간이 외부의 타인과 상호작용하면서 사용하는 대표적인 매개물이다. 언어는 개인이 자신의 정체성을 실행하는 도구인 동시에 타인의 정체성을 잘 확인할 수 있는 창(窓)이기도 하다. 이런 이유로 한 사람의 정체성을 이해하기 위해서는 그가 언어를 사용하여 타인과 소통하는 방식을 관찰해야만 한다. 독자 정체성도 개별 독자가 무엇을 읽고, 어떤 의미를 추출하며, 어떤 내용에 대해, 누구와 어떤 공간에서, 어떤 방식으로 소통하는가를 확인할 수 있다. 이런 이유로 정체성 연구자들은 언어의 문제에 관심을 갖고 인간의 의사소통 방식을 다양한 이론을 적용하여 분석하고 있다.[1] 인간의 언어(language)와 문화(culture)와 정체성(identity)은 서로 긴밀하게 연계되어 있다.

개인이 개입하고 있는 물리적이거나 추상적인 '공간'(space)도 정체성을 이해하는 데 필수적인 요소이다. 현대 사회에서 개인은 수많은 공간에 직간접적으로 개입하고 있으며 최근에는 디지털 공간의 영향력이 급속도로 강화되고 있다. 많은 이들에게 현실 세계와 가상 세계에 대한 대비가 약해지고, 개인이 구성하고 있는 정체성에서 디지털 공간의 영향력이 나날이 높아지고 있다. 이미 청소년 독자의 일상과 정체성을 논의하는 데 있어서 '현실/오프라인 세계'와 '가상/온라인/디지털 공간'은 모두 필수적인 요소가 되었다. 특히 청소년에게 이들 세계(공간)는 그 연계성이 더욱 높아 경계가 뚜렷하지 않다. 청소년 독자에게 이들 공간은 모두 실존하고 공존하는 매우 현실적 공간인 셈이다. 이런 이유로 최근에는 한 명의 청소년을 제대로 이해하기 위해서는 디지털 공간을 비롯하여 다양한 개입 공간을 확인하고, 각 공간에서의 문식 활동(literate activities)과 참여(participation) 양상을 확인해야 한다. 각 공간이 정체성을 구성하고 실행하는 장이기 때문이다.

디지털 환경을 비롯해 급변하는 문식 환경과 삶의 양식은 정체성 연구의 새로운 추동력이 되고 있다. 그 영향력과 변화를 잘 보여주는 사례가 바로 정체성 분야의 용어들이다. 기계와 대비되는 인간 정체성(identity of Man), 유연한 자아(flexible self), 다중 자아(multiple selves), 다중 정체성(multiple identities), 혼종 정체성(hybrid identities), 가상 정체성(virtual/cyber identity), 온라인 정체성(online identity), 정체성 실험 등은

---

1) 이 책에서는 독자 정체성에 주목하고 있으나 쓰기(필자) 정체성도 중요한 분야이다. 필자 정체성에 대해서는 로즈 이바닉(Roz Ivanic, 1998)의 저서를 참고할 수 있다.

〈표 21〉 정체성을 이해하는 네 가지 방법들

유형	과정 process	힘 power	힘의 원천 source of power
1. **자연적 정체성** Nature-identity (상태)	발달됨	물리적 힘 (forces)	자연 속에서
2. **기관 정체성** Institution-identity (지위)	부여 받음	권위	기관 내에서
3. **담화 정체성** Discourse-identity (개인적 속성)	인지됨	담화/ 대화	합리적 개인들 (의/과 함께)
4. **친밀감 정체성** Affinity-identity (경험들)	공유됨	실행	"친밀한 소속 집단들"의

출처: Gee(2000: 100).

모두 정체성에 대해 보다 새롭고 정치한 논의를 위해 생성된 용어이다(Bronowski, 1971; Thoits, 1983; Nilan & Feixa, 2006). 이러한 신조어들은 정체성 연구에 새로운 주제와 관점을 제공해 주었고, 그에 따라 이 분야의 학문적 지형도도 변화해 왔다.

정체성 연구에서 개인의 '선택권'과 각 정체성이 갖는 '안정성·중요도'도 중요한 요소이다. 제임스 폴 쥐(James Paul Gee)는 개인이 자유롭게 선택할 수 있는 정체성(예: 정원 일을 좋아하는 이로서의 정체성, 테니스를 치는 이로서의 정체성)과 선택권이 미약한 관계적 정체성(예: 노인으로서의 정체성, 아시아인으로서의 정체성, 천주교인으로서의 정체성, ADHD 환자로서의 정체성)을 구분하고 있다(Gee, 2017). 쥐의 정체성 이론은 개인이 다양한 정체성 중에서 어떤 것은 수용하고, 또 어떤 것은 거부하며, 각 정체성이 어떻게 충돌하는 지의 문제를 분석한다. 이 이론은 다중적이고 다층적인데 특히 다문화 학습자의 민족이나 인종 정체성, 그리고 복잡한 언어 사용 양상을 해석하는 데 활용되고 있다.[2)]

제임스 폴 쥐를 비롯한 일군의 연구자는 개인이 구성하고 있는 다중 정체성을 다시 중핵 정체성(core identity)과 주변 정체성(marginal identity)으로 구분하기도 한다. 그러나 이러한 '중핵-주변'의 관점은 개인이 구성하고 있는 정체성을 일정한 구조나 체계적인 틀로 이해한다는 점에서 장점이 있다. 그러나 이러한 관점은 정체성의 구성과 작용의 역동성과 복잡성을 이해하는 데는 제약이 되기 때문에 이견도 많다. McCarthey와 Moje(2002)는 각 정체성의 영향력이나 역학 관계가 상황에 연동하여 유연하게 실행됨을 강조하는 입장이다.

다양한 정체성을 유형화 하는 작업도 진행 중이다. 앞서 언급한 개인적 정체성과 사회적 정체성도 정체성을 분류하는 하나의 틀이라 할 수 있다. Gee(2000)의 네 가지 방법들(ways)도 살펴볼 수 있다. 〈표 21〉에 제시된 제임스 폴 쥐의 이론에 의하면 특정한 개인은 '자연(N)-기관(I)-담화(D)-친밀성(A)'의 관점에서 "어떤 종류의 사람인지", 그 정체성을 이해할 수 있다. Gee(2000)는 위의 틀을 이용하여 "일란성 쌍둥이이며(N-정체성), 대학 교수이며(I-정체성), 카리스마가 있으며(D-정체성), Trekkie(스타트랙 마니아)(A-정체성)"인 한 사람(동시에 ADHD인)의 예를 설명한다. Gee의 이론에서는 힘(power)이 매우 중요한데, 이 힘이 특정한 원천에서 일정한 과정을 거쳐서 정체성으로 구성·실행된다고 볼 수 있다.

2) 이와 관련하여 제2언어 학습자에 대한 정체성 연구에 주목할 수 있다. 일례로 바니 노튼(Bonny Norton, 2013)은 Weedon이나 Bourdieu와 같은 후기 구조주의자들의 정체성 이론을 적용하여 심도 깊은 논의를 전개하였다.

2) 청소년 독자 정체성 연구의 의의

청소년 독자의 정체성 연구는 '청소년'과 '독자'라는 렌즈가 더해지기는 하나 '정체성' 연구의 일환이라고 할 수 있다. 정체성은 기본적으로 타인(사회)과의 관계 속에서 형성되며, 개인(집단)의 행동과 의사 결정에 영향을 미친다. 이와 관련하여 Wortham(2006)은 '정체성 모형'을 통해 정체성이 사회 문화적 규범을 공유하는 특정한 커뮤니티의 안에서 특정한 방식으로 형성되고 이해되며 재구성되고 실행된다고 해석하였다. 정체성은 언어나 문화처럼 개인이 환경과 상호작용을 통해 형성한 통합적인 자기 인식이기 때문에 그 안에는 일정한 유연성과 가변성이 존재한다. 이는 정체성이 복잡하고 변화 가능한 이유이기도 하다. 동일한 맥락에서 정체성을 역동적인 내적 자기 구조로 보고(Marcia, 1966), 정체성의 발달 양상을 규명하는 작업도 진행 중이다(Meeus 외, 1999).

독자 정체성은 독자의 전 생애에 걸쳐 형성되고 끊임없이 재구성된다. 그러나 특히 청소년 독자의 정체성에 주목하는 데는 몇 가지 이유가 있다. 무엇보다도 청소년기는 '정체성의 구성과 발달이 가장 뚜렷한 시기'이다. Erikson(1968)은 청소년기의 가장 중요한 발달 과업이 자아 정체성을 확립하는 것이며, 그렇지 않을 경우 '정체성 위기'를 경험한다고 보았다. 청소년 독자는 자신의 읽기 경험과 그에 의한 정체성의 변화를 통해 특정한 방식으로 자신과 세상을 이해하게 된다. 이런 맥락에서 볼 때 문식 활동은 개인이 특정한 정체성을 드러내고 사회적으로 실행하는 대표적인 방식이라고 할 수 있다. 정체성이 자기 마음에 대한 의식(consciousness of mind), 즉 자의식이라 할 때, 특정한 상황 속에서 매개되고 실행되고 재구성되는 청소년 독자의 정체성은 그 속성이 다양하며 상황에 따라 서로 다른 정체성이 충돌하기도 한다. 이런 이유로 청소년의 정체성은 다의적이고 상당한 역동성을 갖는다.

발달심리학자인 제임스 마샤(James E. Marcia, 1966)의 정체성 지위(identity status) 이론에 의하면 정체성의 구성은 일종의 '과정'이며, 청소년기는 정체성 성취의 과정이 진행되는 핵심적인 시기이다. 제임스 마샤(1966)가 설명하는 정체성의 상태는 크게 네 단계이다. 첫째는 '정체성 유실'로 정체성에 대한 전념은 있고 탐색이 없는 시기이다. 자신의 정체성에는 만족하지만, 이 정체성은 권위 있는 타인이 부여한 것으로 개인이 순응하는 경우이다. 둘째는 '정체성 확산'으로 위기도 전념도 경험하지 않으며 자신의 정체성을 적극적으로 탐색하지 않는 단계이다. 이 상태의 청소년은 또래(영향력 있는 타인)에게 쉽게 영향을 받으며, 소속 집단의 기대나 규범에 크게 영향을 받는 특성이 있다. 셋째는 '정체성 유예' 단계이다. 이 단계는 정체성 위기를 경험하지만 특정한 정체성에 전념하지도 않는다. 이 시기의 청소년은 불안과 의심을 경험하지만 이에 함몰되지는 않은 채 새로운 역할을 시도하고 탐색한다. 마지막은 '정체성 성취'의 단계이다. 이 단계에는 위기와 전념이 공존한다. 이 단계의 청소년은 여러 시행착오와 불안정을 통해 자신의 역할을 인정하고 정체성을 구성하게 된다. 정체성 성취는 언제든지 다시 도전 받고 재구성될 수 있으니 청소년기에는 이 과업을 달성하는 경험을 해보는 것이 중요하다.

이 밖에도 청소년의 독자 정체성이 중요한 이유는 청소년기가 '정체성의 자기 노출과 공유의 욕구'가 그 어느 때보다도 강한 시기이기 때문이다. 청소년들은 자신들의 정체성을 형성하고 또 발현하는 데 있어서 또래 집단과 테크놀로지, 그리고 디지털 공간에 크게 의존하고 있다. 테크놀로지 기반의 디지털 공간은 청소년에게 매우 중요한 '정체성 자본(funds of identity)'으로 작용하고 있다(Esteban-Guitart & Moll, 2014). 디지털 공간은 일종의 탈억제 상황으로 참여자의 자기 노출 성향을 높인다. 그 대표적인 이유는 익명성과 안정성이다. 이 때문에 청소년들은 자신의 정체성에 부합되는 다양한 정보에 더 쉽고 제약 없이 접근할 수 있으며, 동시에 자신의 정체성을 더 솔직하고 활발하게 노출·공유·서술·실행·실험할 수 있다. 또한 자기 노출의 정도와 노출의 대상을 조절할 수 있는 점도 장점이다. 자아의 노출과 공유, 이를 드러내는 각종 문식 활동과 참여 활동은 청소년 독자의 정체성을 구성하고 강화하는 중요한 과정이다. 이 연구에서도 청소년 독자들이 노출하고 설명하는 서술적 정체성에 주목하였다.

이러한 맥락에서 볼 때 청소년 독자들이 구성·실행·서술하는 독자 정체성은 독자 연구의 본질이라고 할 수 있다(Alvermann, 2001; McAdams, 2001). 특히 청소년의 독자 정체성은 이후의 삶의 과정에 지속적으로 큰 영향을 미치기 때문에 이를 잘 구성하는 것이 매우 중요하다. 이런 이유로 우리의 청소년 독자들이 긍정적이고 주체적이며 힘이 있는 독자 정체성을 구성하도록 지원하는 일이야말로 학교 독서 교육의 핵심 과업이라고 할 수 있다.

제 5 장

청소년 독자의 정체성 이해하기

제5장 청소년 독자의 정체성 이해하기

청소년 독자를 이해하기 위해서는 이들의 문식 활동을 파악할 필요가 있다. 이 책은 우리나라 청소년 독자들의 문식 활동을 확인하고 그 이면에 작용하는 '독자로서의 정체성(identities as a reader)'을 탐구하고자 기획되었다. 이 장이 그 결과이다.

청소년 독자의 정체성은 〈2017 청소년 독자 연구〉에 참여한 205명의 자기 보고형 서면 응답을 주요 자료로 삼아 분석하였다. 분석 결과 청소년 독자의 정체성과 관련하여 네 가지 테마, ① 해방구이자 위험한 공간, 웹(소통하고 즐기고 해소하는 공간), ② 고군분투하는 청소년 독자들(하고 싶은 것, 해야하는 것, 하기 싫은 것), ③ 청소년 독자의 발달·정체·퇴보(의미 있는 독서 경험과 독자의 발달 인식), ④ 타인의 인식과 독자 '나'의 정체성(합치되지 않는 시선들)이 추출되었다. 독자의 정체성은 독자가 텍스트와 세상을 인식하고, 독서를 통해 의미를 구성하며, 독서를 매개로 하여 타인(세상)과 소통하고 자아를 실행하는 다양한 방식을 결정한다. 독자 정체성은 독자를 이해하는 열쇠인 셈이다. 이 장에는 〈2017 청소년 독자 연구〉에서 추출한 테마를 각 절로 설정하여 우리나라 청소년 독자들의 정체성을 살펴보고자 한다.

1. 해방구이자 위험한 공간, 웹: 소통하고 즐기고 해소하는 공간

청소년 독자의 응답에서 첫 번째로 추출된 테마(emerging theme)는 '디지털 문식 활동'이었다. 청소년 독자는 디지털 공간에서 실행하는 자신의 독서(읽기) 활동을 생생하게 설명하였다. 이들의 직접적인 설명을 통해 스마트폰을 매개로 한 읽기(이하 '스마트폰 읽기')의 확장과 이로 인해 서책 읽기가 위축되는 특성을 확인할 수 있었다. 그리고 인쇄와 디지털의 문식 활동이 경쟁하고 갈등하는 상황 속에서 우리의 청소년 독자들이 매우 복잡다단한 정체성을 형성하고 있음을 알 수 있었다. 최근 청소년 독자들에게 디지털 공간이 갖는 큰 비중과 의미를 고려해 볼 때, 이 절의 내용은 청소년 독자의 특성을 이해하는 중요한 바탕이 될 것이다. 관련 내용을 두 개의 하위 주제로 나누어 살펴보자.

1) 스마트폰 시대, '진짜 독서'의 위축

〈2017 청소년 독자 연구〉에서 확인한 청소년 독자의 가장 중요한 읽기 활동[1]은 '스마트폰 읽기'였다([응답 예시[2] 1-4] 참고). 현재 청소년들에게 각 공간에서 가장 사용이 용이한 매체는 스마트폰이었다. 청소년들은 학교와 학원에 머무는 시간이 많고 부모의 통제 등 각종 사회적 압력 때문에 가정 내 PC 등 디지털 기기의 사용에 상당한 제약

---

1) 이때 주요 읽기 활동의 의미는 활동의 중요성이나 가치보다는 '빈도'를 의미한다. 학생들에게는 응답 전에 이 점을 안내하였다. 이와 달리 학생들이 '의미를 부여하는 가치 있는 읽기 활동'은 4절에서 다룰 것이다.

2) 이하 [응답 예시] 스캔본은 모두 중학생 독자들의 자료임을 밝힌다.

이 있었다. 이런 상황에서 청소년에게 디지털 읽기는 사실상 항상 소지하고 있고 사용이 간편한 스마트폰에서의 읽기 활동이었다.

〈그림 9〉는 우리나라 청소년 독자들이 보고한 주요 읽기 활동(빈도 측면)과 그 세부 내용, 그리고 그 활동의 목적을 정리한 것이다. 그림에서 알 수 있듯이 청소년 독자의 읽기 활동은 크게 '디지털(스마트폰) 읽기'와 '서책 읽기'로 구분되었다. 빈도 측면에서 볼 때, 스마트폰 읽기의 비중이 매우 높았다. 전체 응답자의 90% 이상이 가장 자주 하는 읽기로 스마트폰 읽기를 들었다.[3] 구체적으로는 인스타그램, 페이스북, 트위터, 카카오톡/스토리와 같은 SNS와 메신저 활동이 가장 많았다(55%). 이외에 웹툰이나 웹소설(52%), 인터넷 글(뉴스 기사, 각종 포스팅) 읽기(49%) 응답도 높았다. 그리고 SNS, 웹툰·웹소설, 인터넷 검색 읽기 중 두 개 이상을 언급한 경우도 많았다(70% 이상). 읽기 빈도가 곧 비중을 의미하는 것은 아니나, 큰 영향을 미친다고 볼 수 있다. 이런 맥락에서 볼 때, 우리의 청소년 독자들이 스마트폰 읽기를

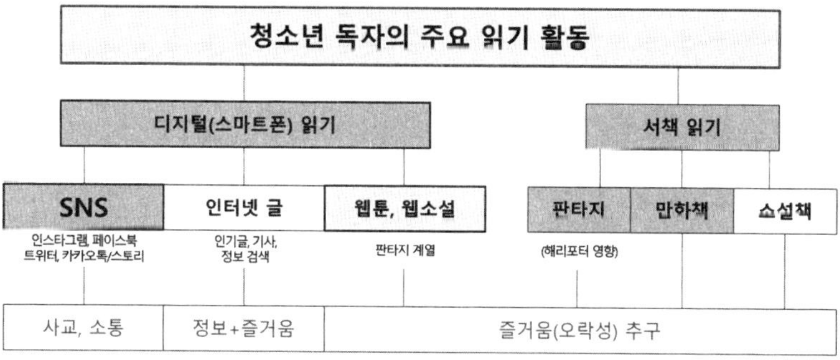

〈그림 9〉 청소년 독자가 보고한 주요 읽기 활동

3) 이하 학생들의 비율은 복수 응답을 인정한 결과(중복 계산)임을 밝힌다.

[응답 예시 1] 2학년 남학생

	요즘	옛날
읽기 활동	학교에선 도서관 책을 읽고, 길거리에서 포털 사이트에 나와있는 인터넷 뉴스를 봄	다 책으로 집, 학교에서 읽었음
남이 시켜서 하는 활동	1.집에서 핸드폰만 주구장창 하면 책읽으라 해서 읽음 2.뉴스를 너무 보지않아서 아빠가 세상 돌아가는 상황을 알라고 TV로 보지 말고 폰으로 보게 됨	

내가 원해서 하는 읽기 : 수업이 끝나고 여분의 시간이 남았을 때 읽음

[응답 예시 2] 3학년 여학생

자주하는 읽기.
- 판타지계열 웹툰 읽기.
- 중장편 소설 읽기.
- 교과서 읽기

스스로 하는 읽기
- 만화 읽기.
- 웹툰 읽기
- 중장편 소설 읽기

남이 시켜서하는 읽기
- 교과서 읽기
- 자습서(문제집)읽기

어디에서?
· 집혹은 학교, 종종 버스 안

누구와?
· 혼자, 혹은 반친구들과 선생님

옛날에는 주로 어떤 읽기활동을 많이 했나요?
· 지금과 비슷한 읽기활동을 많이 했습니다.

[응답 예시 3] 2학년 여학생

저는 자주하는 읽기는 자주 하는 읽기이다. 요즘엔 주로 집에서 혼자 폰으로 한다. ~~카톡을 하면서~~.
카톡 그리고 SNS를 통해 정보를 얻고 쓰고 친구와 대화를 하기도 한다. 근
하지만 내가 원해서 하는 읽기는 스스로 하는 읽기 ~~입니다~~. 이다. 초등학교때는 글을 읽는 것이
좋아 학교에 다녀오면 거실에 가서 책을 뽑아읽곤했는데, 폰이 생기면서 스스로 하는 읽기가 점점
사라졌다. 다시 책을 스스로 읽는 활동이 습관이 들었으면 좋겠다.

[응답 예시 4] 3학년 여학생

2학년 여름 방학 때 밤에 모래로 자라다라는 책을 읽었는데 즐거웠다.
읽으면 읽을수록 점점 책에 몰입하게 되고 다음 내용이 궁금해지고 책 속에 있는
듯한 느낌이 들었는데 독자로서 한 층 더 성장한 것 같아서 뿌듯했다.
글 자체가 좋았다.
나는 스포츠 뉴스를 보면서 내가 좋아하는 팀의 라인업을 추측해보거나
가능성 있는 신인 선수를 찾는 걸 좋아한다.
내게 특별히 의미 있었던 책은 부의 추월차선이라는 책이었다.
뭔가 내 꿈을 찾아가는 기분이 들어서 힘이 되었기 때문이다.
그 책을 계기로 경제학에 대한 책을 즐겨 읽게 되었다.

가장 자주 수행하며 그 수치가 매우 높다는 사실에 주목할 필요가 있다. 이러한 결과는 3장 1절에서 검토한 각종 국가 수준의 읽기 조사 결과와도 일치한다.

스마트폰 읽기는 매우 활발한 반면 종이책을 자주 읽는다고 보고한 학생의 비율(약 35%)은 낮았다. 종이책을 자주 읽는다고 응답한 학생들도 대부분 스마트폰과 서책 독서를 함께 언급하였다. 순수하게 서책 독서만을 언급한 경우는 8%에 불과했다. 학생들은 읽기나 독서의 개념을 떠올릴 때 서책 독서를 중심으로 설명하였다. 그러나 자신의 실제 읽기 활동을 보고할 때 서책 독서에 대한 언급은 적었다. 또한 언급된 서책 독서도 대부분 판타지물과 만화책(80% 이상), 소설책(30%), 그리고 교과서(28%)[4]였다. 이외에 철학책, 역사책, 자기계발서, 사회나 경제책 등을 언급한 응답도 있었으나 매우 소수였다.

4) 교과서 읽기를 언급한 응답은 매우 적고 부정적 언급이 많았다. 후속 인터뷰에서 그 이유를 확인해 보니 중등 학교 수업(특히 고등학교)에서는 교과서 읽기 비중이 낮고(교사의 설명과 학습지 활동이 많다고 함), 비자발적인 읽기 활동으로 흥미가 낮았다. 그리고 청소년 독자들이 교과서 읽기를 읽기 활동으로 인지하지 않는 경우가 많아 적극적으로 보고하지 않았음을 알 수 있다.

이런 경향과 관련하여 함께 주목할 점은 서책 독서에서 스마트폰 읽기로의 이양 양상이었다. 참여자 중 80% 이상의 청소년 독자가 "옛날에는 주로 '책'을 읽었다."고 보고하였다. 청소년 독자에게 '옛날'은 주로 초등학교 시기였고, 주된 독서 활동은 만화책(학습만화 포함)과 아동용 그림책이었다. 그러나 현재 중·고등학생인 이들의 읽기 활동은 [응답 예시 1-3]에서 확인할 수 있듯이 스마트폰이 중심이었다.

이와 관련하여 짧은 응답을 하나 더 살펴보자. "중학교에 올라오면서 부모님이 새 폰을 사 주셨는데, 이때부터 '진짜 독서'는 없어졌다. 부모님이 폰 사 주신 것 매일 후회하신다 ㅋㅋㅋ 그런데 사실 부모님도 맨날 폰만 보고 계신다."(중1, 남)는 응답은 스마트폰과 그로 인한 독자의 변화를 잘 보여준다. 후속 설명에서 이 청소년 독자는 '진짜 독서'는 "제대로 된 책을, 좀 제대로 읽는 것"이라고 설명하였다. '진짜 독서' 설명 안에는 ① 서책(독서의 대상), ② 진지한 책(책의 수준과 성격), ③ 진지한 독서(독서의 수준과 태도)라는 3요소가 결합되어 있었다. 이 학생의 인식과 같이 스마트폰이나 웹에서의 읽기는 '진짜 독서'의 대척점에 있었다. 이 학생처럼 많은 청소년 독자가 서책 읽기와 스마트폰 읽기를 매우 다른 성격의 읽기로 인식하고 있었다. 나아가 두 읽기의 가치도 다르게 평가하고 있었다.

그러나 중요한 점은 낮은 가치 평가에도 불구하고 과거(초등 시절에) 서책 읽기가 차지하던 위상을 현재(중등에서는) 스마트폰 읽기가 점유하고 있는 현실이다. 청소년 독자들의 설명에 의하면 학생들이 서책 읽기에 투입되던 시간이 스마트폰으로 인해 위축되거나 사실상 스마트폰 읽기 활동으로 대체되었다. 이는 스마트폰이 청소년 독자의 서책 독서 빈도나 활동의 질을 제약하는 장애 요인이 되고 있음을 의미한다.[5] 이밖에 학생들이 직접 언급한 서책 읽기의 방해 요인은 바쁜

생활(60%)과 숙제/공부(40%)였다. 그러나 인터뷰에 의하면 양자는 사실상 동일한 내용(숙제나 공부로 인해 생활이 바쁨)이었다. 이 연구에 참여한 청소년 독자 중 스마트폰을 직접적인 이유로 언급은 경우는 38%였다. 그러나 언급하지 않은 독자도 스마트폰의 영향을 받을 수 있기 때문에 스마트폰의 사용이 청소년 독자들의 읽기 활동에 미치는 영향은 더욱 높게 예측할 수 있다. 특히 청소년 독자들이 보고하고 있는 '서책 독서에서 스마트폰 읽기로의 이양 양상'에 대해서는 심층 연구가 필요하다.

마지막으로 스마트폰 읽기 활동의 비중이 점차 높아지면서 청소년 독자 개인과 이들의 읽기 활동에 그 여파가 뚜렷해지고 있다. 이 문제는 '종이-연필 작문'만 존재하던 세상이 '컴퓨터 작문'이 확산되면서 나타났던 논쟁과 유사하다. 워드프로세서 등 전자 매체가 등장하면서 많은 이들이 글쓰기의 방법은 물론 그렇게 작성된 글의 내용·조직·표현에 변화가 있음을 지적하였다(예: 내용 생성과 수정의 편이성(심리적 부담 감소). 글 구조의 산만함, 글의 밀도 하락, 오탈자나 편집 측면의 미시적 오류 증가, 글 작성 속도 증가 등). 종이-펜으로 글을 쓰던 이들은 컴퓨터 작문을 시작하면서 상당한 기간 동안 시행착오를 겪었다. 초기엔 종이-펜으로 초고를 완성한 후 이를 컴퓨터로 옮겨 전사하던 이들은 점차 컴퓨터 글쓰기에 익숙해지는 중간 단계를 거쳐 최종적으로는 컴퓨터 없이는 글을 유창하게 생성하지 못하는 쓰기 막힘(writer's block)을 경험하고 있다. 스마트폰/웹의 읽기 활동도 이런 맥락에서 이해할 수 있다. 다음은 청소년 독자들의 설명[6]이다.

---

5) 학생들은 스마트폰 읽기의 빈도가 높은 이유로 '휴대와 이용의 편이성'을 들었다. 그러나 스마트폰 읽기 자료의 콘텐츠적인 특성(예: 높은 오락성, 시의성 등)도 매우 중요한 요소로 추측된다.

- 옛날에는 천천히 꼼꼼하게 읽었는데 스마트폰으로 빠르게 넘기면서 보는 것이 습관이 되다보니까 빠르게 읽지만 내용이 머리에 잘 안 들어오는 것 같다. — 고1, 남
- 스마트폰을 많이 쓰면서 책을 읽을 때 더 싫증을 잘 내는 것 같다. 솔직히 너무 산만하다. 폰은 보다가 재미 없으면 다른 거로 빨리 옮겨갈 수 있는데... 책은 갖고 다니기 무겁고 펼치면 이거 언제 다 보나 하는 생각이 든다. 한 권 다 읽으려면 최소 일 주일은 걸리는데. 뭔가 다 읽어야 할 것 같아서 시작도 하기 전에 부담스럽다. 재미도 없는데. 스마트폰은 싫으면 TV 채널 바꾸듯 몇 초 단위로 다른 걸로 계속 패스하고 넘길 수 있어서 좋다. — 중3, 여
- 나는 주로 SNS나 인터넷에서 기사를 읽거나, 흔히 썰이라고 부르는 재미있는 이야기를 읽고, 학교에서는 교과서에 실려있는 문학작품을 주로 읽는다. 근데 솔직히 학교에서 읽는 것들 너무 재미없다. — 중3, 남
- 나는 핸드폰으로 기사를 보는 행위를 많이 한다. 해외 축구 기사를 특히 많이 본다. 축구를 좋아해서 가장 많이 읽는다. 예전에는 주로 소설이나 만화책 같은 재미있는 책들만 읽었었다. 그 읽기 활동들은 음.. 역시 재밌어서 좋았었다. 그런데 지금은 웹의 것들이 더 재밌다. — 고2, 남

네 학생은 모두 자신이 스마트폰 읽기에 익숙하다고 설명하였다. 이들은 스마트폰 읽기에 익숙해지면서 ① 읽기 속도(증가), ② 읽기 방식(훑어읽기/대강 읽기/발췌독/자유 선택 읽기 중심), ③ 독해 수준(하락), ④ 읽기 태도(쉽게 싫증냄, 산만함, 재미 의존도 증가), ⑤ 주 텍스트(짧고 오락적인 글, 자기 관심사), ⑥ 서책에 대한 태도(휴대 용이성 나쁨, 완독 부담, 텍스트 기반 흥미 낮음)에 영향을 받고 있음을 보고하고 있다. 이들

6) 이하 직접 인용된 학생들의 응답 사례는 모두 학생들의 표기·표현을 그대로 제시한 것이며, 일부 생략된 내용은 본인의 후속 설명을 반영하여 [ ]으로 부가하였다.

은 서책과 온라인 텍스트 읽기를 대비적으로 인식하고 있었다. 어린 독자일수록 이 양상이 강할 수 있기 때문에 향후 연령대별로 독자의 읽기 특성을 보다 정교하게 연구할 필요가 있다.

2) 스마트폰과 웹의 유혹 요인들

앞서 스마트폰의 사용이 늘어나면서 서책 독서의 시간과 빈도가 현격히 줄어들었다는 청소년 독자들의 보고를 언급하였다. 청소년 독자들의 직접적인 설명을 더 살펴보면 다음과 같다.

- 책보다는 폰으로 읽는게 더 좋다. 폰이 더 친숙하고, 그 안의 [볼 수 있는] 내용도 더 다양하고 재미있다. — 중3, 여
- 사실 요즘엔 책을 거의 안 본다. 책보다 재미있는 것이 너무 많다. 그나마 내가 원해서 하는 읽기는 웹툰보기, 외국영화 검색하기/보기, 카톡 정도다. — 고2, 여
- 어릴 적에는 만화책과 소설책을 많이 읽었다. 가끔 판타지도 보고. 근데 커지면서 폰을 많이 하기 시작했다. 어디서든 볼 수 있어서 더 좋다. 요즘에는 님이 읽으라고 시키는 책만 대강 본다. — 중2, 남

청소년 독자의 자기 보고 응답에서 위와 같은 설명은 매우 일반적인 경우이다. 거의 대부분의 청소년 독자가 위와 같이 스마트폰의 압도적인 사용 실태, 스마트폰 읽기의 대표적인 사례들, 그리고 최근 서책 독서 활동이 줄어드는 특징을 보고하였다.

서책 독서와 대비되는 스마트폰 읽기 활동의 성격과 목적도 중요한 요소이다. 학생들이 수행하고 있는 스마트폰 읽기 활동은 전통적인 읽기의 개념에 비해 '문자 읽기'의 성격이 매우 약하고, '복합양식

성(multimodality)'의 성격이 강했다. 특히 SNS는 단문을 기본으로 하기에 문자 읽기의 부담이 매우 낮으며, 웹툰 읽기도 시각 자료의 비중이 크다. 스마트폰 읽기 활동 중에서 상대적으로 문자의 비중이 높은 읽기는 인터넷 상에 게시된 각종 글(기사 포함)과 웹소설 읽기로 볼 수 있다. 그러나 문자의 비중이 높은 기사나 웹소설도 대체로 글의 전체 길이가 짧거나, 긴 경우는 여러 단위로 구획되어 설정되어 있는 것이 특징이었다. 이는 독자가 비교적 짧은 시간 동안 부담 없이 일정 단위의 글 읽기를 시도하고 또 완료할 수 있는 설정이다. 이러한 설정은 디지털 기기의 어포던스(affordance)를 반영한 특징이라고 할 수 있다.

더욱 중요한 점은 스마트폰 읽기의 성격과 목적이다. 스마트폰과 웹에서의 읽기를 설명할 때, 청소년 독자들이 가장 자주 사용한 용어는 '재미'였다. 이는 스마트폰/웹 읽기 활동의 가장 중요한 속성이 '오락성'임을 잘 보여준다. 청소년 독자들에 응답에 의하면 이들은 주로 재미, 호기심, 즐거움, 만족감을 위해 스마트폰 읽기 활동을 수행하고 있었다. 오락성은 자극적인 내용의 글과 정보 검색과 습득(예: 진로, 개인적 취미과 관심 분야)의 두 경로로 충족되고 있었다. 이외에도 스마트폰 읽기는 대체로 빠르게 훑어 읽는 활동으로 한 편의 글에 대한 주의집중 시간이 짧고 독해의 수준도 얕은 것이 특징이었다.

이외에 스마트폰 읽기 활동의 종류에 따라 활동의 목적은 물론 독자가 얻는 보상이 다른 점을 지적할 수 있다. 예를 들어, 청소년들은 SNS가 주는 재미가 웹소설이 주는 재미와는 다르다고 설명했다. 이들에게 SNS는 읽기와 쓰기 활동으로 표현되지만 사실상 '사교와 소통'을 목적으로 하는 '말하기' 활동이었다. 학생들은 SNS를 통해 나의 일상과 생각을 타인에게 밝히고, 타인의 삶을 엿보며, 타인과 관계를 맺고 무언가를 공유·공감하는 소통의 경험을 하고 있었다.

사교와 소통의 즐거움은 SNS의 중요한 유혹 요인이었다. 특히 SNS와 메신저는 오프라인 지인들과의 소통을 강화하는 한편 가상 공간의 지인을 형성하는 창구로서도 작용했다(도정임·김지연 역, 2010). 반면에 웹툰·웹소설이나 인터넷 글 읽기는 매우 사적인 읽기 활동이라는 점에서 차이가 있었다. 인터뷰에 의하면 웹툰·웹소설이나 인터넷 글 읽기는 개인적 흥미, 호기심, 자기 만족이 주 동력이었다. 그러나 텍스트에 따라서는 사회적으로 권장되지 않는 '위험한 읽기'나 '특수 취향 공유'(예: 팬픽, BL(Boy's Love)과 같은 동성애물)의 쾌감도 크게 작용하고 있었다.

현 시점에서 독서교육가의 고민은 청소년이 스마트폰에는 쉽게 과몰입하고 서책 독서에서는 나날이 멀어지는 현실이다. 청소년 독자에게 독서하지 않는 이유를 물으면 대답은 '시간 부족'이다. 그러나 이 대답은 우리의 청소년 독자가 독서하지 않는 진짜 이유를 설명함에 있어서 매우 제한적이다. 3장에서 다룬 조사 연구에서 확인한 바에 의하면, 너무나 바빠서 독서할 시간이 없는 청소년들의 하루 평균 스마트폰 사용 시간은 5시간에 이른다. 독자와 비독자를 심층 연구한 이순영 외(2018)에 의하면 비독서의 진짜 이유는 '부정적 독서 태도, 독서 습관 미형성, 독서 가치 인식 부족' 등이었다.

그러나 고민이 필요한 보다 본질적인 문제는 스마트폰과 웹의 '무엇이' 일반적인 서책 독서와 달리 우리 청소년 독자를 그토록 매료시키는가 하는 문제이다. 이는 스마트폰과 웹의 '유혹 요인'이라고 할 수 있다. 우선 이 문제와 관련하여 청소년이 스마트폰과 웹에서 어떤 활동을 주로 하고 있는지를 확인해 볼 필요가 있다. 3장에서 살펴본 국가 수준의 조사 연구에 의하면 청소년 독자가 스마트폰이나 웹에서 가장 많이 사용하는 4대 콘텐츠는 '메신저-게임-웹서핑-SNS'였다. 읽기 활동에 초점을 맞춘 필자의 〈2017 청소년 독자 연구〉에서는 'SNS(메신저 포함)-웹툰/웹소설-웹서핑' 순으로 나타나 결과가 유사했다. 아래는 청소년 독자들의 실제 응답들이다.

- 폰만 손에 있으면 시간 가는 줄 모른다. 옛날에는 지금같이 재밌진 않았는데, 부모님이 하도 못하게 하고 폰은 한 달 정도 강제로 뺏은 적이 있었는데 그때 정말 화났다. 그 뒤로 오히려 중독이 되었다. – 중1, 남
- 그[폰] 안에서 몇 시간이고 놀 수 있다. 대신 없으면 너무 허전하고 짜증난다. 책은 너무 교훈적인 것만 강조하니까 더 읽기 실타. – 중1, 여
- 솔직히 스마트폰 인터넷에서 건전한 것만 보는 사람은 없을 거다. 게임 좀 야한 것도 많지만 너무 재미있고. 웹서핑 유튜브 다니면 자극적인 거, 재밌는 거 보게 된다. 굳이 찾지 않아도 친구들이 좌표[인터넷 주소] 찍어주고 돌려보게 된다. 톡방에 매일 올라온다. – 중2, 남
- 좋아하는 연예인이 있는데 방송 동영상이며 뮤직 비디오, 하루 종일 본다. 유튜브 안에서 링크타며 하루 종일 살 수 있다. 그러다가 팬카페도 가고. 개인이 운영하는 카페나 웹에도 가고. 팬들이 함께 웹에 글도 올리고 댓글도 달고 활동 많이 한다. 그러다가 웹에서 종종 싸움도 나고, 원정[경쟁 연예인 관련 카페나 포스팅에 싸움하러 감]도 가고 바쁘다 ㅋㅋㅋ 학교 공부를 그리 열심히 했으면 ;;; – 중3, 여
- 남이 감상한 생각이나 느낌을 찾아보는 재미가 있다. 그래서 요즘은 SNS나 인터넷에서 글을 본 후 댓글을 보는 습관을 가졌다. '개드립'이라 하는데, 댓글 보는 재미가 본문보다 더 클 때도 많다. 앱도 있고 웹에도 있다. 책만 볼 때는 서로 드립 치고 읽는 재미가 없었다. – 중3, 남
- 내가 불법적인 어둠의 경로(?)를 통해서 만화책을 읽는 경우가 굉장히 많기 때문이다. 만약 내가 돈과 시간같은 것들로부터 자유롭다면 외국 만화를(미국의 마블코믹스와 일본 만화책 등등) 합법적으로 많이 많이

사서 보고 싶다. 돈을 소비하는 독자가 되고 싶다. [현재는 부모님께서 이런 책 사는데는 돈을 안 주셔서 사서 볼 수가 없다.] 폰과 인터넷이 이 모든 것을 가능하게 해 준다. — 고2, 여

- 스마트폰이 세상 제일 좋고 편하다. 밖에 나갈 필요도 없고, 하루 종일 할 수 있고, 손가락만 까딱하면 된다. 어디에 혼자 있어도 심심하지 않다. 시간 보낼 때도 폰만 있으면 된다. 물론 가끔 밤에 너무 오래 하면 눈이 좀 아파서 쉬어 줘야 한다.☺ — 중3, 여

청소년 독자의 응답을 살펴보면 스마트폰·웹 읽기에 작용하는 유혹 요인을 크게 네 가지로 확인할 수 있다. 네 가지 요인은 ① 자율성, ② 편이성, ③ 익명성, ④ 콘텐츠의 오락성을 들 수 있다.

첫 번째 '자율성'은 스마트폰·웹 읽기가 부모나 교사의 권고가 아닌 청소년 독자의 선택에 의한 자발적 읽기 활동임을 의미한다. 어린 독자들은 글 깨치기 시절부터 약 10년 이상 성인이 선택해 준 텍스트를 가지고 수동적인 독서를 한다. 서책 독서 활동에서 학생 독자의 권한(authority)은 미약하고, 도서의 장르나 유형에 따라 성인의 권장 여부가 달라지는 것이 특징이다. 예를 들면 만화책은 적극 비(非)권장, 학습만화책은 가정이나 부모에 따라 온건한 비권장에서 온건한 권장까지 편차가 크다. 반면 고전(클래식) 작품이나 본격 소설은 가장 적극적으로 권장된 장르이다(이순영, 2011c). 그리고 학년에 따라 권장 도서의 성격도 달라진다. 미취학과 초등 저학년에는 아동 독자의 흥미를 강조하지만, 학년이 높아지면 권장 도서와 학생 독자의 취향 간에는 간극이 커진다. 흥미가 없는 책을 읽어야 하는 강제 독서 상황에서 학생들의 거부감도 증가했다(이순영, 2011d). 그리고 이러한 경험이 누적되면 부정적 독서 태도가 형성된다.

중·고등학교 시기의 청소년 독자는 교사나 학부모(영향력 있는 성인)

에 의한 '강제 독서'와 자신이 스스로 원해서 수행하는 '자유 독서(자기 선택적 독서, 자율 독서)'의 차이를 뚜렷하게 인식하고 있었다. 초등에서의 자유 독서가 만화책, 판타지책, 이야기책(그림책과 일부 소설책)을 주 대상으로 하는 반면 중등의 자유 독서는 주 텍스트가 스마트폰과 웹 콘텐츠로 이양되는 것이 중요한 특징이었다. 반면에 강제 독서는 대체로 학교 수업과 관련된 '학습 독서'(예: 교과서 읽기, 문제집·학습지의 텍스트 읽기, 독후감 수행 평가를 위한 독서)가 많았다. 학생 독자의 학년이 높아질수록 자유 독서와 학습 독서의 간극이 벌어지고, 자유 독서 활동에 대한 성인의 감시와 압력도 강화되었다. 자유 독서 활동 중에서 특히 부정적으로 인식되고 사회적으로 통제되는 읽기가 스마트폰·웹에서의 읽기 활동이었다.

그러나 사회적인 감시와 억압은 청소년 독자로 하여금 스마트폰·웹 읽기를 더 매력적인 활동으로 인식하게 하는 중요한 동인이기도 하다. 스마트폰·웹 읽기는 전통적으로 권장되는 서책 독서에 비해 사회적으로 권장되지 않는, 그래서 학생 자신의 선택과 자율성이 가장 강한 문식 활동이다. 부모나 교사처럼 학생들에게 '영향력 있는 성인'은 일반적으로 스마트폰·웹 읽기를 권장하지 않기 때문에 학생들은 역으로 이 활동에서 자신들의 자율권을 확인받게 된다. 개인의 선택과 자율권은 인간의 동기과 실행력을 높이는 가장 강력한 힘이다. 이런 맥락에서 청소년 독자가 스마트폰·웹 읽기에 몰입하는 중요한 이유 중 하나를 설명할 수 있다.

두 번째는 '편이성'이다. 스마트폰은 작고 가벼워서 휴대가 용이하고 언제 어디서나 쉽게 켜고 끄며 기능 조작이 가능한 다기능(multi-functional) 디지털 기기이다. 스마트폰은 과거에 전자 시계, MP3, 카메라/디지털 카메라, 캠코더, 녹음기, 계산기, 네비게이션 등의 소형

기기들이 담당했던 다양한 기능을 개별 기기 이상으로 수행할 수 있다. 스마트폰의 기능이 발전하면서 많은 소형 가전이 사라졌다.

스마트폰의 읽기는 기본적으로 손으로 통제하는 햅틱 읽기(haptic reading)이다. 터치 스크린을 기반으로 하는 스마트폰은 한 손으로 통제가 가능하며 한두 개의 손가락으로 다양한 기능을 조작할 수 있다. 이런 이유로 한때 '엄지족'이라는 용어가 청소년의 특징을 대변하는 신조어로 사용되기도 하였다. 스마트폰은 사용자의 의지와 접촉 활동으로 모든 기능이 온전히 통제되는 매혹적인 기기이다. 사용자는 스마트폰을 쥐고 조작하면서 쉽게 이 기기에 대한 소유권과 자기 권한의 운용력을 느끼게 된다. 햅틱 읽기는 기존의 서책 독서가 제공하지 못한 매혹적인 경험을 독자에게 제공한다. 스마트폰의 휴대와 사용의 편이성, 그리고 이런 고유한 경험들은 사용자로 하여금 언제 어디서나 더 자주 또 더 오래 스마트폰을 사용하게 하고 있다.

세 번째는 '익명성'이다. 스마트폰과 웹 상의 문식 활동은 독자(콘텐츠 소비자)로 참여할 경우 기본적으로 매우 높은 수준의 익명성을 보장한다. 특히 활동 공간과 대상에 따라 개인이 원하는 만큼 '자기 노출'과 '익명성'의 수준을 설정할 수 있는 것이 특징이나(예: 카카오톡/카카오스토리/페이스북 친구, 블로그의 서로이웃-이웃 설정 등). 청소년이 스마트폰이나 웹에서 구현하는 가상 정체성은 오프라인 속 '나'를 가져온 경우도 많지만, '새로운 나'를 구축한 경우도 많았다. 익명성이 스마트폰과 웹 읽기 활동에서 중요한 유혹 요인이 되는 이유는 네 번째 조건인 콘텐츠와 결합하여 가장 강력한 유혹 요인이 되기 때문이다. 이 특성은 아래 콘텐츠 요인에서 더 자세히 설명하고자 한다.

네 번째는 '콘텐츠' 측면의 유혹 요인이다. 청소년의 경우, 스마트폰과 웹상의 주요 활동은 게임-메신저-SNS이고, 주로 수행하는 읽기는 메신저(문자)-웹툰·웹소설-기사·정보글 읽기이다. 두 활동군은 약간의 차이를 보이지만 모두 '사용자 개인의 취향과 흥미'를 고려하여 선택할 수 있다는 점에서 공통점이 있다. 그리고 스마트폰과 웹에서 누릴 수 있는 콘텐츠는 그 유형과 내용 분야, 정보의 양이 모두 무제한적이라는 특징이 있다. 또한 일부 콘텐츠를 제외하면 대부분 무료이거나 비용이 저렴하다. 이는 경제적 능력이 부족한 청소년에게 매우 중요한 유혹 요인이다.

여기에 세 번째 요인인 '익명성'이 결합되면 스마트폰·웹의 유혹 요인은 극대화된다. 스마트폰·웹 콘텐츠의 속성은 정보성과 오락성이다. 그런데 익명성이 보장된 스마트폰은 청소년 독자에게 오락성이 강하거나 금지된 콘텐츠에 접근할 수 있는 가장 쉽고 강력한 '어둠의 경로'가 되고 있다. 이 상황을 다시 정리하면, 청소년들은 스마트폰을 통해 개인의 취향에 맞는 재미있는 콘텐츠를 선택해서(오락성), 자유롭고 안전하게(익명성), 거의 무료나 다름 없는 가격(지불 가능성)으로, 쉽고 편하게 즐기고 있는 것(접근성)이다.

청소년이 선택하는 콘텐츠는 개인적으로 흥미가 있는 게임·영상·기사·웹 정보들이다. 이 중에는 성적인 내용이나 폭력성으로 인해 청소년이 스마트폰·웹을 통하지 않고는 쉽게 접근할 수 없는 '금지된 콘텐츠'가 많다. 〈2017 청소년 독자 연구〉에 참여한 학생들도 TV나 PC가 금지된 콘텐츠를 소비하기에 부적절한 매체임을 설명하였다. TV는 가정 내에서도 공용 공간에 있어 이러한 콘텐츠에 안전하게 접근하거나 장시간 시청하기에 한계가 있었다. 가정 내 PC도 검색 기록이 남거나 검열의 부담이 컸다. 그리고 바로 이러한 이유 때문에 금지된 콘텐츠는 주로 스마트폰으로 검색하고 소비하고 있었다. 청소년 독자들에게 있어 스마트폰은 '금지된 콘텐츠'를 검색하고 소비하기에 가장 '안전한 매체'인 셈이다. 스마트폰이 허용하고 있는 성적인 탐색과 음란·폭력물은 청소년을 비롯한 전 연령대의 사용자에게 매우 강력한 유혹 요인으로 작용하고 있다.

청소년에게 디지털 공간은 성(性)을 탐색하고, 자신의 성 정체성을 구성하고 실행하는 중요한 공간이라고 할 수 있다. 세계 여러 연구에서 성이 청소년 개인 간 대화나 온라인 단톡방의 주요 코드이며, 청소년이 온라인 음란물의 가장 큰 소비자임을 보고하고 있다(도영임·김지연 역, 2010). 청소년에게 있어 '사회적으로 금지된 콘텐츠'의 공유는 집단 구성원의 상호 신뢰를 확인하는 중요한 행위이며, 타 집단에 대한 배타적 소속감을 확보하는 요건이 되기도 한다. 그리고 익명성이 보장되지 않을 때, 스마트폰/웹 정보에 대한 이용률이 낮아지고, 사용 콘텐츠가 변화되는 양상도 확인되고 있다. 자율성, 편이성, 익명성, 그리고 콘텐츠의 강한 오락성이 결합하여 형성하고 있는 스마트폰과 웹의 작동 원리는 이들의 사용을 극대화하는 강력한 유혹 요인이다. 이를 종합해 볼 때, 청소년 독자에게 있어 스마트폰과 웹은 제약이 많은 현실에 대한 일종의 '해방구'이자 '위험한 콘텐츠'에 접근할 수 있는 핵심 통로로 매우 유혹적인 공간임을 이해할 수 있다.

2. 고군분투하는 청소년 독자들: 하고 싶은 것, 해야 하는 것, 하기 싫은 것

청소년 독자는 어린이 독자에서 탈피한 존재이다. 모든 독자들은 어린이 독자와 청소년 독자의 시기를 거치며 성장해 나간다. 평생 독자의 관점에서 볼 때 두 시기는 바로 인접해 있기 때문에 많은 공통점을 공유하고 있다. 그러나 현실 상황에서 어린이 독자와 청소년 독자의 간극은 청소년-성인 독자나 성인-노인 독자에 비해 훨씬 크다. 두 독자가 읽어야 하는 텍스트의 수준이 다르고, 부모나 교사가 두 독자에게 요구하고 기대하는 바도 크게 다르며, 두 독자를 지원하는 교수학습의 내용과 방법도 매우 다르다. 성인이나 노인 독자기에 비해 어린이와 청소년 독자기는 각 10년 미만의 짧은 시기이다. 두 시기에 독자를 둘러싼 급격한 변화는 독서교육의 측면에서 매우 중요한 문제이다.

1) '잘 읽기'와 '즐겨 읽기'의 딜레마

본격적인 논의에 앞서 청소년 독자가 직면하고 있는 문제를 살펴볼 수 있는 에피소드를 소개하고자 한다.[7] 필자는 수년 전에 한 학부모의 전화를 받았다. 고등학교 1학년 딸을 둔 어머님의 전화였다. 이 어머님은 딸의 학교 국어 성적이 평균 80점대 초반이라며 걱정이 많았다. 그 어머님의 사연은 다음과 같다.

"저는 왜 H(이름)가 국어를 못하는지 정말 모르겠어요. 우리 아이가 보통 집에서도 책을 많이 보고, 학교에도 자주 가져가는 것 같아요. 온갖 소설이나 순정 만화 그런거요. 만화는 제가 잘 못 읽게 하지만요. 그런데 가끔은 자기 방문도 걸어 잠그고 무슨 책을 봐요. 그럴 때면 저는 사실 짜증이 나는데요, 어떤 때는 불러도 대답도 없어요. 딸애 말로는 책 읽느라고 소리를 못 들었다는데, 그걸 어찌 알겠어요. (중략) 이게 그 나이 또래 아이들… 왜 십대 아이들의 저항이 있잖아요? 그런 것인지, 아니면 다

---

7) 이하 독자 H(2, 4절)와 A(4절) 관련 부분은 고려대 한국어문교육연구소 학술대회의 발표문(이순영, 2008) 중 일부를 재수록한 것임을 밝힌다.

른 이유가 있는지 모르겠어요. 전 그냥 우리 아이가 공부에 좀 더 에너지를 다 집중해 줬으면 싶거든요. 어떻게 생각하세요?"

필자는 이후에 이 학생의 담임선생님도 만나 보고(이 분은 H의 국어 선생님이기도 하셨다), H도 만나 보았다. 담임선생님은 H를 "수줍음이 많고, 국어 성적은 보통이고, 조용한 학생"이라고 설명하셨다. H는 수업 시간에 가끔 낙서를 하는 등 딴청은 하지만 특별한 점은 없다고 말씀하셨다. 또 H가 가끔 학교에 다른 책을 가지고 오기도 하였으나, 선생님에게는 어떤 책인지 보여주지 않으려 했다는 이야기도 하셨다.

담임선생님을 만나고 얼마 후에 H를 분식집에서 만났다. 가볍게 학교생활이 어떠냐고 물으니, H는 한마디로 "따분해요"라고 대답했다. 이런저런 이야기 끝에 독서가 화제에 올랐다. 책 읽는 것을 좋아하냐고 물으니, H는 "무슨 책이요? 학교에서 요구하는 책읽기요? 아니면 제가 혼자 읽는 책읽기요?"라고 반문한다. 필자가 H의 사적인 독서에 관심을 표명하자, H의 태도는 꽤 호의적으로 바뀌었다. H는 자신이 즐겨 읽는 책에 관하여 자세한 이야기를 들려주었다. 이후에 필자와 H는 대형 서점과 공공도서관 등에서 몇 번 더 만났다.

H는 본인의 표현을 빌리자면, "책을 잘 읽지는 못하지만, 책 읽기는 매우 좋아하는 독자"였다. 그 학생의 독서 취향은 국내외 소설은 물론, 우리나라의 현대시, 각종 에세이집과 순정 만화책에 이르기까지 다양했다. H는 자신이 좋아하는 작품은 반복해서 읽는 독자였다. 또 매달 용돈의 반을 털어 책을 사 모으는 애서가였고, 마음에 드는 새 책을 만나면 흥분하는 열혈 독자이기도 했다. 『데미안』과 『생의 한가운데서』, 『그리스·로마 신화』를 사랑하는 이 소녀의 독해력은 상당히 높았다.

〈그림 10〉 어린이·아동 독자와 청소년 독자의 과업과 특성

〈그림 11〉 독자와 독서를 둘러싼 다양한 용어와 개념들

청소년 독자 H의 사례는 여러 측면에서 매우 흥미롭다. 우선 H가 독자로서 자신을 규정함에 있어서 두 가지 상이한 '준거'를 사용하고 있음을 알 수 있다. 첫 번째 준거는 자신의 독서 능력, 즉 '얼마나 잘 읽는가'의 문제이다. 두 번째 준거는 독서 동기와 습관으로 '얼마나 즐겨 읽는가'이다. 독서 능력과 독서 태도는 '좋은 독자'가 갖추어야 하는 필수적인 요소이다. 그러나 평생 독자의 발달 단계에 따라 '좋은 독자'의 요건에서 양자의 비중은 달라진다. 그리고 바로 이 점 때문에 청소년기에 접어든 독자들은 상당한 혼란과 어려움을 경험하게 된다.

〈그림 10〉은 '어린이·아동 독자'와 '청소년 독자'에게 요구되는 발달적 과업과 상황적 특성을 정리한 것이다. 독자들은 평생에 걸쳐 새로운 상황에 처하고 새로운 발달 과업을 요구받기도 한다. 그리고 이 과정에서 개별 독자에게는 다양한 명명과 평가가 개인·가족·사회 등 다양한 집단에게서 부가된다. 이 문제는 〈그림 11〉의 워드 클라우드를 활용해 생각해 볼 수 있다.

이 그림들은 독자의 상황과 그에 연관된 수많은 요인을 생각해 보는 데 도움이 된다. 청소년 독자는 어린이 독자에서 탈피해서 고등 수준의 '독서 능력'을 완성해 나가는 한편 '독서 습관과 태도'를 형성·유지하며 능동적이고 독립적인 독서 활동을 요구받는다. 이 시기는 자유 독서에 비해 '학습/진로 독서'의 비중이 높아지는 것이 큰 특징이다. 그리고 텍스트의 주제가 확장되고, 개별 텍스트의 복잡도(text complexity)가 급속히 높아질 뿐만 아니라, 한 편 이상 다문서(multiple texts)에 대한 꼼꼼하게 읽기(close reading), 그리고 고부담 평가 상황에서의 고도의 독해력이 요구된다.

문제는 이러한 변환이 매우 급격하며 많은 독자가 부담을 느낀다는 점이다. 이제 막 중학생이 된 독자는 사실 며칠 전만 해도 초등학생이었다. 그런데 이 학생이 중학교에 입학했다는 이유만으로 갑자기 높은 수준의 독해를 요구받는 상황인 것이다. 이런 이유로 많은 청소년 독자가 "초등 때는 재미있는 책을 자유롭게 읽기만 하면 되었는데, 갑자기 어려운 글을 잘 읽으라고 해요! 읽기가 갑자기 너무 힘들고 괴로워졌어요."라고 혼란과 어려움을 토로한다.

청소년 독자가 체감하는 혼란과 어려움을 이해하고 적절히 도움을 주기 위해서는 두 시기의 발달 과업이 어떻게 다른지를 이해하고 점진적 이양을 준비해야 한다. 그리고 초등 중·고학년 단계부터 도전적인 독해 활동을 시도해 보아야만 한다. 다양한 주제를 다루는 복잡한 텍스트를 읽어나가면서 점차 독해력을 높이고, 독서 동기(즐겨 읽기)와 독서 능력(잘 읽고 이해하기)의 균형을 이루어 나가면 중등 독자로의 원만한 이양이 가능할 것이다.

2) '자율 독서'와 '강제 독서'

청소년 독자는 읽기 활동에 있어서 자신의 자유 의지(volition)을 매우 강조했다. 학생들은 자신이 원해서 하는 읽기와 그렇지 않은 읽기를 명확하게 구분하고, 후자는 거의 수행하고 있지 않음을 강조하였다. 앞서 1절의 〈그림 9〉에 제시된 주요 읽기 활동들은 모두 자발적인 읽기 활동이다. 이 활동들은 청소년 독자는 선호하지만 타인, 특히 성인인 부모나 교사에게는 인정받지 못하는 '위험한 읽기'였다. 타율에 의한 읽기는 주로 교과서나 문제집 읽기, 과제로 부가된 읽기와 같은 '학습 독서' 활동이었다. 대부분의 학생들이 타율에 의한 읽기는 최소한의 시간과 노력을 들여 수행한다고 응답하였다. 청소년 독자들의 목소리를 직접 들어보자.

- 책이나 글을 고를 때 까다롭다. 읽을 때 재미가 없으면 읽지 않기 때문이다. — 중2, 여
- 나는 내가 원하는 것만 읽는 독자이다. 평소에 '글' 자체를 많이 읽느냐고 물어보면 많이 읽는다고 생각한다. 하지만 그것을 흔히 말하는 '진짜 독서'라고 말하는 사람은 적다. 내가 주로 읽는 건 짧은 정보글, 교과서(프린트), 소설 등 있는데 소설을 제외한 나머지는 가볍게 읽고 지나간다. (중략) 소설은 진지하게 읽지 않으면 등장인물을 헷갈려하고 사건들을 정리하지 못하기 때문에 진지하게 읽게 되는 것 같다. — 고2, 여
- 내가 관심있는 읽기는 기사 읽는 것이다. 기사 읽는 것을 정말 좋아한다. 또 내가 애완동물을 키우기 때문에 관련 기사는 내 이야기 같아서 특히 의미가 있었다. 관심 분야의 기사는 내가 원해서 보고, 어쩔 수 없이 해야 하는 독서(학교에서 시키는)는 다른 사람이 시켜서 한다. 학교에서 시키는 독서가 좀 다양해 졌으면 좋겠다. 맨날 고전 읽고 인성 강조하고, 그렇다고 다 성현군자 될 것도 아닌데, 정말 싫다. — 중3, 남
- 나는 항상 남이 시켜서 하는 읽기를 한다. 학교 숙제나 부모님이 시켜서 자주 읽는다. 옛날에도 그랬다. 남이 시켜서 하는 읽기는 좋을 리가 없다. [그런데] 내가 원해서 읽기를 한다면 책은 아예 안 읽을거다. 그래서 남이라도 시켜줘야 읽을 것 같다. 자기가 알아서 하는 건 자기 의지가 있기 때문에 책에 대해 흥미를 더 느낄 것이다. — 고2, 여
- 요즘에는 학교에서만 읽기 활동을 한다. 친구들과 수업 시간에 읽는게 거이 전부다. 거의 남이 시켜서 읽는거 같다. 근데 나는 그렇게라도 안 읽으면 정말 책을 읽지 않아서 남이 시켜서라도 읽어야 된다. 남이 시켜서 읽는 건 강제적인 방법 같아서 그닥 좋아하지 않지만 그래도 조금이나마 [독서를 하게 하는 데] 도움이 되기 때문에 그렇게 나쁜 방법은 아닌 것 같다. — 고2, 여
- 보통 끝까지 잘 못 읽는다. 2~3장 읽다가 던지는 경우도 많다. 그렇지

만 한번 빠지면 진짜 집중해서 읽는다. 여운도 많이 가지는 편이다. 내 관심사 외에는 읽는 종류가 많지는 않다. 한 번 읽은 책은 긴장이 없으니 다시 읽지 않는다. — 중3, 남

- 나는 그냥 사람들 만나고 사는 실제 사랑 이야기와 같은 것들을 읽고 싶다. 실제로 일어난 일들은 무언가 나한테도 일어날 수도 있을거란 재미가 있어서이거나 [재미가 있거나] 허구가 아니기 때문에 더 좋아하는 것 같다. — 고2, 여

위의 사례들은 독자의 흥미, 선택권, 자율성이 청소년 독자를 움직이는 강력한 힘임을 잘 보여준다. 강제 독서의 비중이 높은 현실에서 학생들은 자신의 의지대로 수행하는 자유 독서의 기쁨을 잘 설명하고 있다. 청소년 독자들은 자율적인 독서 상황에서 강한 재미, 만족감, 행복감, 자존감, 집중, 몰입 등 다양한 긍정적 정서를 경험하고 있었다. 이 응답들을 통해 자율성은 독서 태도는 물론 독자가 체험하는 '독서 경험의 질' 자체에 큰 영향을 준다는 사실을 알 수 있다. 그러나 한편으로는 일부 학생들이지만 자율 독서의 가능성이 극히 낮다고 인정하고 강제 독서의 필요성을 언급하고 있어 주목을 요한다.

청소년 독자가 학교 독서의 상황에서 자율성을 체감하는 요건들은 다양했다. 가장 대표적인 요건은 읽을 '텍스트를 선정할 수 있는 권한'이었다. 이때 청소년 독자가 누릴 수 있는 권한의 수위는 매우 다양했다. 양 극단에는 100% 교사의 지정(특히 단일 도서 지정), 100% 학생의 자유 선택이 있다. 그 사이에 교사가 복수의 추천 도서를 제공하여 학생 독자의 선택 가능성을 열어 두거나, 교사 추천과 학생 추천/개인 선택권의 몇 회씩 설정하는 방식도 있었다. 텍스트 선택권 외에도 독서 장소(공간)[8], 독서 방법, 독후 활동, 과제, 평가 준거와 방법 등 다양한 지점에서 학생들의 권한을 인정할 수 있었다. 독서교

육자들은 청소년 독자가 자신들의 독서 활동에 대해 일정한 선택권을 가질 때 동기화되고 참여의 질이 높아지며 자신의 수행에 의미를 부여하고 책임감을 갖게 됨을 명심할 필요가 있다. 청소년 독자와 교사(부모) 모두 긍정적인 태도를 갖고 소통하는 생산적인 협상(productive negotiation)의 과정을 가질 필요가 있다. 이를 통해 해야만 하는 독서와 하고 싶은 독서의 간극을 줄이고 양자의 균형을 맞추는 노력이 중요하다.

3. 청소년 독자의 발달·정체·퇴보: 의미 있는 독서 경험과 독자의 발달 인식

앞서 2절에서 '고군분투하는 청소년 독자들'의 모습을 살펴보았다. 청소년 독자들은 아동·어린이 독자기에 비해 학습의 부담이 강화되고, 독해의 요구 수준이 급격히 높아지는데(복잡한 글, 고등 수준의 정교한 이해, 고부담 평가 상황), 독자의 자율권과 선택권은 축소되다 보니 독서 동기와 태도가 악화되는 특성을 보였다. 또한 스마트폰 사용에

8) 독서 공간과 장소의 문제도 학생들의 독서 경험에 큰 영향을 미치는 것으로 나타났다. 〈2017 청소년 독자 연구〉에 참여한 학생들은 청소년 독자들은 주로 '집(자기 방)'에서 읽기 활동을 수행하고 있었다. 학생들은 공간(시설)의 안락함(편안한 소파·침대·의자·조명, 저소음)과 개인 공간에 혼자 있는 자유로움(옷차림, 자세, 타인의 시선이 없음, 음악과 음식 섭취의 자유)을 그 이유로 들었다. 특히 일부 청소년 독자들은 자신의 취향에 맞는 환경 요건을 매우 중시하는 것으로 나타났다.

최근 문식성 연구에서 공간은 매우 중요한 문제로 논의되고 있다(Mills, 2016). 읽기 환경과 공간의 물리적인 특성이 독자의 읽기 경험에 미치는 영향은 학교와 도서관 관계자들의 관심이 더 필요한 문제라 할 수 있다. 최근 일부 도서관에서 카페형·놀이방형 공간을 마련하고 있는 것도 이러한 이유라 하겠다. 특히 학교(교실·도서관)에서도 독서 공간과 환경에 대한 고려가 있으면 학생들의 독서 동기를 높이는 데 긍정적인 영향을 줄 수 있을 것이다.

비해 자유 독서 시간은 약 1/6에서 1/10 수준에 불과한 실태도 확인할 수 있었다. 그러나 청소년 독자들은 여러 현실의 제약 속에서도 독자로서의 삶을 영위해 나가고 있다. 독서교육자들은 청소년 독자들로 하여금 자율적이고 능동적인 독서를 지속해 나가게 하는 힘의 실체를 고민해 왔다.

4절에서는 이 주제와 관련하여 청소년 독자가 의미를 부여하는 읽기와 그 속에 담겨있는 독자의 성장 경험에 주목하고자 한다. 독자들은 평생에 걸쳐 수없이 많은 독서 경험을 축적해 나간다. 그러나 각각의 독서 경험이 갖는 의미나 가치는 매우 다르다. 일례로 과거에는 다독과 완독과 속독을 강조했다. 그 이유는 더 많은 책을 읽기 위함이었다. 그러나 요즘에는 독서량이나 독서 빈도나 독서 시간과 같은 양적인 측면도 중요하지만 독서 경험의 질을 더욱 강조한다. 특히 어린 시기의 행복하고 기억에 남는 강렬한 독서 경험은 장기간에 걸쳐 독자의 독서 동기·흥미·습관 형성에 큰 영향을 미칠 수 있기 때문이다(이순영 외, 2018). 그리고 이처럼 독자 개인에게 의미가 있는 독서 경험은 독자의 정체성(identity)을 구성하는 데 중요한 요소가 된다.

이 절에서는 〈2017 청소년 독자 연구〉에 참여한 학생들의 응답을 주 자료로 이용하면서 관련 사례를 살펴보고자 한다. 청소년 독자의 응답을 분석한 결과, 이 주제와 관련하여 크게 네 가지 테마, ① 서책 읽기에 높은 가치 부여, ② 강렬한 몰입 경험, ③ 개별 독자의 관심사와 흥미에 기인하고 또 이를 만족시키는 읽기 경험, ④ 문식력의 발달(인지, 정의)과 독자로서의 발달 인식을 확인할 수 있었다.

1) 서책 독서의 가치

청소년 독자의 응답에서 추출된 첫 번째 테마는 '서책 읽기의 가치'였다. 앞서 1절에서 청소년 독자가 자발적으로 수행하는 주된 읽기 활동이 스마트폰 읽기이며 그 비중이 압도적인 수준임을 확인하였다. 그러나 '가장 의미 있는 읽기 경험'은 대부분 서책 독서 경험을 보고하였다(참여자 중 85% 이상). 이는 매우 흥미로운 결과이다. 이를 통해 학생들이 '일상적으로 자주 수행하고 있는 읽기'(오락성이 강한 스마트폰 읽기)와 자신에게 '의미 있는 읽기 경험'을 뚜렷하게 구별하고 있음을 알 수 있다. 이러한 사실을 통해 청소년 독자들이 각 독서 활동에 상이한 가치·의미를 부여하고 있음을 알 수 있다. 이는 청소년 독자들의 독서 인식에 나타나는 중요한 특성이다.[9)]

청소년 독자가 의미를 부여하는 읽기 경험은 대체로 '가치 있는 텍스트에 대한 양질의 독해 활동'이었다. 이때 가치 있는 텍스트는 학

9) 청소년 독자들의 이러한 인식은 두 가지 층위에서 살펴볼 수 있다. 첫 번째 층위는 서책 독서와 스마트폰 읽기 활동이 대비 속에서 정말로 서책 독서 중에는 '의미 있는 읽기 경험'이 많은 반면 스마트폰 읽기는 '오락 활동'인 경우이다. 현재 청소년 독자들의 설명은 이에 해당된다. 두 번째 층위는 독자들이 서책 독서 중심의 가치 인식으로 인해 자신들이 수행하고 있는 스마트폰 내 다양한 읽기 활동의 의미와 새로운 가치를 제대로 인식하지 못하는 경우이다. 현재 청소년의 스마트폰 사용은 주로 과몰입, 중독, 오락 활동과 연계되어 언급되고 있다. 다양한 사회문화적 경로를 통해 청소년들에게 스마트폰과 관련된 부정적 인식을 부가하고 학생 스스로 이를 수용하도록 작용하고 있는 셈이다. 특히 수천 년간 강화된 서책 독서의 가치와 대비될 때 스마트폰에 대한 부정적 인식은 더욱 강화된다.

이런 맥락을 고려할 때, 연구자들은 청소년 독자들의 응답을 해석하면서 청소년 독자가 자신의 수행하고 있는 스마트폰 읽기 활동의 가치를 객관적으로 인식하고 평가하기 힘든 사회·문화적 상황에 처해 있음을 인지할 필요가 있다. 특정한 문식 활동에 대한 인식과 평가는 독자 개인은 물론 당대의 사회·문화 속에서 공통적으로 구성되며 현재 스마트폰의 문식 활동도 그러한 사례라 할 수 있다. 향후 문식 활동에 대한 언중들의 인식과 기준이 변화하면 스마트폰 읽기에 대한 평가도 달라질 것이다.

생들이 판단하기에 사회 구성원들에게 보편적으로 가치를 인정받고 독서가 권장되는 텍스트였다. 그 이면에는 사회적으로 공인된 '좋은 책'과 '좋은 독서'의 개념이 작용하고 있었다. 이외에 학생의 관심사나 진로 분야의 텍스트도 언급되었다. 양질의 독해 활동은 독자 자신이 책의 내용을 이해하고, 완독했으며, 새로운 지식을 습득하고, 매우 강한 지적·정서적 경험을 한 경우였다. 이러한 내용을 종합하면, 청소년 독자는 텍스트와 읽기 행위에 대한 일정한 가치 인식을 바탕으로 하여 자신의 독서 경험을 평가하고, 이러한 과정을 거쳐 선별된 독서 경험을 '의미 있는 독서 경험'이라고 응답하였음을 알 수 있다. 다음 사례를 살펴보자.

- 제게 특별한 의미가 있는 책은 〈페르마의 마지막 정리〉이었습니다. (중략) 저도 이 책을 읽고 '매우 많은 노력을 하면 세상 최대 난제도 풀리는구나.'라고 생각했고, 나도 내 목표를 이루기 위해 많은 노력을 하면 되겠구나라고 생각했습니다. 이 책은 나에게 희망과 열정을 준 책입니다. 이후에 책에 관심을 갖고 찾아 읽게 되었습니다. 시간을 드려서 읽는 것이니 가능하면 좋은 책을 읽어야 겠다는 생각도 했습니다. — 중1, 남
- 맨날 만화책만 읽었는데 어느 날 〈데미안〉을 보았다. 유명한 책이라 이름은 알고 있었는데 좀 고민을 했다. 읽는 데까지 읽어보자고 시작했는데 생각보다 재밌었다. 주인공이 학생이고 학교에서 괴롭힘을 당하는 장면이 나와서 몰입해서 읽었다. 그 학생이 괴롭힘에서 벗어날 때는 나도 정말 기쁘고 홀가분했다. 이 책을 다 읽고 나니 내 자신이 자랑스러웠다. 이후에도 누가 책 이야기 하면 당당하게 이 책 이야기를 한다. 다 잘 이해한 것은 아니지만 왜 좋은 책, 좋은 책 하는지 알 것 같았다. 더 읽고 싶긴 한데 이상하게 잘 않읽게 된다. — 중2, 남
- 로맨스물과 판타지만 읽다가 세계문학전집의 책을 몇 권 읽었어요. 물

론 써머셋 몸의 작품은 읽다 포기하기도 했지만 헤르만 헷세랑 몇몇 작가는 읽을 만하더라구요. 근데 그 차이가 느껴졌어요. 깊이가 달랐어요. 성적이고 자극적인 책이 주는 재미는 읽을 때 뿐이고 읽고 나면 기분 나쁜데, 좋은 책들을 보면서 다른 차원의 재미(?)를 느꼈어요. 좀 깊은 울림... 뭐, 한동안 그 책이 만든 세상과 인물에 푹 빠져있었어요. 그리고 다시 로맨스물 보려니 좀 시시하더라구요. 자주 보던 건데 꼭 잠깐 유행하는 드라마 같아서 요즘엔 잘 안 봐요. — 고2, 여

위에 제시된 세 사례의 청소년 독자는 모두 '좋은 책'을 읽었던 경험을 이야기 하고 있다. 이 사례에 보고된 독서는 독서의 과정 중에 인지적·정서적으로 양질의 경험을 제공했을 뿐만 아니라 사회적으로는 인정·칭찬·격려를 받는 중요한 계기가 되었으며, 독자 자신의 자신감과 성취감을 고취하는 경험이었다. 대부분의 청소년 독자에게 있어 사회적으로 가치를 인정받는 '좋은 책'을 읽는 경험은 일종의 도전이며, 그 책에 대한 이해나 완독은 매우 중요한 성공 경험이었다. 이러한 도전과 성공의 경험은 그 자체로 이들 독자의 질적 변화를 추인하는 중요한 사건이 되었다. 특히 마지막에 제시된 고2 여학생의 사례는 매우 흥미롭다. 이 독자는 텍스트에 따라 독자가 경험하는 재미의 수준이 얼마나 달라지는 지를 잘 설명하고 있다. 이 독자처럼 '좋은 책'을 보면서 다른 차원의 재미를 느낀 청소년 독자는 보다 상위 수준의 독자로 나아가게 된다.

좋은 책 독서 경험에 대한 응답에서 나타나는 또 다른 주제는 부정적 심리 상태였다. 많은 청소년 독자가 자신이 일상적으로 수행하고 있는 독서(읽기) 활동에 대해 일종의 죄책감을 느끼고 있었다. 그러한 독서 활동을 하거나 그 사실을 이야기할 때 상당한 심리적 부담을 느끼고 있었다.

필자가 발견한 '청소년 독자의 죄책감과 심리적 부담'의 이유는 크게 두 가지였다. 첫째는 이들의 독서 활동이 사회적으로 권장되지 않는 독서 활동임을 인지한 데서 오는 결과였다. 대부분의 청소년 독자는 자신의 읽기 활동이 스마트폰이나 웹 읽기이며, 종이책의 경우도 만화책이나 판타지 소설같이 오락성이 강한 텍스트임을 잘 알고 있었다. 학생들 중에는 자신의 독서 활동에 대해 부모나 교사의 부정적인 인식이나 그로 인해 제재를 경험한 경우가 많았다. 이런 이유로 청소년 독자들은 이러한 활동을 함께 수행하고 있거나 이에 대해 평가적 잣대를 제시하지 않는 '신뢰할 수 있는 타인(예: 친한 친구)'에게만 자신의 독서 활동을 공유하고 있었다. 이 이면에는 다년 간의 시행착오를 통해 불필요한 갈등을 회피하고자 하는 방어 기제와 나름의 전략이 있었다.

두 번째는 좋은 책 독서의 가치는 알면서도 '현재 잘 수행하지 못하는 자신'에 따른 죄책감이었다. 대부분의 청소년 독자는 "요즘 거의 책을 안 읽고 있다."고 응답하였다. 현재 우리 청소년은 좋은 책 독서는 고사하고 '나쁜 책 독서'에도 시간을 할애하지 않는/못 하는 상황이었다. 종이책 독서 자체가 유명무실한 일상에서 청소년 독자에게 독서, 특히 좋은 책 독서에 대한 이야기는 그 자체로 부담스러운 주제였다.

청소년 독자의 이러한 특성은 독서교육 연구자와 실행가에게 중요한 의미가 있다. 우선은 학생 독자들에게 소위 '좋은 책'에 대한 의미 있는 독서 경험을 제공하는 일의 중요성이다. 이는 우리가 이미 잘 알고 있고 노력하는 일이다. 그러므로 오히려 우리의 청소년 독자가 읽기에 대해 갖고 있는 죄책감이 어디에 기인하며, 또 적절한 것인가를 깊이 고민해 볼 필요가 있다. 이는 매우 근본적인 문제이다. 청소년 독자들의 설명에 의하면 그 이면에는 '독서'와 '좋은 책'에 대한 사회·문화적 영향이 컸다. 독서에 대한 사회적 기준과 통념은 기성세대의 인식으로 이는 인쇄 문화와 정전에 대한 오랜 역사 속에서 형성된 것이다. 기성세대의 책에 대한 인식은 청소년 독자의 관점에서 볼 때 늘 보수적이며, 어린 독자들은 늘 기존의 틀에서 벗어난 시도를 하게 된다. 더구나 21세기의 청소년 독자들은 인쇄 문화의 최정점기에 성장한 기성세대와는 매우 다른 독서 문화 속에서 성장해 왔다. 이들이 어렸을 때부터 경험한 문식 활동도 기성세대의 것과는 크게 다르다. 앞으로 태어날 후속 세대들에게 그 차이는 더욱 클 것이다.

이런 맥락에서 볼 때 새로운 문식 활동의 실행 주체인 청소년 독자 자신은 물론 이들을 지도하는 성인들도 '독서, 책(텍스트), 독서 활동'에 대한 자기 인식을 새롭게 고찰하고 조정해 나갈 필요가 있다. 각 용어의 의미역도 과거와 달리 더 확장되거나 변형될 필요가 있으며, 무엇보다 독서 활동이나 경험의 가치를 결정함에 있어서 청소년 독자의 목소리를 적극적으로 경청해야 한다. 이러한 협의를 거친다면 청소년 독자가 수행하고 있는 일상적 읽기 활동, 특히 스마트폰 읽기 활동에서도 수많은 '좋은/의미 있는 경험들'이 발견될 것이다. 매체도 중요하지만, 동일한 매체를 활용해도 매우 다른 독서 활동이 실행될 수 있다. 청소년 독자가 자기 나름대로의 독서관을 갖고, 다양한 독서 경험을 축적해 나갈 때 독자로서의 역량과 능동성이 더욱 높아질 것이다.

현재의 청소년 독자들은 앞으로 전 생애를 통해 지속적으로 종이책 독서와 디지털 읽기 활동을 병행해 나갈 것이다. 이들이 두 종류의 독서(읽기) 활동을 조화롭게 병행해 나가고, 특히 자신들이 일상적으로 수행하는 디지털 읽기 활동의 가치를 제대로 인정하고 또 가능하면 그 안에서 보다 의미 있는 읽기 활동을 선택해 나갈 수 있는 힘을 갖기를 기대한다. 이를 인정해 주는 사회문화적 분위기 속에서 우리의 청소년 독자들도 타인에게 인정받아야만 하는 부담에서 자유로워지고, 자신에게 의미 있는 독서 경험을 선택하여 독자로서의 '나'를 가꾸어 나갈 수 있을 것이다. 청소년 독자의 권한(empowerment)과 주체적 행동력(agency)을 높이는 독서 경험에 대한 논의는 아래의 '의미 있고 행복한 독서 경험'으로 이어진다.

2) 의미 있고 행복한 독서 경험

각각의 청소년 독자는 다양한 독서 경험을 갖고 있다. 그 중에서도 의미 있고 행복한 독서 경험을 물어보니 강렬한 재미와 몰입의 경험을 들을 수 있었다. 아래의 응답 사례를 살펴보자.

[응답 예시 5]의 청소년 독자는 『드래곤 라자』를 읽으면서 "읽을수록 점점 책에 몰입하게 되고 다음 내용이 궁금해지고 책 속에 있는 듯한 느낌이 들었"으며, 이때 "독자로써 한층 더 성장한 것 같아서 뿌듯했다."고 보고하고 있다. 전체 응답자 중 70% 이상이 이 사례처럼 몰입 독서(engaged reading)의 경험을 보고하였고, 이를 매우 '특별하고 의미 있는 읽기'로 설명하였다. "정말 집중할 수 있게 해준 책", "책에 빠져드는 기분", "책에 몰입해서 여러 가지 감정을 느낄 수 있구나.", "정말 푹 빠져서 읽은 책", "나는 내가 원하는 그 소설을 읽을 때 높은 몰입도로 읽었다. (중략) 나는 책을 몰입도에 중점을 두고 읽는 것 같다.", "현실의 내가 아니라, 현실의 나를 잊고, 그 책이 만든, 그 세상에 사는 존재가 된 경험. 완벽한 몰입.", "몰입한 순간에는 그런 줄도 몰랐지만, 나중에 깨나서 생각해보니 너무나 행복한 순간이

[응답 예시 5] 3학년 여학생

2학년 여름 방학 때 밤에 [illegible]라는 책을 읽었는데 즐거웠다.
읽으면 읽을수록 점점 책에 몰입하게 되고 다음 내용이 궁금해지고 책 속에 있는
듯한 느낌이 들었는데 독자로서 한층 더 성장한 것 같아서 뿌듯했다.
글 자체가 좋았다.
나는 스포츠 뉴스를 보면서 내가 좋아하는 팀의 라인업을 추측해보거나
가능성 있는 신인 선수를 찾는 걸 좋아한다.
내게 특별히 의미 있었던 책은 부의 축적 차원이라는 책이었다.
뭔가 내 꿈을 찾아가는 기분이 들어서 흥분 됐기 때문이다.
그 책을 계기로 경제학에 대한 책을 골라 읽게 되었다.

었다. 깨난 것이 슬플 정도로…" 등의 응답이 이러한 예이다. 청소년 독자들은 이러한 경험을 가능하게 한 책에 대해서도 긍정적 평가를 내렸다.

이외에도 청소년 독자들은 몰입 후에 강한 정서적 경험(예: 재미, 기쁨, 만족감, 카타르시스, 공감 등)를 느꼈다고 응답하였다. 이들의 응답에 의하면 몰입은 읽기에 대한 독자의 인식을 개선하고, 읽기 흥미와 동기를 즉각적으로 증진하여, 후속 읽기의 직접적인 계기가 되었다. 전체 참여자 중 약 30%가 강한 몰입 독서의 경험이 독자로서 자신을 변화시키는 중요한 계기였으며, 이후 특정한 분야나 장르의 책을 좋아하거나 찾아 읽는 습관을 갖게 되었다고 설명하였다.

다음은 청소년 독자가 보고한 의미 있고 행복한 독서 경험의 다양한 사례들이다.

• 요즘 사회적으로 논란이 되고 있는 퀴어, 페미니즘, 회사 내 성추행 등

과 관련된 책이나 글을 찾아 읽는다. 예전엔 교과서 읽기가 주 활동이었고 난 그 활동을 좋아하지 않았다. 훌륭한 글일지 몰라도 나에게 유익하다라는 생각이 들지 않았다. — 고2, 여

- 나의 행복한 읽기는 해외 축구 기사 읽기이다. 나는 축구에 관심이 되게 많은 편이라서 해외 축구 기사를 읽는 것만으로도 기분이 좋아진다. 또 해외 축구 기사를 읽으면 그에 대한 지식이 내 머릿속에 들어오는 느낌이 좋다. 이 읽기는 그나마 책을 되게 싫어하는 나에게 글을 읽게 해 주었다. — 고2, 남
- 나는 판타지 소설을 좋아하는데 내가 생각조차 못한 새로운 세계를 경험할 수 있어서 좋다. 잠시 현실을 벗어나 있는 듯하다. — 고1, 남
- 해저 2만리와 셜록 홈즈의 모험을 읽으면서 즐거움을 느꼈다. 해저 2만리는 작품의 잠수함인 노틸러스호에, 셜록 홈즈의 모험에서는 뭐든 밝혀내는 주인공 셜록에 반했기 때문이다. 그때부터 SF 소설을 읽게 되었는데, 작품의 암울한 스토리가 내 머리 속에 생각을 가득하게 했다. 타임머신은 내게 의미 있는 읽기였는데, 책을 읽으면서 계속 생각하면서 읽는 습관을 만들었고, 지금 글을 쓸 때나 읽을 때 항상 그 속의 뜻을 가장 중요히 여기게 되었다. — 중2, 남
- 제가 즐겁게 읽었던 것은 남의 경험담이다. 이유는 평소에도 남의 이야기를 듣는 것을 좋아하고 상상하는 것도 좋아해서이다. 특히 판타지를 좋아하는데 이런 책들을 읽으면 내가 모르던 뭔가를 알아가게 되는 느낌이라 신기하다. 그래서 현재 상상력이 더 깊어진 것 같다. — 고2, 여

앞의 사례에서 확인할 수 있듯이 청소년 독자를 동기화하고 행복한 독서 경험을 만들어 주는 동인은 다양했다. 개인차도 매우 컸다. 그러나 청소년 독자들은 보편적으로 자신의 관심사와 흥미에 기인한 독서, 또 이를 만족시키는 독서 경험에 큰 의미를 부여하고 있었다. 이들의 관심사는 취미 분야에서 진로·직업 분야에 이르기까지 매우

다양했다. 자신의 관심사와 흥미에 부합되는 텍스트를 읽을 때 독자들은 독서 동기가 높아지고, 쉽게 몰입하며, 독해의 수준이 높아졌다(Guthrie & Wigfield, 2000). 이 연구에 참여한 독자들도 관심 분야의 책을 읽으며 호기심을 충족하거나 새로운 지식을 습득한 읽기를 의미 있는 경험으로 보고하였다. 특히 상위 학년의 청소년들은 자신의 진로 관련 독서를 할 때 크게 동기화되었다.

이와 연계하여 중학교 2학년 여학생의 사례를 하나 더 살펴볼 수 있다. 이 학생은 "중1 때 집에 있는 「하치 이야기」를 우연히 읽었는데, 책 읽고 좋아서 만화책에서 벗어나 책을 읽어야겠다고 생각했다. 그때부터 줄글로 된 책을 읽게 되었다. 지금의 나의 독서 활동에 만족하고 진로 관련, 삶에 도움이 되는 책을 많이 읽어야겠다고 생각함."이라고 응답하였다. 담당 교사는 이 학생의 응답 자료를 연구자에게 송부하면서 "수업 시간에 여학생 가운데 드물게 태도가 안 좋고, 국어 성적도 하위권이라 인터뷰를 진행했는데 의외의 답변 나옴."이라는 메모를 붙여두었다. 교사의 예상과 달리 이 학생은 현재 매주 약 1권의 책을 읽으며, 책에 관심이 있고, 앞으로 애완동물 관련 일을 하고자 관련 책을 꾸준히 읽는 일종의 열혈 독사였다.

이 청소년 독자를 움직이는 힘은 관심사와 진로 연관성이었다. 독서 동기를 '정서적-실용적 동기'로 구분한다면, 이 청소년 독자를 강력하게 움직이는 힘은 상당히 실용적 동기[10]였다. 또한 이 사례는 새

10) 독서 동기는 여러 기준으로 분류할 수 있지만 '내재적 동기-외재적 동기', 그리고 '정서적 동기-실용적 동기'의 구분을 참고할 수있다. 내재적 동기와 외재적 동기는 동기의 원천이 독자 내부·외부, 어디에 존재하는지로 구분하는데, 외재적 동기는 짧은 기간 동안 강력하게 작용하는 반면 동기가 사라지면 행동력도 소멸되는 특징이 있다. 장기적으로는 외재적 요건이 없을 경우 기본 동기가 더 떨어질 수 있기 때문에(내재적 동기의 손상) 독자의 내재적 동기가 더욱 중요한 요소가 된다.
정서적 동기와 실용적 동기는 상이한 독서 행위를 유발한다는 점에서 주목할

인적 흥미가 개인의 일반적인 학습 성취나 태도를 극복하는 강력한 동력으로 작용할 수 있음을 보여준다. 우리나라에서는 실용적 동기보다 정서적 동기가 강조되지만, 사실 두 동기는 분리되기 어렵고 함께 발전해 나가야 한다. 청소년기는 자아를 인지하고 자신의 취향이나 관심사에서 나아가 진로를 탐색하는 시기이기 때문에 진로 독서가 중요하다. 특히 독서 동기가 낮거나 학습 성취가 낮은 청소년 독자에게는 적합 도서의 선택과 추천이 중요함을 알 수 있다.

3) 독서를 매개로 하는 소통의 힘: 책 수다, 독서 동아리, 디지털 공간의 참여

청소년 독자의 독서 경험을 이해하는 데 중요한 요소 중 하나가 바로 '소통의 힘'이다. 앞서 소개한 여러 사례에서도 확인할 수 있듯이 많은 청소년 독자가 타인과 '사회적으로 소통하고 공감'할 때 강렬한 행복감을 느낀다고 보고하였다. 관련 사례를 조금 더 살펴보자.

- 책에 있는 시를 읽었다. 나만 사는 게 힘든 것 아님을 알았다.— 중3, 여
- 옛날에는 책만 읽고 독후감 쓰는 것만 했는데, 요즘은 많은 사람들과 얘기할 수 있다는 사실을 깨닫게 되었다. 같은 책을 좋아하는 모임을 찾거나 진짜 작가의 블로그에 댓글을 남기거나 해서 교류를 할 수 있음을 깨달아서 나 혼자 이 책을 좋아하는 게 아니구나 깨닫고 작가님은

필요가 있다. 대학생을 대상으로 한 정현욱·김선남(2008)에 의하면 여학생이 남학생보다 정서적 동기가 더 높고, 소설에 대한 선호가 높았고, 독서 만족도와 친근감도 더욱 높았다. 한편 실용적 동기가 강한 독자들은 실용적 취미도서, 교양소설을 더 자주 읽는 경향을 보였다. 전반적으로 독서 만족도, 독서 친근감, 실용적 동기가 강한 대학생은 향후 독서 가능성이 높게 나타났다. 그러나 정서적 동기와 독서 시간은 영향을 미치지 않았다.

멀기만 한 존재가 아니라 쉽게 다가갈 수 있는거구나 알게 되어 더 활발한 활동을 할 수 있게 된 것 같다. — 고2, 여

- 어렸을 때 플라톤이라는 독서토론 같은 것을 했었는데 한 책에 대해서 친구들이랑 얘기하고 내 생각 쓰는 게 되게 좋았다. 책이 엄청 재밌고 관심 있는 것도 아니었는데 그냥 여러 명이서 얘기하는 그 수업 분위기가 되게 좋았다. — 중2, 남
- 옛날에는 판타지 소설만 읽었는데, 지금은 친구들과 학습동아리를 통해 여러 가지 다양한 종류의 책을 읽게 되었다. — 고1, 남
- 연예인 뮤직비디오 팬들이 해석한 글을 읽는 것을 좋아한다. 뮤직 비디오가 단순히 연예인들이 춤추고 노래를 부르는게 아닌 스토리가 있고 또 추리하고 해석해야 해서 같은 관심사를 가진 사람들이 모여 여러 해석을 하여서 좋았다. 이런 일을 좋아하는 이유는 내가 좋아하는 관심사이고 그것을 함께 이야기 할 수 있기 때문이다. — 고1, 여
- 독자로서 내가 성장했음을 느끼는 순간은 남이 감상한 생각이나 느낌을 스스로 찾아본 순간이다. 그래서 요즘은 SNS나 인터넷에서 글을 본 후 댓글을 보는 습관을 가졌다. — 중3, 남

위 사례들은 청소년 독자가 독서를 매개로 하여 느끼는 사회적 소통과 공감의 경험이 매우 다양하다는 사실을 잘 보여준다. 사회적 소통과 공감의 경험은 ① 텍스트의 내용에 의한 경우도 있지만(예: 청소년 문학), ② 독후 활동(예: 독서 토론, 독서 동아리, 온라인 채팅방 등)이 그러한 경험의 원천인 경우도 많았다. 이를 통해 독서 경험은 텍스트뿐만 아니라 텍스트를 읽으며 독자가 생각하고 느낀 바를 타인과 소통하는 과정의 총체임을 알 수 있다. 일부 독자들에게는 텍스트 자체보다도 ③ 책을 매개로 하는 사회적 소통 행위가 더 큰 의미를 갖고 있었다. 같은 맥락에서 텍스트가 좋아도 부정적인 후속 활동(예: 독후감

쓰기, 시험/평가)으로 인해 정작 독서에 몰입할 수 없는 안타까운 경우도 있다.

필자는 청소년 독자들과 이야기를 나누면서 이들이 자주 외롭고 불안하며 자신을 이해해 주는 타인과의 소통을 갈구하고 있음을 느꼈다. 이는 비단 청소년 독자에만 한정된 상황이 아닐 것이다. 책은 타인과 자연스럽게 대화를 시작하고 서로를 이해하고 신뢰를 쌓고 깊은 이야기를 이끌어 나갈 수 있는 매우 좋은 소재이다. 책은 직접적으로 자신의 감정과 고민을 토로하기 어려운 청소년 독자들이 말문을 열게 하는 최고의 방법이기도 하다. 최근 독서가 힐링을 넘어 치유나 치료의 방법으로까지 사용되는 것은 이러한 소통, 공감, 적절한 자아 노출에 효과적인 통로이기 때문일 것이다.

독서가 갖고 있는 사회적 소통의 힘을 고려해 볼 때 학교 독서교육의 현실에는 아쉬움이 많다. 우리의 독서교육은 교사가 텍스트를 단어나 문장 단위로 설명한 후 약간의 학습 활동 문제를 풀어 나가는 방식이 일반적이다. 독후 활동의 대표적인 사례가 독후감 쓰기이다. 그러나 독후감은 보통 독서 활동을 강제하기 위한 숙제일 뿐이다. 현재의 독후감 쓰기는 청소년 독자들에게 독서 동기를 자극하지도, 독해를 심화시키지도, 소통의 효과를 만들어 내지도 못한다(이순영 외, 2018).

청소년 독자들이 학교 안팎의 다양한 상황에서 자신의 생각과 감정을 타인과 소통할 수 있는 유의미한 활동들이 필요하다. 친구들과 가볍게 나누는 책 수다(book-talk)부터 진지하고 본격적인 독서 토론까지 책에 대해 이야기 하고, 또 책을 매개로 나와 세상을 공유하는 소통의 통로가 마련되어야 한다. 현재로서는 학교, 도서관, 지역 사회에서 조직·운영되는 각종 독서 동아리(학생 동아리, 사제 동아리, 학부모 동아리, 도서부·도서관 동아리 등)가 이러한 활동의 장(場)이다. 그러나 이에 참여하는 청소년 독자의 수는 매우 미미하다. 현실에서 대부분의 청소년에게는 디지털 기기·공간이 이러한 소통과 공감의 창구가 되고 있다. 소통의 용이성은 디지털 기기·공간이 갖는 중요한 기능이자 강력한 유혹 요인이다. 그러나 1·2절에서도 살펴보았듯이 이것만으로는 충분치 않다. 앞으로 온·오프라인의 다양한 문식 공간에서 청소년 독자가 책에 근거하여 '소통의 힘'을 나누고 충전할 수 있는 경로가 확충되고 더욱 다원화될 필요가 있다.

4) 독자로서의 발달 인식: 성장·정체·퇴보의 문제

앞서 청소년 독자에게 의미가 있고 행복한 독서 경험을 살펴보았다. 양질의 독서 경험은 독자의 독서 동기를 높여 후속 독서 활동을 견인하고 긍정적 독서 습관을 형성한다. 독서 경험은 또한 독자의 스키마(schema)를 재편하고 정체성을 재구성하는 기반이 되기도 한다. 특히 개별 독자에게 의미가 있는 행복한 독서 경험은 독자를 성장하게 하는 가장 중요한 자원이다.

〈2017 청소년 독자 연구〉에 참여했던 학생들은 크게 두 가지 경우에 독자로서의 성장을 느꼈다고 보고하였다.

첫째는 강렬한 인지적, 정서적 몰입의 경험이었다. 청소년 독자들은 독서를 통해 재미(즐거움)나 여운을 느끼고, 몰입하고, 상상력을 발휘한 경험들을 생생하게 기억하고 있었다. 청소년 독자에게는 이러한 경험이 그 자체로 "매우 신기하고 특별한 일"이었다고 한다. 또한 이러한 경험 후에 자신의 독서 동기와 태도가 긍정적인 방향으로 변했다고 설명하였다. 강한 정서적, 인지적 경험이 독자로서의 전환점이 되었음을 알 수 있다.

두 번째는 자신의 문식성이 증진되었음을 실감하는 순간이었다. 학생들은 자신의 '읽기·쓰기 능력과 태도'가 높아졌음을 느낄 때 성장을 실감했다고 보고하였다. 이때 흥미로운 점은 글을 잘 쓰게 되거나 글에 대한 안목이 높아졌을 때 독자로서의 성장을 실감했다는 사례들이다.

- 개인적으로 글을 읽으며 글을 고쳐보는 것을 좋아한다. 이렇게 쓰는 것이 의미 전달에 더 효과적이지 않았을까? 하는 생각을 자주 가지다보니 내 글도 훨씬 좋아지는 느낌이 들었다. — 중3, 남
- 옛날에는 모르는 단어가 많아서 읽는 데 어려움이 있었다. 요즘은 중학교 고등학교에서 배운 비슷한 단어를 많이 알게 되어서 읽는 데 어려움이 아예 없는 것은 아니지만 예전보다 줄게 되었다. 글이 좀 술술 읽히니 훨씬 좋고, 내가 독자로서 성장했음을 느낀다. — 고2, 여
- 책을 읽으면서 어려운 책과 쉬운 책을 구별할 때. 읽기 어려운 책이어도 과거에는 그냥 생각 없이 읽었는데 이제는 어렵다는 것을 인지하고 다양한 방식으로 시도하면서 읽고 있다. — 고1, 남

앞의 세 사례 중에서 첫 번째 경우는 매우 적극적인 읽기의 사례이다. 청소년 독자들은 독서가 독해 능력은 물론 작문 능력에 밀접하게 연관되어 있으며, 책을 많이 읽으면 독해력·작문력·어휘력·사고력 등이 모두 높아진다는 인식을 가지고 있었다. 이러한 인식은 아래에서 살펴볼 [응답 예시 6]과 [응답 예시 7]에서도 확인할 수 있다. [응답 예시 6]의 여학생은 독서를 통한 지식과 정서적 성장을, [응답 예시 7]의 남학생은 글에 대한 평가 능력을 갖추게 되면서 독자로서의 성장을 인지하게 되었다고 보고하고 있다. 이러한 응답을 통해 청

[응답 예시 6] 3학년 여학생

나는 요즘 주로 집에서 심심할 때, 철학 책을 주로 읽는다.
예전에는 스토리가 있는 소설책 위주로만 읽었다. 소설책을 읽으면 마치
짧은 여행을 한 듯한 느낌과 여운이 남는다. 그리고 3학년 올라올 쯤부터
이야기 형식으로 된 철학책을 읽고, 철학의 매력에 빠져들었다. 그래서 요즘까지도
철학책을 계속 읽고 있다. 철학책을 읽고 나면 내 지식이 쌓인 것 같은 느낌이
들어서 좋기도 하고, 정서적으로 성장되어있는 나를 보고 뿌듯하다.
남이 원해서 하는 독서 활동이라기 보다는 나 스스로 철학책만 읽어서는
안되겠다는 생각이 들어, 다른 분야의 책들을 읽을 때도 있다.

[응답 예시 7] 3학년 남학생

글을 많이 써보며 절대적으로 잘쓴 글과 못쓴 글을
구분하기 시작 했을 때 성장했음을 느꼈다.
그 때부터 내 글을 보며 스스로 평가하고 고칠 수
있게 되었고, 기사 역시 좋은 기사와 좋지 않은 기사를
구분해서 유익한 정보만 받아들일 수 있게 되었다.
이 경험이 너무 인상깊었기 때문에 소설에 재미를 붙일
시간을 가지진 못 했다.
소설은 많이 읽어야 어휘력이나 상상력에서 뛰어난 감각을 가질 수
있는데 요즘은 너무 편식해서 읽는 것 같아 걱정이다.
기사나 사설, 또 시사 관련 책 뿐만 아니라
고전이나 소설도 다양하게 읽어야 할 것 같다.

[응답 예시 8] 2학년 남학생

성장했다고 하기보다는 퇴화했다.
독서량도 감소하고 읽는속도도 감소하였다.
하지만 하나 성장한 점은
어휘능력이 향상되었다
중학교 때에는 ~~글~~ 4~5권이상은 거뜬하게 읽었는데
지금은 시간으로 인해 1~2권밖에 못읽는다.
(학원에 5시간 정도 있다고 함)

소년 독자 중에는 '글에 대한 평가 능력'과 '읽기 능력'과 '쓰기 능력'의 연관성을 이해하고 이러한 능력의 발달을 인지할 때 독자로서의 성장을 체감하는 이들이 있음을 알 수 있다.

그러나 일부 학생들은 자신이 독자나 필자로서 '퇴보(퇴화)'하거나, '아직 성장하지 못하고 있다'고 보고하였다. [응답 예시 8]의 남학생은 독서량과 읽는 속도가 감소하였음을 밝히며 자신이 독자로서 "성장했다고 하기 보다는 퇴화했다"고 기술하고 있다. 인터뷰에 의하면, 이 학생은 "초등학교 때에는 (매달) 4-5권 이상은 가뿐하게 읽었는데 지금은 시간으로 인해 1-2권 밖에 못 읽는다."고 응답하였다. 그 이유는 "매일 학원에 5시간 정도 있기 때문"이었다. 이외에도 "아직 성장하지 못한 것 같습니다. 사회나 정치 분야에 관심이 있거나 지적이었다면 있어 보이는 책들도 즐기면서 읽을 수 있었을 텐데 워낙 관심이 없고 지루하게 느껴져서 못 읽겠드라고요... 잘 발달하지 못하고 있다고 봐요. 요즘엔 읽은 적이 없으니까요. 자신이 좋아하지 않는 분야를 읽을 수 있는 게 "독자로써 성장한 것"이라고 생각합니다.(3학년 여학생)"도 유사한 사례이다. 이 여학생은 최근 읽기가 중단되었고 "있어 보이는 책"을 즐기며 읽지 못하는 상황에 근거하여, 자신이 "독자로서 아직 성장하지 못한 것 같"고 "잘 발달하지 못하고 있다"고 하였다.

청소년 독자의 응답을 통해 이들이 외적 제약(예: 과도한 학원 학습)이나 자기 내적 이유(예: 독서 흥미나 동기 부족)로 인해 독서의 양, 시간, 속도, 수준(어휘, 이해), 분야가 증가하지 않는 사실을 비판적으로 인지하고 있음을 확인할 수 있었다. 독자로서의 발달이 정체되었거나 퇴화되었다고 보고한 학생은 17% 정도였다. 이들은 대부분 중학교에 진학한 이후 자발적 독서를 중단한 상태였고, 독후감 숙제와 같이 강제적 읽기 활동에는 의미를 부여하지 않았다. 이러한 사실과 현실 인식은 독자의 자신감과 자기 신뢰를 의미하는 '독자 효능감(self-efficacy as a reader)'과 독서 태도(reading attitude)에 부정적인 영향을 미치고 있었다.

일반적으로 연령이 높아져서 성인기에 이를 때까지 독자의 성장과 발달이 지속되는 것을 자연스러운 일로 생각하기 쉽다. 그러나 우리가 살펴본 청소년 독자들의 응답은 한 사람의 독자가 성장·발달하는 과정이 자연스럽지도 또 단선적이지도 않음을 잘 보여준다. 이 과정에는 수많은 시행착오가 포함되며, 때로는 퇴보하기도 하고, 많은 어려움과 좌절의 과정이 존재했다. 한 사람의 독자가 원만하게 성장하고 또 발달하기 위해서는 독자 자신은 물론 다양한 공간에서 많은 타인의 지원과 협조가 필요했다. 중요한 점은 인지·정서·사회적으로 가장 왕성하게 성장해야 하는 청소년 독자들이 이 중요한 시기에 독자로서 정체나 퇴보를 경험하고 있다는 사실이다. 이런 이유로 독자 자신의 성장과 발달 인식은 우리나라 청소년 독자의 특성과 독서 실태를 깊이 이해하는 데 있어 매우 중요한 자료라 하겠다.

4. 타인의 인식과 독자 '나'의 정체성: 합치되지 않는 시선들

앞서 청소년 독자의 발달 인식이 매우 복잡·미묘하다는 사실을 확인하였다. 청소년 독자의 발달 인식은 독자 정체성의 중요한 요소이다. 이제 이 책의 핵심인 청소년 독자의 정체성을 살펴보자.

1) 장님 코끼리 만지기:
동일한 독자, 상이한 시선들

청소년 독자의 정체성은 독자의 자기 인식과 함께 독자를 둘러싼 수많은 타인의 이 독자에 대해 인식, 그리고 타인의 인식에 대한 독자 자신의 인식 등 수없이 다양한 인식의 영향 관계 속에서 구성된다.

청소년 독자와 그를 둘러싼 타인의 시선 문제는 앞서 2절에서 살펴본 독자 H와 어머니의 사례를 다시 생각해 볼 수 있다. H는 여러모로 흥미로운 독자였다. 그러나 더욱 흥미로운 점은 독자 H를 둘러싼 상이한 시선들이었다. H 자신, H의 어머니, 그리고 교사는 각기 다른 입장에서 H를 이해하고 있다. '성적'을 강조하는 어머니에게 H의 독서는 십대의 반항일 뿐이었다. 독자 H가 갖는 여러 가지 미덕도 성적에 가려 큰 의미가 없었다. H도 어머니와의 의사소통을 중단하고, 어머니의 간섭이 없는 독서를 원하고 있었다. 담임선생님의 눈에 비친 H는 지극히 평범한 독자였다. "오버하는 발표는 왕따로 가는 지름길"이라고 믿는 H는 교실에서 침묵하는 독자였기 때문이다. 책 앞에서 흥분하는 열혈 독자 H의 모습은 학교에서 찾을 수가 없다. 결국 교사가 바라보는 독자 H는 늘 침묵하는 수동적인 독자이다.

이처럼 한 명의 독자는 상황에 따라, 또 누가 어떤 관점에서 바라보는가에 따라 전혀 다른 독자로 인식된다. 그리고 그 이면에는 상황에 따라 독자로서의 면모를 달리한 H의 노력이 있다. 결국 독자 H의 다양한 모습은, H 자신의 노력과 H를 관찰하는 사람의 시선이 상호작용하여 결정된 것이다. 이러한 사례는 한 사람의 독자도 제대로 이해하기가 쉽지 않다는 사실을 보여준다. 어찌 보면, '나는 이미 H를 독자로서 잘 알고 있다'라는 확신하는 순간, 독자 H의 진면목은 우리에게서 멀어지거나 크게 왜곡되어 다가올 것이다. 한 사람의 독자를 이해하려는 노력이 '장님 코끼리 만지기'가 되지 않기 위해서는, 열린 마음과 세심한 관찰 그리고 상당 기간 동안의 인내와 심도 깊은 의사소통이 필요하다.

2) 청소년 독자의 정체성, 그 복잡성

모든 이들은 자기 자신을 독자나 필자, 화자나 청자로서 인식하는 다양한 정체성을 갖고 있다. 독자 정체성은 인식의 층위를 넘어서 개별 독자의 독서 행위 전반에 큰 영향을 미친다. 예를 들어 독서 동기가 강한 독자 중에는 독자 정체성도 긍정적인 경우가 많다.[11] 이는 곧 독자 정체성이 독자의 자존감(self-esteem)과 연관되어 있음을 의미한다. 그래서 긍정적인 독자 정체성을 형성하고 있는 독자가 어려운 텍스트를 만났을 때, 그렇지 않은 독자에 비해 더 오랫동안 독서 행위를 수행하는 것으로 알려져 있다.

필자의 연구(Lee, 2007)에서도 청소년 독자의 정체성과 관련하여 흥미로운 결과를 확인하였다. 필자는 연구 초기에, 우리나라 중학교 1학년 독자들의 정체성과 자아 인식에 관한 자료를 수집하면서 적잖이 놀랐던 기억이 있다. 학생들의 대부분이 상당히 부정적인 독자 정체성을 가지고 있었다. 독서 능력이 뛰어나고 독서 흥미가 매우 높은 학생들도 보통 "나는 책을 잘 못 읽는다."나 "나는 좋은 독자가 아니

---

11) 여러 연구에서 독서 동기와 정체성의 상관 관계를 보고하고 있다. 예를 들어 Gambrell 외(1996), Wigfield 외(1997), Pitcher 외(2007), Malloy 외(2013)에서는 독서 동기의 하위 구인으로 독자의 자기 인식이나 자기 개념, 읽기 효능감 등을 설정하고 있다.

다."라고 응답하였다. 이는 일견 겸손이 미덕인 우리나라의 사회·문화적 특성을 반영한 발언으로 해석할 수 있을 것이다. 그러나 청소년 독자의 이러한 반응에는 겸손의 화법을 넘어선 다른 이유가 있었다.

우선 중학교 1학년 남학생 A의 예를 살펴보자. A는 국어를 포함한 전 과목의 성적이 우수하고, 책읽기를 매우 좋아하는 학생이었다. 줄거리가 비교적 명확하게 드러나는 이야기를 좋아하고, 축구와 자전거를 좋아하는 다소 소심한 성격의 학생이다. 필자는 약 5개월 동안 A를 학교 안팎의 여러 상황에서 관찰하고, 구두 인터뷰와 독서 태도 검사 자료 등 다양한 방법으로 A의 독자 정체성 자료를 수집하였다. 아래의 예시는 A 자신의 구두 반응 중에서 독자 정체성이 드러난 부분을 선별하여 제시한 것이다.

- 나는 책을 꽤 잘 읽는다고 생각한다.
- 나는 좋은 독자가 아니다.
- 저는 정말 책을 못 읽어요!
- 저는 시나 아주 로맨틱한 소설 빼면 (책을) 좀 잘 읽는데요,
- 시나 그런 책들은 읽어도 무슨 소리인지 모르겠어요.
- 아마 선생님과 우리 반 아이들은 제가 책을 잘 읽는다고 생각할지도… (몰라요)
- 다른 사람들은 제가 어떤 책을 좋아하는지, 어떤 책을 실제로 읽는지 몰라요. 어떻게 알겠어요? 제 방에 따라와 보지 않는 이상 알 수가 없죠.
- 반 아이들은 공부 잘 하는 아이, 성적 좋은 아이는 독서를 좋아하는 아이라고 생각해요. 그래서 아마 제 성적 때문에 저를 무조건 책벌레라고 생각하는 아이들이 있는 것을 저도 알아요. 하지만 저는 독서를 좋아하는 것과 학교 시험 성적은 전혀 다른 이야기일 수 있다고 생각해요. 그리고 아이들의 관심도 부담스러워요.
- 우리 부모님은 내가 실제로 무엇을 읽는지, 내가 어떤 책을 읽기 좋아

하는지 전혀 모른다. 내가 읽는 소설책보다는 내 성적을 중요하게 생각하신다. 그래서 내가 집에서 공부에 관련되지 않은 책을 읽으면 좋아하지 않으신다. 성적이 안 떨어지면 그래도 태클은 적다. 그래서 학원도 다녀오고 숙제를 다 하고 부모님께서 잠드신 후에 혼자 내가 정말 읽고 싶은 책을 본다. 그때가 가장 방해도 없고 좋다.

- 나는 혼자 집에서 소설책을 읽으면 나도 모르게 푹 빠져 들어서 정말 시간 가는 줄 모른다. 이때는 자주 행복하다고 생각한다. 중학생이 되고 바빠서 원하는 만큼 책을 보기 힘든데 자유롭게 책을 읽을 수 있는 시간이 많았으면 좋겠다.

반면 독자 A에 대한 주변 인물들의 설명은 다음과 같다.

- A가 우리 반에서 책 읽는 것을 가장 좋아하는 아이예요. 다들 그렇게들 알고 있어요. 중학교 반 편성도 되기 전에 A가 공부 잘 하는 것을 다들 알고 있었어요. 초등학교 때도 유명했데요. — 같은 반 학생
- 선생님(필자)께서 문학 작품에 푹 빠져 읽는 학생에게 관심이 있다면, 저희 반에 딱 그런 학생이 있어요. A가 바로 그런 유형의 독자예요. — 교사
- 저는 처음에 A가 "재수 없는 범생이"인 줄 알았어요. 왜 그런 아이들 있잖아요. 말 안 통하고 꽉 막혀서 놀 줄 모르고 혼자 책보는 남자애들요. 지금 보니 A는 그냥 책 읽는 것을 정말 좋아하는 아이 같아요. 잘난 체도 안 하고 의외로 친구도 있고 지금은 괜찮아 보여요. 그런데 (A가) 쉬는 시간에 정말 자주 책을 보긴 봐요. — 같은 반 학생
- 제가 A랑 초등학교 때 친구였는데요, A가 그때 거의 "(왕)따"였어요. 남자애가 맨날 쉬는 시간에 책만 보고 그러니 "따"였죠. 중학교 와서는 다른 아이들과 운동도 하고 방과 후에 게임도 하고 해서 관계가 많이 좋아졌어요. 여전히 쉬는 시간에 책도 보고 하는데, 저희들(남학생 친구

들)이 모였을 때는 자기가 읽는 책이야기 그런 것 전혀 이야기하지 않고 우리랑 그냥 어울려서 괜찮아요. — 같은 반 학생

- 우리 애가 책을 좋아하긴 하는데요, 너무 좋아해서 문제예요. 통제가 안 되어요. 그리고 뭘 그리 쓰잘데기 없는 것만 보는지 모르겠어요. 공부는 안 하고 소설 같은 것만 봐서 속상해 죽겠어요. — A의 어머니
- 중학생이니 공부에 전념해도 바쁘잖아요. 그런데 딴 책을 많이 봐요. 평상시는 그냥 놔두지만 시험 때에는 제가 (그러지 못하도록) 챙겨요. — A의 어머니
- 우리 애가 자꾸 국어선생님이 꿈이라고 하곤 해요. 그런데 사실 부모 입장에서는 아이가 공부도 잘하고 하니 과학고에 갔으면 좋겠거든요. 자긴 책이 꽤나 좋은 모양인데, 부모 입장에서 어찌 통제하고 이끌어 줘야 할지 고민이에요. — A의 어머니

먼저 A 자신의 반응을 살펴보자. 흥미롭게도 A의 독자 정체성은 매우 복잡하다. A 스스로 자신을 설명한 것임에도 불구하고, 그 안에는 상이한 내용도 많고 일부 내용은 서로 모순된다. 이는 개별 독자의 정체성을 파악하는 것이 어려운 작업임을 보여준다. 필자는 A와 래포(rapport)를 형성한 후 다시 A에게 독자로서의 자신에 대한 생각을 물어보았다. 이때 A의 응답(서면)은 다음과 같다.

"그냥 자유롭게, 또 솔직하게 이야기 하라면, 나는 소설 읽기를 매우 좋아하는 독자라고 할 수 있다. 사실 책읽기도 꽤 잘 한다고 생각한다. 하지만 만약 학교 시험 성적을 강조하면, 나는 아주 좋은 독자는 아니다. 또 솔직히 나는 독서가 정말 좋고(특히 소설 작품 읽기), 때로는 내가 책을 잘 읽는 것 같기도 하고, 또 어떤 책을 읽을 때(시나 연애 소설)는 내가 형편없는 독자같이 느껴지기도 한다. 또 아이들에게 왕따가 안 되려고 독서가 취미니 이런 이야기는 잘 안 하고 그냥 혼자서 독서하는 것을 좋아한다."

이상의 자료를 종합해 보면, A의 독자 정체성과 관련하여 몇 가지 특징을 찾아낼 수 있다.

첫째, 가장 중요한 점은 A의 독자 정체성이 단일하지 않다는 것이다. A의 진술을 꼼꼼히 살펴보면, 그 안에 자신을 유능한 독자(good reader; proficient reader)로 생각하는 발언부터 매우 무능한 독자(poor reader), 독서 동기가 강한 독자(motivated reader), 몰입형 독자(engaged reader)까지 온갖 모습이 뒤섞여 있다. 물론 이는 A 자신의 설명이기에, 반응 속에 참과 거짓이 혼재해 있을 수 있다. 그러나 타인이 그것을 선별하는 작업은 쉽지 않다. 필자는 정보의 진정성을 판단하려 하기 보다는 이렇게 다양한 자기 인식이 나타나는 이유와, 다양한 자기 인식 속에 담긴 의미를 찾는 데 더 많은 노력을 기울일 필요가 있다. 독자가 보여준 다양한 자기 인식 안에는 참과 거짓이 뒤섞여 있을 수 있지만, 상이한 자기 인식들 중에서 어느 하나만으로 '독자 A'를 대변하는 것도 위험한 생각일 수 있다. 흡사 퍼즐의 조각처럼 각각의 자기 인식에 이 독자에 대해 상이한 진실이 담겨 있을 수도 있기 때문이다.

흥미롭게도 A는 자신이 복잡한 독자 정체성을 갖는 이유를 나름대로 설명하고 있다. 래포를 형성한 후에 얻은 A의 설명은 독자가 여러 가지 이유(예: 독서 능력, 흥미, 텍스트의 장르, 독서 과제, 시험 성적/성취, 부모나 동료 친구들과의 사회적 관계와 본인이 처한 상황 맥락)로 인하여 나층적이고 유동적인 자아 인식을 갖는 양상을 보여준다. 예를 들어, A와 같이 유능한 독자도 특정한 장르의 작품을 읽을 때면 자신의 무능함에 좌절할 수 있다. 이러한 경험은 독자의 내면에 서로 모순되는 자아 인식을 형성한다. 그러므로 개별 독자의 실체를 보다 온전하게 이해하기 위해서는 독자의 자아 인식이 갖는 다층성과 유동성을 이해하는 것은 중요하다고 하겠다.

둘째, 독자 자신의 자아 인식과 주변 인물들이 이 독자를 이해하는 시각 간의 간극이 있음을 알 수 있다. 예를 들어, A의 독자 정체성과 A 어머니의 시각에는 큰 차이가 있다. 2장에서 소개한 H의 사례처럼, 한 명의 독자에 대한 주변 인물들의 인식 간에도 차이가 나타난다. A의 경우, 친구들이 생각하는 독자 A의 모습과 교사나 부모가 인식한 독자 A의 모습 간에 차이가 있다. H의 예를 들어 설명하였듯이, 이러한 차이가 나타나는 데는 몇 가지 이유가 있을 수 있다. 가장 큰 이유는 주변 사람들 모두 자기 나름의 시각으로 독자 A를 관찰하고 이해하고 있다는 점이다. 그런데 주변 인물들이 A를 관찰할 수 있는 상황은 매우 제한적이다. 게다가 독자는 상황에 따라서 자신의 독자로서의 자아 인식을 달리 표현한다. 이 과정에서 의도적인 왜곡 행위도 자주 나타난다. 이는 모두 주변 인물들이 개별 독자의 다양한 문식 활동의 실체를 파악하는 데 장애가 된다.

셋째, 독자 A는 주변 인물들의 시선을 의식하여 자신의 행위를 조절하고 있다. 친구가 적은 A는 늘 또래의 시선에 매우 민감하게 반응했다. 그리고 다른 학생의 눈에 비칠 자신의 이미지에 대하여 고민하고 있다. 이는 비단 A만의 문제가 아니다. 정도의 차이는 있었지만, 필자가 관찰한 청소년 독자는 대부분 이러한 특성을 가지고 있었다. 또래 집단이 중요한 의미를 갖는 청소년기의 속성을 생각해보면, A의 이러한 반응은 매우 자연스러운 것이라 하겠다. 그러나 타인에 대한 이러한 민감성은 학교에서의 A의 독서 행위 전반에 큰 영향을 미쳤다. A도 동료 학생들의 시선을 고려하여, 읽는 책의 내용은 물론 작품에 대한 자신의 감상이나 반응의 수준까지 의도적으로 조절하는 모습을 보이고 있다.

〈표 22〉 청소년의 독자 정체성 점검을 위한 분석적 질문

범 주	분석적 질문
독자의 반응	
1. 실질적인 자아 개념	• 독자는 자신을 '독자'로서 어떻게 인식하고 있는가?
2. 문화적으로 표현된 자아 인식	• 여러 상황에서 독자는 '독자로서의 자기 인식'을 어떻게 달리 표현하고 있는가?
3. 타인의 논평(타인의 눈에 비친 "독자로서의 개별 학습자의 모습")에 대한 독자의 인식과 반응	• 독자는 타인이 자신을 '독자'로서 어떻게 인식하고 있다고 설명하는가? • 독자는 타인이 자신에 대하여 언급한 내용 중에서 특히 어떠한 내용에 주목하여 인용하고 있는가? • 타인의 논평과 시각에 대하여 독자는 어떠한 반응을 보이고 있는가?
타인들의 반응	
4. 타인들의 개별 독자에 대한 인식	• 독자 주변의 인물들(예: 교사, 학부모, 동료 학생들, 학원 강사 등)은 개별 학습자를 '독자'로서 어떻게 이해하고 있는가? 또한 개별 독자의 독서 활동에 대해서 어떻게 생각하고 있는지 타인들의 입장에서 살펴보자.

A의 예에서 알 수 있듯이, 청소년 독자의 자아 인식을 이해하기 위해서는 세밀한 주의가 필요하다. 〈표 22〉에는 개별 독자의 복잡다단한 자아 인식을 이해하는 데 도움이 되는 질문들이 제시되어 있다. 만일 특정 독자의 자아 인식이 각 범주별로 크게 다른 양상을 보인다면 더욱 세밀한 주의가 필요하다. 상이한 자기 인식의 이면에 특정한 매커니즘이 존재할 수 있기 때문이다. 개별 독자의 자아 인식은 개인의 독서 행위, 독서 동기, 태도는 물론 그 독자가 속한 사회문화적 맥락 속에서 다각도로 이해하려는 노력이 필요하다.

3) 청소년 독자의 정체성과 영향 요인: 독자 정체성과 타인의 인식에 대한 나의 인식

이 연구의 마지막 주제는 청소년 독자가 구성하고 있는 독자 정체

성이다. 독자 정체성은 독자의 자기 인식을 기반으로 구성되며, 독자가 가지고 있는 독서의 개념과 독자 자신을 둘러싼 사회문화적 맥락에 대한 이해와 연관된다. 청소년 독자의 정체성은 청소년 독자의 속성을 규명하고 이들의 읽기 행위를 이해하는 데 중핵적인 요인이다. 이 연구에서는 크게 세 가지 테마, ① 읽기 속도·양·완독 여부의 강조, ② '독자로서의 나'에 대한 타인의 인식과 이에 대한 독자 자신의 인식, ③ 독자 정체성을 둘러싼 영향 요인들을 확인할 수 있었다.

청소년 독자가 자신의 독자 정체성을 설명하는 방식은 크게 세 가지였다. '독자로서 자신의 특징·장단점을 설명하기'가 전체 응답의 50% 정도로 가장 많았다([응답 예시 9] 참조). 이어서 타인의 말(평가)을 빌려 와서 자신을 설명하기, 자주 수행하는 읽기 행위나 독서 습관으로 자신을 설명하기, 자신이 생각하는 읽기의 개념을 들어서 설명하기 순으로 나타났다. 결과로 학생들이 어떤 정보를 중심으로 자신의 독자 정체성을 설명하는지를 이해할 수 있다.

내용 측면에서 볼 때, 청소년 독자의 정체성에 관련된 가장 큰 특징은 '읽기 속도에 근거한 자기 평가'였다. 응답자 중 71%가 읽기 속도(빠르다, 느리다, 남들과의 비교)로 자신과 타인의 읽기 능력을 평가했다. 이를 통해 우리의 청소년 독자들이 읽기 속도를 읽기 능력의 중요 요건으로 인지하고 있음을 알 수 있었다. 대부분의 청소년 독자들은 '빨리 읽는 독자가 유능한 독자'라는 인식을 갖고 있었다. 인터뷰에 의하면 청소년 독자가 보고하는 속독에 대한 가치 인식은 미취학과 초등 기간에 걸쳐 형성되고 강화된 것이었다.

읽기 속도 외에도 읽기의 양(읽기 시간, 읽은 텍스트의 양, 책의 권수), 완독 여부, 읽기 습관 여부, 읽기 분야(주제의 폭·다양성·난도·장르)를 중요한 요건으로 인식되고 있었다. 특히 학생들은 어려운 주제를 다

[응답 예시 9] 1학년 여학생

특징: 좋아하는 책을 찾게되면 몇번이고 다시 읽는다. 그 작가가 쓴 책들을 직접 찾아 읽는다.
장점: 흥미가 있는책이라면 아무리 어려운 내용이더라도 끝까지 읽어낸다.
단점: 흥미가 떨어지는 책을 읽을 때에는 속도가 현저히 느려지거나 중단에 꽂만 둘 때가 있다.

옛날에는 엄마가 골라주는 책이나 단순히 재미있는 책만 읽었는데 요즘은 읽는 책의 분야가 훨씬 넓어졌고 책을 고르는 방법이 달라졌다.
→ 나이때문인 것같다.

[응답 예시 10] 1학년 여학생

독자로서의 나는 편식쟁이이다. 좋아하는 류의 책만 읽고 영어원서와 과학 서적같은 책들은 전혀 손도 대지 않는다. 지금 내 독서습관을 옛날과 비교하자면 조금은 달라진 것같다. 오직 문학소설만 읽던 내가 에세이도 요즘 즐겨읽게 되었기 때문이다.

[응답 예시 11] 2학년 여학생

타인에게 독자로서의 나는 글을 통해 감정을 느끼는 것이라고 생각합니다. 교과서, 인터넷 뉴스, 블로그 글, 스마트폰 검색, 카톡 등에서도 많은 감정을 느낍니다. 타인에게 독자로서의 나는 글을 읽고 다양한 감정을 느끼고 상상을 하는것이라고 생각합니다. 독자로서의 저는 머릿속으로 그림을 그리며 글을 읽는 특징이 있습니다. 글의 첫머리말을 읽을때, 머리에 큰 그림을 그려놓고 그 이후 전개되는 내용을 머릿속으로 그리며 글을 읽습니다. 제가 글을 읽는 방법으로 글을 읽게되면 인물의 감정을 생생하게 느끼게됩니다. 하지만 이 방법의 단점은 헤어나오기 힘들다는것입니다. 한 번 글을 읽으면 글의 여운이 오래남게됩니다.
제가 생각하는 독자로서의 나는 옛날과 달라진것같습니다. 옛날은 정말 문학을 즐기기 위해 읽었더라면 지금은 시험을 치기위해 암기하는 것같은 느낌이기 때문입니다.

루는 긴 글을 완독했을 때 큰 만족감과 성취감을 느끼고 있었다. 읽기 속도, 읽기 양, 완독 여부, 읽기 습관, 읽기 분야는 모두 타인이 관찰 가능한 외적 요인들이다. 학생들이 읽기 속도와 분야 등 외적 요인을 준거로 자신의 읽기 능력을 평가하고 독자 정체성을 설명한 것은 부모와 교사 같은 '중요한 타인(성인)'의 평가, 그리고 보다 큰 범주로는 사회·문화적 영향 때문이었다.

반면에 독자 개인이 자신의 읽기 행위에 부여하는 가치나 읽기 효능감, 독자가 경험하는 독해의 깊이나 감정과 같은 내적 요인에 근거한 독자 정체성은 매우 드물었다. 청소년 독자의 정체성 이면에서 작용하는 기준들은 독자가 갖고 있는 독서의 개념과 깊이 연관되어 있었다. 이 문제는 두 번째 테마에서 본격적으로 다루고자 한다.

두 번째 테마는 '청소년 독자와 타인의 인식' 문제였다. 〈그림 12〉는 이를 잘 보여주는 도식이다. 청소년 독자는 자신에 대한 타인의 인식을 자주 언급하였는데, 이때 청소년 독자가 자신에 대해 갖고 있는 인식(A)과 이 독자에 대한 타인의 실제 인식(B), 독자가 인식하고 있는 타인의 인식(C) 간에 복잡한 관계가 나타났다. A와 C는 모두 독자 자신의 인식이지만 양자의 관계는 타인에 따라 다양했다. 이 연구에서 조사한 청소년 독자의 응답에도 특히 A와 C 관련 내용이 많았다.

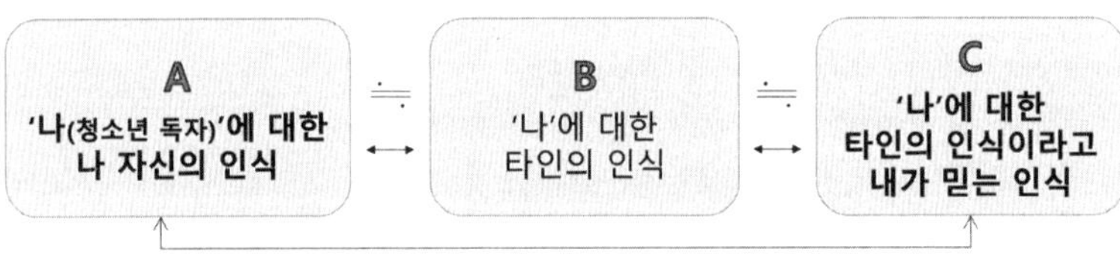

〈그림 12〉 청소년 독자와 관계된 다양한 인식들

청소년 독자가 자주 언급한 타인은 '또래 친구들'과 '부모님'과 '교사'였는데, 집단과 집단 내 개별 구성원에 따라 A-C의 관계가 상이했다. 우선 청소년 독자 자신의 정체성과 합치도가 높은 집단은 '또래 친구들'이었다. "친구들이 생각하는 '독자로서의 나'와 나의 생각은 비슷하다고 생각한다."와 같은 응답이 이에 해당된다. 그러나 친구의 경우에도 A-C가 합치되지 않는다는 반응도 많았다.

[응답 예시 12-15]를 살펴보면, 학교의 반 친구라 할지라도 '독자로서의 나'의 실체를 정확하게 인지하지 못하고 있다는 독자 인식(C)을 확인할 수 있다. 특히 [응답 예시 15]는 네 친구(같은 반 친구 2인, 도서부 친구 2인)의 자신에 대한 인식이 각기 다르며, 이렇게 다양한 타인들의 인식들(C)이 자신의 인식(A)과 합치되지 않음을 명확하게 지적하고 있다. 청소년 독자에게 있어 '친구'나 '같은 반 친구'나 '또래 집단'은 안정적이고 고정된 단일 집단이 아니며, 또래에 대한 인식도 분화되어 있었다.

청소년 독자의 정체성과 관련하여 A-C의 간극은 여러 측면에서 이해할 수 있다. 우선 청소년 독자 자신의 설명에서는 크게 두 가지 이유(읽기 활동의 특성, 읽기 개념의 차이)가 확인되었다.

첫째는 타인의 관찰이 쉽지 않은 읽기의 특성에 근거한 왜곡과 오해이다. 청소년 독자들은 대체로 집과 같이 개인적 공간에서 혼자 읽기 활동을 수행하고 있었다. 이런 이유로 청소년 독자는 타인이 '나'의 읽기 여부를 알 수 없으며(예시 12), 설사 읽는 장면을 관찰한다 하여도 독자의 머릿속에서 일어나는 읽기 과정과 수준을 오해하기 쉬우며(예시 14), 타인에게 노출되는 읽기 활동이 매우 제한적이다 보니 그 활동에 대한 타인의 해석이 과장되거나 축소되거나 왜곡되기도 한다(예시 13)고 설명하였다.

[응답 예시 12] 3학년 남학생

책안읽는 친구입니다 왜냐하면
제가 책읽는 시간은 새벽2시부터 새벽감성을
느끼며 읽기 때문에 친구들은 저가
책을 읽는 모습을 볼 수 없죠 ㅎㅎㅎㅎ

[응답 예시 13] 1학년 여학생

부모님, 선생님, 친구들은 내가 책을 엄청 많이 읽는다고 알고있다. 하지만 실상은 그렇지 않다.
나는 학교에서만 책을 읽거나 공부를 할 뿐이지, 집에서는 휴대폰으로 시간을 때우기 때문이다.
그래서 친구들이 내가 책을 많이 읽는다고 칭찬할 때마다 괜스레 부끄러워질 때가 있다.

[응답 예시 14] 2학년 여학생

내가 남이 아니라서 잘은 모르겠지만, 남이 생각하는 나는 아마도
집중력 있게 읽는 아이인 것같다. 그리고 가끔씩 내가 이해되지
않은 내용이 있어서 오랫동안 읽고 있으면 사람들은 아마 느리게
읽는 것이라고 생각할 것 같다. 사람들은 내가 어떻게 책을
읽고 있는지 모르는 것이기 때문일 것이다.

[응답 예시 15] 3학년 여학생

남이 생각하는 '독자로서의 나'
⇒ 같은반 친구 A. "항상 책을 열심히 읽는다"
도서부 친구 B "늘 집중해서 읽는다"
도서부 친구 C "그냥 책을 많이 읽는다"
엄마 "책을 잘 읽●가는 하는데 너무 장르 소설이 치우쳐져 있다." (→ 판타지 등의 웹소설)
같은반 친구 D "신기한 책들을 많이 읽는다"
⇒ 약간은 다른것 같다....

다른 이유: 내가 선호하는 종류의 책과 주변사람들이 생각하는 보편적인 책의 이미지가 다르기 때문인 것 같다. 나는 판타지스러운 내용의 책 (또는 웹소설 등)을 주로 읽는다면, 내 주변 사람들(특히 엄마)●이 생각하는 책●은 말 그대로 지식전달용 (인문사회학, 철학, 탐구 등)●이기 때문에...

둘째는 '나'와 '타인들'이 각각 읽기에 대해 갖고 있는 인식 차에 의한 간극이다. [응답 예시 15]는 이러한 간극을 잘 설명하고 있다. "판타지스러운 내용의 책(웹소설 등)"을 주로 읽는 이 학생은, "지식 전달용 책(인문사회학, 철학, 탐구 등)" 읽기를 독서로 생각하는 "엄마"의 시선에서 볼 때 읽기 능력은 있으나 부적절한 텍스트를 읽는 문제적 독자이다. 이 학생은 인터뷰에서 "다른 것 좀 읽어라. 제대로 된 책."이 부모의 조언이라고 설명하였다.

반면에 같은 반 친구 D에게 이 학생은 "신기한 책을 많이 읽는" 독자이다. D는 판타지 웹소설을 많이 접하지 않은 독자이며, D에게 판타지 웹소설은 일반적이지 않은 텍스트임을 추측할 수 있다. 관련하여 어떤 남학생은 "타인이 생각하는 나: 취향이 더럽게 이상하다고 생각함. 이유는 해리포터가 재미없다고 말했기 때문"이라고 응답하였다. 이러한 응답을 통해 또래와 다른 취향을 가진 청소년 독자가 집단 내에서 경험하는 일종의 긴장감을 엿볼 수 있다. 청소년 시기는 또래 집단 내 소속감이나 특정 취향을 공유하는 유대감이 중요하기 때문에 특정한 문화적 현상이 유행하는 경우가 많다. 그러나 일부 청소년은 역으로 주류 문화를 거부함으로써 자신만의 고유한 독자 정체성을 형성하기도 한다.

[응답 예시 16]의 독자는 "주변 사람들이 생각하는 나는 독자로서 다양한 존재인 것 같다."고 진술하고 있다. 많은 청소년 독자가 '타인의 시선'에 따라 자신의 읽기 행위나 '독자로서의 나'의 모습이 상이하게 인식될 수 있음을 이해하고 있었다. 중요한 점은 타인의 집단에 따라 〈그림 12〉의 A-C 간극이 달라지는 것이다. 청소년 독자의 응답을 살펴보면 또래 친구는 타 집단에 비해 그 간극이 비교적 좁았다. 간극을 보고한 경우는 많았으나, 그 간극을 인정하고 이해하는

[응답 예시 16] 2학년 여학생

주변사람들이 생각하는 나는 독자로서 다양한 존재인것 같다.
언저, 부모님한테 · 나는 책을 꿍꿍이 읽고 추천해준다. 나는 집에 책이 않았던 덕분에
어릴때부터 책을 접하면서 크면서 부모님께 내가 직접산 책들을 추천해주는 존재가 되었다.
최근 '7번의방'이라는 책을 샀는데 그책이 어느날 사라져있었다. 보니 아버지께서
내가 추천하신것을 듣고, 책을 빌려가신 것이었다.
선생님한테 나는 책을 열심히 읽는 존재인것같다. 책을 좋아하는 배경에서 자연스레
책을 읽게되었고 선생님 시선으로는 읽기를 잘하는 학생으로 된것같다.
선생님과 부모님이 생각하는 독자로서의 나와 내가 생각하는 독자로서의 나는 비슷하다. 내 생각에도, 나
책을 꿍꿍이 읽고 열심히 읽으려 최대한 노력하는것같다.

응답도 많았다.

그러나 교사나 부모의 경우는 달랐다. "좋은 책을 많이 읽는 뛰어난 독자"들은 A-C 인식이 일치했다. 그러나 과반수의 청소년 독자는 자신의 읽기가 성인들 특히 영향력 있는 성인들에게 부정적으로 인식된다고 응답하였다. 청소년 독자에게 있어 교사나 부모는 전통적인 독서관을 갖고 있는 이질적 존재였고, 교사보다도 부모와의 간극이 더욱 컸다. 약 55%의 청소년 독자가 "부모님의 시선·취향으로 인한 갈등"을 언급하였다. 부모의 지적은 주로 텍스트의 난도(너무 쉬운 책), 주제와 장르, 읽기 태도와 자세(산만함), 읽기 속도(너무 느리다, 너무 빠르다), 이해 수준(대강 본다, 더 깊이 이해해라)에 대해서였다.

청소년 독자 중에서 A-C 간극이 크고 독자 정체성이 뚜렷한 경우는 이로 인한 갈등도 컸다. 정체성이 강한 독자는 자신이 독자로서 갖고 있는 특성을 명확하게 인지하고, 나아가 타인들이 왜 C와 같은 인식을 형성하는지를 비판적으로 인식하고 있었다. 이때 일부 독자는

C를 부정하거나 또는 적극적으로 저항(비판)하는 양상을 보였다. 이러한 갈등은 아동·어린이 독자에 비해 청소년 독자에게 심화된 특징이었다. 이는 청소년들의 독자 정체성이 발달하면서 A-C 인식이 보다 명확해지고, 또 A-C 간극에 대한 민감성도 높아진 결과였다. 이 결과는 정체성 논의에서 강조하는 자아 각성(self-awareness)의 예로 볼 수 있다.

반면에 약 27%의 학생들은 부모의 인식이 자신과 일치한다고 응답하였다. 흥미롭게도 이 일치는 "좋은 책을 많이 읽는 뛰어난 독자"는 물론 "책을 안 읽는 나쁜 독자"에게서도 자주 나타났다. 이 연구에서는 후자의 사례가 더욱 많았다. 후자는 "내가 생각해도 나는 진짜 너무 책을 안 본다. 부모님과 선생님도 그렇다고 생각하신다."와 같은 경우이다. 후자라 할지라도 A-C가 합치되는 경우는 독자와 타인 간 갈등이 약했다. 개별 독자가 구성하고 있는 인식 C는 결국 타인(사회)의 영향력에 대한 독자 자신의 인식과 그에 따른 태도를 보여준다. 독자의 정체성(A-B-C)은 고정적인 것이 타인과의 상호작용 속에서 재구성 되기에 변화의 추이와 방향성, 그 변화에 영향을 미치는 요인들을 확인할 필요가 있다.

마지막으로 읽기 능력도 낮고 사실상 비독자(non-reader)임에도 불구하고 독자 인식이 긍정적인 사례를 소개하고자 한다.

• 사람들이 나의 독서 활동이나 나에 대해 어떻게 생각하는지 관심 없다. 내 주변의 친구들이나 가족들도 거의 독서를 하지 않는다. 그래도 나는 가끔은 [학교 숙제를 위해 독서를] 하기 때문에 사람들은 내가 독서를 많이 한다고 생각할 것이다… 주변 사람들은 주로 핸드폰을 많이 본다. 요즘 사람들은 독서 말고도 할 것이 많고 재미있는 일이 많

아 독서를 거의 안 한다. — 중2, 남

이 학생의 응답을 살펴보면 자신의 독서 활동이 절대적으로 부족함을 인지하고 있다. 그러나 자신의 비독서 상황을 정당화하는 내적 논리가 있음을 알 수 있다. 이 독자의 '비독서 논리'는 우선 타인의 생각에는 관심이 없음을 전제로 하고 있다. 그리고 요즘 세상에는 독서보다 재미있는 일이 많아서 다른 사람들도 독서를 거의 하지 않으며, 자기 주변의 사람들(친구, 가족)도 그러함을 지적하고 있다. 나아가 주변 사람들에 비해서 자신의 독서 활동은 더 나은 수준임을 강조하고 있다. 참여자 중 10명의 학생들이 이와 유사한 응답을 제시했다.

중요한 점은 비독자가 제시하는 내적 논리가 주로 타인, 즉 타 독자와의 비교에 있다는 것이다. 독자 정체성은 특정한 사회문화적 배경 속에서, 특히 독자가 속한 사회 구성원들과의 다양한 상호작용을 통해 형성되고 실행되고 강화된다. 이 연구에 참여한 청소년 독자들은 가까이 있는 또래 친구는 물론 부모님, 교사, 주변의 성인들, 나아가 익명의 타인이 수행하고 있는 읽기 활동을 관찰하고, 그에 비추어 자신의 읽기 활동을 평가하고, 독자로서의 정체성을 형성하고 있었다. 이 과정에서 이들은 자신을 둘러싼 타인들이 사실상 '나'(비독자)와 다름없다는 인식에 도달하고 있었다. 나날이 비독자가 늘어가는 현실에서 '주변 사람들도 나와 다를 바 없으니, 나도 괜찮다. 아니 내가 더 낫다.'는 청소년의 비독서 논리는 앞으로 더욱 강해질지 모른다. 청소년기는 자발적 비독자(aliterate non-reader)의 대표적인 생성기이다. 청소년 독자가 읽기에 의미를 부여하고, 읽기를 통해 건강한 에너지를 갖고, 타인과 소통하고, 자아의 성장을 도모하기 위해서는 나날이 증가하고 있는 자발적 비독자에 대한 관심과 지원이 시급하다.

제 6 장

청소년 독자 연구의 요약과 과제

제6장 청소년 독자 연구의 요약과 과제

이 연구는 '청소년 독자는 누구인가'라는 문제에서 출발하였다. 청소년 독자는 흔히 복잡다단한 존재로 불린다. 그러나 그간 청소년 독자는은 아동이나 어린이 독자에 비해 학계는 물론 교육 현장에서도 주목을 받지 못했으며, 이로 인해 이들의 읽기 활동을 구체적으로 이해하고 지원하는 방법에 대한 탐구도 부족했다.

현재 청소년 독자에 대한 인식은 '문제적 독자'에서 변화하는 문식 환경에 적응력이 높은 '디지털 독자'에 이르기까지 매우 다양하다. 전자는 청소년 독자가 기본적인 독해력을 갖추고 있음에도 불구하고 '거의 읽지 않는 독자'(간헐적 독자나 비독자)이며, 이들이 수행하는 자발적 읽기는 대부분 오락적 활동이고, 이들의 읽기가 학교의 문식 활동과는 유리된 양상을 우려하고 있다. 반면에 후자는 청소년 독자들이 온·오프라인의 다양한 공간에서 왕성하게 수행하고 있는 새로운 문식 활동에 주목한다. 그리고 디지털 공간에서 청소년이 시도하고 있는 새로운 소통 방식과 문식 활동에 큰 가치와 가능성을 부여한다. 이처럼 청소년 독자는 이들을 바라보는 관점에 따라 문제적 독자부터 유능하고 새로운 가능성을 여는 독자에 이르기까지 다양하게 해석되고 있다.

이 연구에서는 특정한 관점에서 청소년 독자를 분석하고 그들의 읽기 활동을 해석하기보다는 청소년 독자들이 자신에 대해 들려주는 목소리(voice)를 듣고 이들의 서술적 정체성(narrative identity)을 이해하고자 노력하였다. 그리고 205명의 청소년 독자들이 서면 응답한 정보를 바탕으로 하여 이들의 읽기 활동과 독자로서의 정체성을 질적으로 분석하였다. 또한 청소년 독자에 대한 이해와 논의를 심화하기 위하여 필요한 경우 우리나라 청소년 독자들의 자아 개념과 문식 활동을 탐구한 필자의 선행 연구(Lee, 2007; 이순영, 2008)의 일부 사례도 함께 소개하였다.

이 연구에서 발견한 우리나라의 청소년 독자는 변화하는 문식 환경 속에서 서책 독서와 디지털 읽기 활동을 병행하는 존재였다. 그러나 '자주 수행하는 읽기'와 '의미 있는 읽기'를 각각 스마트폰 읽기와 서책 독서로 뚜렷하게 구분하고, 청소년 독자 스스로 스마트폰 읽기를 오락 활동으로 인식하는 점이 큰 특징이었다. 청소년 독자는 초등학교 시기에 비해 자신의 서책 독서가 크게 위축되었음을 잘 인지하고 있었다. 그 이유로 스마트폰 읽기의 비중이 크게 늘어나고 학업 부담이 증가하면서 서책 독서를 할 수 있는 시간이나 심리적 여유가 줄어든 점을 지적하였다. 서책 독서 경험이 크게 위축되면서 자신의 '독자로서의 성장'이 정체되거나 오히려 퇴보하고 있다는 인식도 확인할 수 있었다.

우리나라 청소년 독자의 정체성 인식은 매우 다층적이도 다중적이었다. 이 연구에서는 독자 정체성과 관련하여 독자 자신에 대한 인식(A), 이 독자에 대한 타인의 인식(B), 타인의 인식이라고 독자가 믿는 인식(C)를 발견하고, 특히 A와 C의 다양한 관계를 분석하였다. 청소년 독자는 특정한 사회·문화적 상황 속에서 친구·교사·부모 같은 다양한 '타인(들)'의 영향을 받고 있었다. 우리의 청소년 독자는 자신의 독자 정체성을 특히 타인이 관찰 가능한 외적 요인(예: 읽기 속도, 양, 완독 여부, 주제 분야)을 기준으로 설명하고 있었다. 이를 통해 타인의 인식과 특히 타인의 인식이라고 독자가 믿는 인식이 청소년 독자의 정체성에 미치는 영향력을 확인할 수 있었다. 그러나 타인의 유형과 개별 독자와의 관계에 따라 타인의 인식에 대해 개별 독자가 취하는 태도는 상이했다. 예를 들어 A-C의 간극이 크고 독자 정체성이 뚜렷한 청소년 독자는, 이로 인해 타인과 갈등을 경험하는 경우가 많았으며 독자 스스로 그 이유를 명확하게 인지하고 있었다.

그러나 대부분의 청소년은 아직 독자로서의 각성이 낮고 독자 정체성도 크게 발달하지 않은 상황이었다. 독자 정체성이 잘 발달된 독자는 독자로서 민감하며 자신의 취향과 특성에 대한 이해가 높다. 또한 특정한 텍스트나 독서 활동에 대해 자신의 관점에서 평가할 수 있으며, 자신의 독서에 대해 자기 권한(empowerment)을 갖춘 능동적 존재이다. 독자 정체성이 강한 독자는 '독자로서의 나다움'을 인지하고 다양한 독서 경험을 통해 자신의 정체성을 실행해 나간다. 이때 독서는 '독자로서의 나'를 드러내고 가꾸어 나가는 문식성 실천(literacy practice)의 과정이라고 할 수 있다. 진정한 독서는 독자의 정체성에 충격을 주고 이를 새롭게 구성하고 강화하는 경험이다.

청소년기는 독자의 정체성이 형성되고 또 본격적으로 발달해 나가는 매우 중요한 시기이다. 이 과정에는 가정과 학교의 중요한 타인들, 그리고 사회의 다양한 요인들이 영향을 미친다. 청소년 독자는 내·외부의 다양한 요인들과 상호작용 하면서 특정한 읽기 활동에 몰입(참여)하기도 하고 거부하기도 하며 때로는 갈등하거나 저항하기도 한다.

청소년 독자는 이러한 읽기 실행의 과정을 통해 자신의 정체성을 구성하고 끊임없이 재구성하면서 성장해 나간다. 독자 정체성은 독자의 수준과 특성을 들여다 볼 수 있는 가장 명징한 창(窓)이다. 그래서 독자 정체성은 청소년 독자를 이해하고 이들을 동기화하고 이들에게 독서가 의미를 갖게 하는 데 중요한 도구라 할 수 있다.

이 연구는 청소년 독자들의 읽기 경험과 독자 정체성을 탐구한 일종의 시론(試論)이다. 이후 청소년 독자들에 대한 다양한 후속 연구와 지원이 필요하다. 특히 청소년 독자의 정체성에 영향을 미치는 요인들을 구체적으로 확인하고, 청소년 독자의 정체성 발달의 과정을 시계열적으로 추적하여 그 원인과 함께 밝히는 작업이 필요하다. 청소년 독자의 문식성 실행과 정체성 발달은 개인의 문제인 동시에 매우 상황적이고, 교육적이며, 사회적이고, 문화적인 문제이기도 하다. 청소년 독자 개인과 집단에 대한 다양한 후속 연구를 통해 청소년 독자를 이해하고, 다양한 청소년 독자들과 소통하며, 이들과 더불어 성장할 수 있는 다양한 방법들이 개발되기를 기대한다.

| 참고문헌 |

〈국내 문헌〉

강명관(2014). 조선시대 책과 지식의 역사: 조선의 책과 지식은 조선사회와 어떻게 만나고 헤어졌을까?. 천년의 상상.

구자옥 · 김성숙 · 이혜원 · 조성민 · 박혜영(2016). OECD 국제 학업성취도 평가 연구: PISA 2015 결과보고서. 한국교육과정평가원 연구보고 RRE 2016-2-2.

구정아(2009). 가정문식환경과 유아의 문식성 발달간의 관계. 이화여자대학교 대학원 석사학위논문.

교육부(2015). 국어과 교육과정. 교육부 고시 2015-제74호[별책 5]. 교육부.

김경희 · 시기자 · 김미영 · 옥현진 · 임해미 · 김선미(2010). OECD 학업성취도 국제비교 연구(PISA 2009) 결과보고서. 한국교육과정평가원.

김명순(2003). 문식력 개념의 변화 양상과 재개념화 방향. 국어교육 110, 한국어교육학회. 15-43.

김성준(2014). 학생 독서능력에 대한 독서 환경, 독서경험, 독서교육의 영향관계에 관한 연구. 한국도서관 · 정보학회지 45(2). 한국도서관 · 정보학회, 51-71.

김양분 · 임현성 · 신혜숙 · 남궁지영 · 양수경 · 이병식 · 임후남 · 최정윤 (2011). 한국교육종단연구 2005(Ⅶ). RR 2011-21. 한국교육개발원.

김정우(2014). 노년 세대의 문학이 가지는 치유의 기능. 문학교육학 44. 한국문학교육학회, 73-106.

김정우 · 김은성(2010). 소통, 치유, 공존의 국어교육: 노인 리터러시를 중심으로. 국어교육학연구 39. 국어교육학회, 241-279.

김주환·이순영(2014). 학교 독서정책의 핵심 쟁점과 과제. 독서연구 31, 한국독서학회, 41-69.

김혜정(2007). 학교 독서의 비판적 검토와 구성 방안, 국어교육학연구 30. 국어교육학회, 159-232.

나은영 역(2010), 정신·자아·사회, 한길사. Mead, G. H. (1934). *Mind, self, society*. Chicago: University of Chicago Press.

노명완·이차숙(2002), 문식성 연구. 도서출판 박이정.

도영임·김지연 역(2010). 디지털 시대의 청소년 읽기, 에코리브르. Subrahmanyam, K., & Šmahel, D.(2011). *Digital youth: The role of media in development*, New York, NY: Springer.

류기락·임언·김안국·장주희·반가운·윤수린(2016). 2016년 국제성인능력측정 프로젝트(PIAAC) 사업. 한국산업인력공단.

류보라(2012). 청소년 독자의 문식 실행과 정체성 구성 연구. 고려대 대학원 박사학위논문.

류보라(2013). 청소년 독자의 독서 경험 특성 연구. 새국어교육 94. 한국국어교육학회, 109-131.

문화체육관광부(2012). 2012년 국민 독서실태 조사. 문화체육관광부.

문화체육관광부(2012). 2012년 전자책 독서실태 조사. 문화체육관광부.

문화체육관광부(2017). 2017년 국민 독서실태 조사. 문화체육관광부.

문화체육관광부(2017). 2017 독서진흥에 관한 연차보고서. 문화체육관광부.

미래창조과학부·한국인터넷진흥원(2016a). 2016 인터넷이용실태조사. 미래창조과학부·한국인터넷진흥원.

미래창조과학부·한국정보화진흥원(2016b). 2016년 인터넷 과의존 실태조사. 미래창조과학부·한국정보화진흥원

박영민(2006). 중학생 읽기 동기의 구성 요인. 독자연구 16. 한국독서학회, 297-334.

박인기(2006). 독서진흥을 위한 환경과 독서정책. 독서연구 16. 한국독서학회, 335-358.

박혜영(2006). 중등 독서 문화 비판, 독서연구 15. 한국독서학회, 137-172.

백원근·이용훈·김수연·박호상·윤치호(2012). 어린이(5~10세)의 독서 및 도서관 이용 현황 조사. 국립어린이청소년도서관.
서정숙·고선주·송정·오연주·이송은·강순미 역(2011). 그림책을 보는 눈. 마루벌. Nikolajeva, M. & Scott, C.(2001). *How picturebooks work*. New York: Garland Pub.
서혁·오은하(2013). 스마트 교육 환경에서의 핵심역량 기반 국어과 교육과정의 재구성 방향. 청람어문교육 48. 청람어문교육학회, 7-40.
선주원(2008). 청소년 문학교육론. 도서출판 역락.
옥현진(2008). 다중모드 문식성. 문식성교육연구. 한국문화사, 224-253.
옥현진(2009). 정체성과 문식성. 국어교육학연구 35. 국어교육학회, 361-385.
옥현진(2018). 현재 그리고 미래 읽기 공간의 성찰과 발견, 독서연구 47. 한국독서학회, 68-93.
윤준채(2007). 독자의 정의적 영역 발달. 독서연구 17. 한국독서학회, 229-259.
윤준채(2009). 문해력의 개념과 국내외 연구 경향. 새국어생활 19(2). 국립국어원.
윤준채·김영란(2008). 중학생 독자의 독서 태도 발달 경향에 관한 연구. 국어교육학연구 29. 국어교육학회, 159-184.
이강이·성미영·장영은(2008). 가정문해환경과 유아의 어휘 및 읽기 능력. 대한가정학회지 46(10). 대한가정학회, 97-106.
이기숙 역(2013). 쓰기의 역사: 고대부터 서적 인쇄술의 시대까지. 연세대학출판문화원. Ludwig, O.(2006). *Geschichte des Schreibens: Von der Antike bis zum Buchdruck*. Gebundene Ausgabe,
이기우·임명진 역(1995). 구술 문화와 문자문화. 문예출판사, Ong, W. J. (1982). *Orality and literacy: the technologizing of the word*. London: Methuen. Harvard.
이성영(2018). 독서 공간의 유형과 의미. 독서연구 47. 한국독서학회, 9-36.
이순영(2006). 독서 동기와 몰입에 영향을 주는 요인에 관한 이론적 고찰.

독서연구 16. 한국독서학회, 359-381.
이순영(2008). 우리 시대의 청소년 독자들. 고려대 한국어문교육연구소 학술발표논문집, 63-73.
이순영(2010). 디지털 시대의 청소년 독자와 비판적 읽기. 독서연구 24. 한국독서학회, 87-110.
이순영(2011a). 읽기 연구의 최근 동향과 과제. 한국어문교육 10. 고려대 한국어문교육연구소, 311-340.
이순영(2011b). 21세기 국어과 교육과정 개정의 방향 탐색: 미국의 '공통핵심기준'의 특성과 시사점 분석을 중심으로. 청람어문교육 43. 청람어문교육학회, 7-35.
이순영(2011c). 교사들의 텍스트 유형별 선호와 인식 연구: '정보 텍스트'에 대한 논의를 중심으로. 국어교육학연구 42. 국어교육학회, 499-532.
이순영(2011d). 텍스트 난도와 텍스트 선정에 관한 독자 요인: 초·중·고등학교 독자들의 반응을 중심으로 한 시론. 독서연구 26. 한국독서학회, 61-96.
이순영(2012). 교과 독서: 무엇이고, 왜 중요하고, 어떻게 가르칠 것인가?. 교육정책포럼 232. 한국교육개발원, 12-15.
이순영(2015). '꼼꼼하게 읽기(close reading)'의 재조명: 독서 이론과 교수학습 측면의 의미를 중심으로. 독서연구 37. 한국독서학회, 39-65.
이순영(2017). 읽기 이론의 역사적 변천과 함의: 1910년 이후 백 년 동안의 패러다임과 이론의 변화를 중심으로. 독서연구 43. 한국독서학회, 213-242.
이순영·송정윤(2012). 중등 학교도서관의 독서프로그램 현황 분석 연구. 독서연구 28. 한국독서학회, 290-318.
이순영·안찬수·백원근·김해인·박신애(2018). 읽는 사람, 읽지 않는 사람: 2018 책의 해 기념 <독자 개발 연구> 보고서. 2018 책의 해 조직 위원회, 문화체육관광부.
이순영·최숙기·김주환·서혁·박영민(2015). 독서교육론. 사회평론아카데미.

이지영·김경화(2018). 노인 독자의 그림책 독서 실행 연구: 문식 입문 수준 노인 독자를 중심으로. 독서연구 46. 한국독서학회, 67-106.

이재현(2013). 디지털 시대의 읽기쓰기. 커뮤니케이션북스.

이주형·류덕제·임성규(2009). 한국 아동청소년문학 연구. 한국문화사.

이현재(2005). "정체성(Identity)" 개념 분석: 자율적 주체를 위한 시론. 철학연구 71(1), 263-292.

임현정·김양분·김서익·이규민(2009). 한국교육종단연구 2005 V. 연구보고 RR 2009-26. 한국교육개발원.

장봉기·김영란(2014). 국어과 학습 관련 정의적 요소와 학업성취도 간의 관계 연구, 국어교육 144. 한국어교육학회, 431-460.

전경숙(2014). 청소년 연령? 법에 따라 달라요. 가족여성통계 바로보기 04. "https://www.gfwri.kr/2014/statistics/04/view.pdf".

정기문 역(2007). 청소년이 역사 1. 새물결. Levi, G., & Schmitt, J. (1996). *Histoires des jeunes en Occident*. Paris, Le Seuil.

정영진 역(2000). 독서의 역사. 세종서적, Manguel, A. (1996). *A History of Reading*. Harpercollins Publishers.

정옥년(1998). 독서와 청소년 지도. 독서연구 3. 한국독서학회, 183-220.

정은주(2014). 한국아동·청소년 패널조사 V: 기초분석보고서 I(청소년 생활시간 추이 분석). 한국청소년정책연구원 연구보고서. 한국청소년정책연구원.

정현선(2006). 언어·문화·소통·기술의 관점에서 본 미디어 리터러시의 고찰. 한국학연구 25. 고려대학교 한국학연구소, 71-101.

정현욱·김선남(2008). 대학생의 독서 동기와 태도에 관한 실증적 연구. 한국출판학연구 34(1). 한국출판학회, 323-350.

정혜승(2006). 읽기 태도의 개념과 성격, 독서연구 16. 한국독서학회, 383-405.

정혜승(2008). 문식성 개념 변화와 교육과정적 함의. 문식성 교육 연구. 한국문화사.

조미아(2012). 지역아동센터에서 노인의 독서교육 활동 효과에 관한 연구.

한국비블리아학회지 23(1). 한국비블리아학회, 195-214.
조병영(2007). 인터넷 환경에서의 초인지적 독서 전략: 사고 구술 연구로부터의 증거들. 국어교육 124. 한국어교육학회, 281-316.
조진일 · 류호섭 · 이화룡 · 최병관 · 박성철 · 최형주 · 민부자 · 이병호 · 이승재(2011). 학교시설기준 개정에 관한 연구. 정책연구과제 2011-공모-19. 교육과학기술부.
천경록(1999). 읽기의 개념과 읽기 능력의 발달 단계. 청람어문교육 3. 청람어문교육학회, 263-282.
천화영 · 황혜정(2013). 가정과 교실의 문해환경이 유아의 읽기 흥미에 미치는 영향. 한국보육지원학회지 9(1). 한국보육지원학회, 25-49.
최소연 · 이상복(2010). 아침 10분 독서가 독서능력 신장에 미치는 영향: 의정부 C중학교를 중심으로. 독서문화연구 9. 대진대학교 독서문화연구소, 69-102.
최숙기(2011). 중학생의 읽기 발달을 위한 읽기교육 방법론. 역락.
최인자(2006). 청소년 문학 독서 경험의 질적 이해를 위한 독서 맥락의 탐구: 학교에서의 다양한 문식적 클럽을 중심으로. 독서연구 16. 한국독서학회, 163-197.
최지향 역(2011). 생각하지 않는 사람들: 인터넷이 우리의 뇌 구조를 바꾸고 있다. 청림출판. Carr, N.(2010). *The shallows: What the internet is doing to our brains*. W.W. Norton & Company.
하여진(2017). 고등학생의 여가 활용에 따른 잠재계층 분류 예측요인과 진로정체감의 차이. 한국청소년연구 28(1). 한국청소년정책연구원, 5-36.
한윤옥 · 조현양 · 이연옥 · 송기호 · 이미경(2007). 청소년 독서진흥 프로그램 개발과 운영방안에 관한 연구. 국립어린이청소년도서관.
한준상(1999). 청소년학 연구. 연세대출판부.
홍순성(2006). 중학생의 독서 실태 분석을 통한 '아침독서 10분 운동'의 효과 검증과 지도방법 연구. 계명대 교육대학원 석사학위논문.
황금숙 · 김수경 · 장지숙(2011). 어린이 · 청소년 독서문화 진흥 선진화 방안 연구. 한국문헌정보학회지 45(2). 한국문헌정보학회, 277-308.

〈외국 문헌〉

Abes, E. S., Jones, S. R., & McEwen, M. K. (2007). Reconceptualizing the model of multiple dimensions of identity: The role of meaning-making capacity in the construction of multiple identities. *Journal of College Student Development*, 48(1), 1-22.

Alvermann, D. E. (2001). Reading adolescents' reading identities: Looking back to see ahead. *Journal of Adolescent & Adult Literacy*, 44(8), 676-690.

Baker, L., Dreher, M. J., & Guthrie, J. T. (2000), *Engaging young readers: Promoting achievement and motivation*. New York, NY: The Guilford Press.

Bong, M. & Clark, R. E. (1999). Comprison between self-concept and self-efficacy in academic motivation research. *Educational Psychologist*, 34, 139-154.

Bronowski, J. (1971). *The identity of man*. New York, NY: Doubleday.

Burgess, S., Hecht, S., & Lonigan, C. (2002). Relations of the Home Literacy Environment (HLE) to the development of reading-related abilities: A one-year longitudinal study. *Reading Research Quarterly*, 37(4), 408-426. Retrieved from "http://www.jstor.org/ stable/748260".

Burke, P. J., & Stets, J. E. (2009). *Identity theory*. New York, NY: Oxford University Press.

Cassidy, J., Grote-Garcia, S., & Ortlieb, E. (2015). What's hot in 2016: Recognizing new trends and celebrating 20 years of data. *Literacy Today*, 33(2), 12-16.

Chall, J. S. (1996). *Stages of reading development* (2nd ed.). Fort Worth: Harcourt Brace.

Chapman, J. W., & Tunmer, W. E. (1995). Development of young children's reading self-concepts: An examination of emerging subcomponents and their relationship with reading achievement. *Journal of Educational Psychology*, 87(1), 154-167.

Chartier, R. (2002). The practical impact on writing. In D. Finkelstein, & A. McCleery. (eds.). *The book history reader*

(pp.118-142). New York: Routledge.
Common Core State Standards Initiative (2010). *The common core state standards for English language arts & literacy in history/ social studies, science, and technical subjects.* Retrieved from "http:// www.corestandards.org/assets/CCSSI_ELA%20Standards.pdf".
Corbin, J., & Strauss, A. (2008). *Basics of qualitative research: Techniques and procedures for developing grounded theory.* Thousand Oaks, CA: Sage.
Erikson, E. (1968). *Identity youth and crisis.* New York, NY: Norton & Company.
Esteban-Guitart, M., &Moll, L. C. (2014). Funds of identity: A new concept based on the Funds of Knowledge approach. *Culture & Psychology*, 20(1), 31-48.
Franzak, J. K. (2006). Zoom: A review of the literature on marginalized adolescent readers, literacy theory, and policy implications. *Review of Educational Research*, 76(2), 209-248.
Gambrell, L. B., Palmer, B. M., Codling, R. M., & Mazzoni, S. A. (1996). Assessing motivation to read. *The Reading Teacher*, 49(7), 518-533.
Gee, J. P. (2000). Identity as an analytic lens for research in education. *Review of Research in Education*, 25(1), 99-125.
Gee, J. P. (2017). Identity and diversity in today's world. *Multicultural Education Review*, 9(2), 83-92.
Giddens, A. (1991). *Modernity and self-identity: Self and society in the late modern age.* Standford, CA: Stanford University Press.
Guthrie J. T., & Wigfield A. (2000). Engagement and motivation in reading. In M. L. Kamil, P. B. Mosenthal, P. D. Pearson, & R. Barr (eds.), *Reading research handbook* (Vol. 3, pp.403-422). Mahwah, NJ: Lawrence Erlbaum Associates.
Hall, G. Stanley (1904). *Adolescence: Its psychology and its relations to physiology, anthropology, sociology, sex, crime, religion, and education.* New York: D. Appleton and Company.
Hall, J. K. (2013). language & identity, In J. K. Hall. (ed.). *Teaching & researching language & culture* (2nd ed., pp.30-46), London: Pearson.

Hall, L. A. (2010). The negative consequences of becoming a good reader: Identity theory as a lens for understanding struggling readers, teachers, and reading instruction. *Teachers College Record*, 117, 1792-1829.

Ivanič, R. (1998). *Writing and identity: The discoursal construction of identity in academic writing.* Amsterdam: John Benjamins Publishing Co.

Johannessen, L. R., & McCann, T. M. (2009). Adolescents who struggle with literacy, In L. Christenbury, R. Bomer, & P. Smagorinsky, (eds.). *Handbook of adolescent literacy research* (pp.65-79). New York: Guildford Press.

Kamil, M. L., Mosenthal, P. B., Pearson, P. D., & Barr, R. (eds.). (2000). *Handbook of reading research* (Vol. 3). Mahwah, NJ: Lawrence Erlbaum Associates.

Kamil, M. L., Pearson, P. D., Moje, E. B., & Afflerbach, P. (eds.). (2011). *Handbook of reading research* (Vol. 4). Mahwah, NJ: Lawrence Erlbaum Associates.

Katzir, T., Lesaux, N. K., & Kim, Y. (2009). The role of reading self-concept and home literacy practices in fourth grade reading comprehension. *Reading and Writing*, 22(3), 261-276.

Lee, S. (이순영, 2007). *Korean adolescent engaged readers: Their self-perceptions, literacy practices, and negotiations inside and outside of a seventh grade classroom*, Unpubished doctoral dissertation, The Univ. of Iowa.

Malloy, J., Marinak, B., Gambrell, L., & Mazzoni, S. (2013). Assessing motivation to read: The motivation to read profile -revised. *The Reading Teacher*, 67(4), 273-282.

Marcia, J. E. (1966). Development and validation of ego-identity status. *Journal of Personality and Social Psychology*, 3(5), 551-558.

Marsh, H. W., Craven, R. G., & Debus, R. (1998). Structure, stability, and development of young children's self-concepts: A multicohort-multioccasion study. *Child Development*, 69, 1030-1053.

Mattatall, C. A. (2017). Using peer assisted learning strategies for boys, aboriginal learners, and at-risk populations. *Reading & Writing Quarterley*, 33(2), 155-170.

McAdams, D. P. (2001). The psychology of life stories. *Review of General Psychology*, 5(2), 100-122.

McAdams, D. P., & McLean, K. C. (2013). Narrative identity. *Current Directions in Psychological Science*, 22(3), 233-238.

McCarthey, S. (2002). *Students' identities and literacy learning*, Newark, DE: International Reading Association.

McCarthey, S., & Moje, E. B. (2002). Identity matters. *Reading Research Quarterly*, 37(2), 228-238.

Meeus, W., Iedema, J., Helsen, M., & Vollebergh, W. (1999). Patterns of adolescent identity development: Review of literature and longitudinal analysis. *Developmental Review*, 19, 419-461.

Mills, K. A. (2016). *Literacy theories for the digital age: Social, critical, multimodal, spatial, material, and sensory lenses*. Bristol: UK.

Morrow, L. M., & Rand, M. (1991). Preparing the. Classroom Environment to Promote Literacy. During Play. In J. F. Christie (ed.), *Play and Early Literacy* (pp.141-165). Albany: State University of New York Press.

Nilan, P., & Feixa, C. (2006). *Global youth?: Hybrid identities, plural worlds*. New York: Routledge.

Norton, B. (2013). *Identity and language learning: Extending the conversation* (2nd ed.). Bristol, UK: Multilingual Matters.

O'Donnell, M., & Wood, M. (2004). *Becoming a reader: A developmental approach to reading instruction*. Boston, MA: Allyn and Bacon.

Payne, A. C., Whitehurst, G. J. & Angell, A. L. (1994). The role of the home literacy environment in the development of language ability in preschool children from low-income families. *Early Childhood Research Quarterly*, 9, 427-440.

Pitcher, S. M., Albright, L. K., DeLaney, C. J., Walker, N. T., Seunarinesingh, K., Mogge, S., et al. (2007). Assessing adolescents' motivation to read. *Journal of Adolescent & Adult Literacy*, 50(5), 378-396.

Prensky, M. (2001). Digital natives, digital immigrants. *On the Horizon*, 9(5), 1-6.

Sikora, K., Evans, M. D. R., & Kelley, J. (2018). Scholarly culture: How books in adolescence enhance adult literacy, numeracy and technology skills in 31 societies. *Social Science Research*, 77, 1-15, "https:// doi.org/10.1016/j.ssresearch.2018.10.003".

Thoits, P. (1983). Multiple identities and psychological well-being: A reformulation and test of the social isolation hypothesis. *American Sociological Review*, 48(2), 174-187.

Van Zanden, L., Baten, J., D'Ercole, M. M., Rijpma, A., Smith, C. & Timmer, M. (2014). *How was life?: Global well-being since 1820*. OECD. Retrieved from "http://englishbulletin.adapt.it/wp-content/uploads/2014/10/oecd_2_10_2014.pdf".

Walsh, M. (2004). Reading visual and multimodal texts: how is 'reading' different?. Proceedings of the ALEA 2004 Conference.

Weigel, D. J., Martin, S. S., & Bennett, K. K. (2006). Mothers' literacy beliefs: Connections with the home literacy environment and pre-school children's literacy development. *Journal of Early Childhood Literacy*, 6(2), 191-211.

Wigfield, A., Guthrie, J. T., & McGough, K. (1996). *A questionnaire measure of children's motivations for reading* (Instructional Resource 22). Athens, GA: National Reading Research Center, Univ. of Georgia and Univ. of Maryland.

Wortham, S. (2006). *Learning identity: The joint emergence of social identification and academic learning*. New York, NY: Cambridge University Press.

Yoon, J. (윤준채, 2002). *Effectiveness of sustained silent reading on reading attitude and reading comprehension of fourth-grade Korean students*, Unpublished Doctoral Disseration, Univ. of Georgia.

| 찾아보기 |

ㅈ

아산재단연구총서

001 전환기의 중국경제
김윤환 외 | 단국대 경제학과

002 폴란드 경제의 변천 개혁과 그 전망
김광수 | 숭실대 경제학과

003 재소한인
이광규 외 | 서울대 인류학과

004 소련산림과 임업
홍성천 외 | 경북대 임학과

005 아세안의 정치경제
김국진 외 | 외교안보연구원

006 태국의 사회변동과 경제발전
최석만 외 | 전남대 사회학과

007 중국의 사회경제 통계분석
신한풍 외 | 고려대 통계학과

008 중국의 정치와 경제
박두복 외 | 외교안보연구원

009 동유럽의 개혁과 시장경제의 도입
허만 외 | 부산대 사범대학

010 동유럽의 개혁운동
박영신 | 연세대 사회학과

011 현대 러시아 연구
기연수 외 | 한국외대 노어과

012 전략적 선택과 기업의 국제경쟁력
이장호 | 서강대 경영대학

013 협동사회의 정착과 정부의 역할
이종범 외 | 고려대 행정학과

014 한국 제조기업 생산성의 동적 분석
노부호 외 | 중앙대 경영대학

015 분배의 정의
변형윤 외 | 서울대 경제학과

016 노력적 행동의 강화
이훈구 외 | 연세대 심리학과

017 관료부패와 통제
김해동 외 | 서울대 행정대학원

018 한국경제의 내실 있는 성장
정창영 외 | 연세대 경제학과

019 한국국민정신운동의 역사와 발전방향
박수명 외 | 부산대 사범대학

020 한국대학생의 가치성향과 상담효과
이영희 외 | 숙명여대 교육학과

021 가출청소년과 학교관리체제
안창규 외 | 부산대 교육학과

022 동북아 정세변화와 한 · 일관계
한승조 외 | 고려대 정치외교학과

023 언론과 부정부패
정대철 외 | 한양대 신문방송학과

024 한국의 고등학교 교육
이원호 외 | 부산대 교육학과

025 가족과 방송
김학수 외 | 서강대 신문방송학과

026 재정개혁의 전망과 재산세제의 개편과제
오연천 | 서울대 행정대학원

027 청소년을 위한 전자게임 프로그램의 규제 및 평가체계 개발
박혜원 외 | 울산대 가정관리학과

028 정신장애자 가족의 사회심리적 특성
이근후 외 | 이화여대 의과대학

029 가족의 관계역동성과 문제인식
이광규 외 | 서울대 인류학과

030 현대인과 한국전통음식
승정자 | 숙명여대 식품영양학과

031 기업의 초고속정보통신망활용
안중호 | 서울대 경영학과

032 지역발전을 위한 교육자치제의 개선방안
김남순 | 조선대 사범대학

033 전환기의 공무원 가치관
조경호 | 울산대 행정학과

034 지방자치와 사회복지의 과제
김영모 | 중앙대 사회복지학과

035 WTO체제하의 지방중소기업 지원정책
최명주 외 | 계명대 통상학부

036 현대한국의 시민운동
이효선 | 중앙대 사회학과

037 기업 세계화의 단계 및 정도의 측정
허영도 외 | 울산대 경영학과

038 가족복지를 위한 가족주치의 시범사업의 효과
이혜리 외 | 연세대 가정의학교실

039 한국대학생의 삶의 만족도
김재은 외 | 이화여대 교육심리학과

040 지역경제와 지역산업구조의 개편방향
정기회 외 | 전남대 경제학부

041 중국기업의 소유형태별 경영특성
노철화 외 | 부산대 무역학과

042 남북한의 인성 · 사상교육
한승조 외 | 고려대 정치외교학과

043 연계적 뇌기능 조언을 위한 의료용 멀티미디어 시스템의 설계
유선국 | 연세대 의용공학교실

044 다민족국가의 민족문제와 한인사회
최협 외 | 전남대 인류학과

045 저소득층지역 청소년 여가문화와 소집단 활성화
박문수 외 | 서강대 사회학과

046 삶의 질의 국제비교와 지역간 비교분석
이재기 외 | 울산대 경제학과

047 21세기 지역주민의 삶의 질
양종회 외 | 성균관대 사회학과

048 삶의 질에 대한 국가간 비교
조명한 외 | 서울대 심리학과

049 외국인 노동자의 노사관계와 사회적 적응
석현호 외 | 성균관대 사회학과

050 한국의 사법제도와 발전 모델
정종섭 | 건국대 법학과

051 고령화사회와 중상층 노인의 사회활동
조성남 외 | 이화여대 사회학과

052 한국의 서비스 시장 개방정책
한홍렬 | 한양대 경제학부

053 한국과 AFTA간의 교역증진 및 경제 협력방안
손일태 외 | 경희대 경제통상학부

054 물류비 절감을 위한 무역업체의 정보화전략
이영수 외 | 경북대 경제통상학부

055 사회주의 체제전환과 사회정책
오정수 외 | 충남대 사회복지학과

056 남북통일 이후 농업생산체계 개편
홍성규 외 | 건국대 농업경제학과

057 국제화와 세계화
하영선 외 | 서울대 외교학과

058 IMF 개혁정책의 평가와 한국경제의 신(新) 패러다임
조동근 | 명지대 경제학과

059 구조개혁과 실업대책
박동운 | 단국대 경제무역학부

060 21세기 신노사관계
심윤종 외 | 성균관대 사회학과

061 학교에서의 집단 따돌림
이춘재 외 | 가톨릭대 심리학과

062 한국노인의 정신건강실태와 건강증진
조맹제 외 | 서울대 의과대학

063 혁명과 개혁 속의 중국 농민
김광억 | 서울대 인류학과

064 중국의 경제환경과 한국기업의 진출 전략
지용희 외 | 서강대 경영학과

065 김대중 대통령의 시스템 사고
김동환 | 중앙대 공공정책학부

066 실업과 가족해체
최일섭 외 | 서울대 사회복지학과

067 합리적 부채비율 조정방안
오상근 | 동아대 경제학과

068 한국 중산층의 생활문화
문숙재 외 | 이화여대 소비자 · 인간발달학과

069 계층간 갈등상태에서 최적소득세
김진욱 | 건국대 경상학부

070 글로벌 경쟁력 제고를 위한 기업전략과 조직구축
이만우 외 | 고려대 경영학과

071 의료보험과 국민연금의 관리효율화를 위한 통합방안
사공진 외 | 한양대 경제학부

072 정부개혁의 과제와 전략
박우서 외 | 연세대 행정학과

073 책임운영기관 제도에 관한 비교분석
김근세 | 가톨릭대 행정학과

074 새로운 패러다임하에서의 한국기업의 바람직한 지배구조
최운열 외 | 서강대 경영학과

075 현대 한국사회의 계층구조
양춘 외 | 고려대 사회학과

076 한국의 산업정책과 산업구조조정
강인수 | 숙명여대 경제학부

077 기업구조조정
김석진 | 경북대 경영학부

078 지식경영을 위한 인적자원 개발 및 관리체계
장영철 | 경희대 경영학부

079 뉴 비즈니스 모델
전성현 | 국민대 정보관리학부

080 중산층의 정체성과 소비문화
함인희 외 | 이화여대 사회학과

081 외국관광객 유치를 위한 마케팅 전략
박상규 | 강원대 경영학과

082 한국인의 세대별 문학의식
이동순 | 영남대 국문과

083 공공부문의 효율성 평가와 측정
김재홍 외 | 울산대 사회과학부

084 한국 청소년의 정치의식과 형성요인
김광웅 외 | 숙명여대 아동복지학과

085 한국 대학생의 정치의식
배한동 | 경북대 윤리교육과

086 산업의 정보화와 산업발전
이기동 | 계명대 통상학부

087 한국 제조업의 고용조정 분석
이종원 외 | 성균관대 경제학부

088 지식자산에 대한 경영전략적 평가모형 개발
배재학 외 | 울산대 컴퓨터 · 정보통신공학부

089 관광사업을 위한 한국적 이미지의 휴식복 개발
채금석 | 숙명여대 의류학과

090 한국 정치제도의 개혁
신정현 | 경희대 사회과학부

091 e비즈니스와 아웃소싱 전략
정승화 외 | 연세대 경영학과

092 집단 따돌림의 진단 및 치료방안
홍준표 | 중앙대 인간생활환경학과

093 16대 총선과 낙선운동
조기숙 | 이화여대 국제대학원

094 부동층 유권자 행태 분석
진영재 | 연세대 정치외교학과

095 사이버 공동체의 성공요인
이재관 | 숭실대 경영학부

096 온라인 소비자 행동의 이론과 실증
윤성준 | 경기대 경영학부

097 글로벌 시대 정약용 세계관의 가능성과 한계
차성환 | 한일장신대 역사사회학과

098 러시아의 체제전환 과정에서 나타난 국가의 역할과 그 전망
이상민 외 | 부산대 정치외교학과

099 남북한의 경제발전 수준과 산업구조 비교, 그리고 경제교류 협력방향
주성환 | 건국대 경제학과

100 집단따돌림과 교육해체
한준상 | 연세대 교육학과

101 공적연금제도의 효율성과 개선방안
유금록 | 군산대 행정복지학부

102 벤처기업-대기업의 성공적인 협력 모델
나중덕 | 경산대 경영학과

103 북한의 재외동포정책
조정남 외 | 고려대 정치외교학과

104 사이버 공동체 형성의 역동적 모형
장용호 | 서강대 신문방송학과

105 기업이론과 기업의 소유지배구조
김일태 외 | 전남대 경제학부

106 가축분뇨 자원화를 위한 공동이용 조직에 대한 농가선호도 분석
유덕기 | 동국대 생명자원경제학과

107 개혁정책과 전문가 집단
이경원 외 | 제주대 행정학과

108 현대 한국사회의 이중가치체계
신수진 외 | 이화여대 가정관리학과

109 한국의 산업구조 변화와 기업집단 다각화 전략
김용학 외 | 연세대 사회학과

110 지식정보사회의 경제적 모형 설정 및 사례 연구
김범환 | 배제대 경영정보학부

111 변호사싱세세노
오종근 | 한림대 법학부

112 인터넷 특허법
김순석 | 광주대 법학과

113 e-비즈니스 시대의 금융 및 재정정책의 새로운 패러다임
이종욱 | 서울여대 경제학과

114 청소년의 하위문화와 정체성
조성남 | 이화여대 사회학과

115 디지털금융시대의 금융구조변화와 정부규제 및 정책
이충열 | 고려대 경제학부

116 지식경영을 위한 기업의 조직설계방안
김경수 외 | 전남대 경영학과

117 전자금융의 발달과 경제정책의 새로운 패러다임
이명훈 | 명지대 경제학과

118 동아시아의 안보와 유엔체제
강성학 편저 | 고려대 정치외교학과

119 유료 치매노인 그룹홈의 개발과 관련 정책
최정신 외 | 가톨릭대 소비자 · 주거학과

120 소비자 지향적 문화산업 정책
홍영준 | 호남대 광고홍보학과

121 국제 · 국가 · 지방 환경규제의 연계
정준금 외 | 울산대 행정학과

122 현행 회사 합병 · 분할제도의 평가와 개선방안
옥무석 외 | 이화여대 법학과

123 배려지향적 도덕성과 정의지향적 도덕성
정옥분 외 | 고려대 사범대학

124 기업구조조정에 대한 채권금융기관 및 금융감독기관의 역할과 책임
이중기 | 한림대 법학과

125 실업대책으로서 한국의 법정기준근로 시간 단축
박영범 | 한성대 경제학과

126 프랑스어의 비분리성 소유개념 표현
노윤채 | 연세대 언어정보연구원

127 지방채의 효율적 관리방안
강태구 | 호원대 법행정학부

128 21세기 산업구조 변화와 과학기술정책
임채성 외 | 그리스도신학대 경영정보학부

129 인터넷 쇼핑몰 이용자의 불평행동
예종석 | 한양대 경영학부

130 한국기업의 성과급제도 현황, 효과 및 개선방안
김성수 | 서울대 경영학과

131 전자상거래와 소비자보호
서민교 외 | 경일대 인터넷국제통상학과

132 평생학습 사회에서의 인적자원개발을 위한 사회적 파트너십 구축
김영화 | 홍익대 교육학과

133 한국 공교육의 새로운 구상과 전략
권대봉 외 | 고려대 교육학과

134 한국의 정부개혁
김태룡 | 상지대 행정학과

135 지방정부 생산성 측정의 이론과 실제
이은국 외 | 연세대 행정학과

136 불가 시문힉론
배규범 | 경희대 학술연구 교수

137 남북경제교류의 법적 문제
제성호 | 중앙대 법학과

138 경제위기와 청소년 발달
구인회 | 서울대 사회복지학과

139 생명과학기술의 응용과 기본권보호적 한계
정상기 외 | 한남대 법학과

140 경제발전과 정치환경의 한 · 일 비교분석
정갑영 외 | 연세대 동서문제연구원

141 한국 공교육의 진단
윤정일 외 | 서울대 교육학과

142 우리나라 지방자치 발전을 위한 자치단체장의 역할
정성호 외 | 경기대 사회과학부

143 의료보험제도의 개혁방안
권순원 | 덕성여대 경제학과

144 중등 도덕교육의 현실과 문제
손동현 외 | 성균관대 철학과

145 사이버공동체 발전론
이명식 | 상명대 경영학과

146 남북경협 확대에 대비한 북한 담보제도의 정비방안
박훤일 | 경희대 법과대학

147 한국 공무원 인사제도 개혁
김판석 | 연세대 행정학과

148 교사화법 교육
임칠성 외 | 전남대 국어교육과

149 세계화의 문화정치학
임혁백 외 | 고려대 정치외교학과

150 효과적인 e-SCM을 위한 의사결정조정 시스템 모형
이원준 | 성균관대 경영학부

151 환경거버넌스
김종순 외 | 건국대 행정학과

152 자동차산업의 인적자원관리
이덕로 | 서원대 경영학부

153 한국과 영국 간 지식기반산업 비교
이명호 | 한국외대 경영학과

154 한국 벤처기업의 기술네트워킹 및 기술마케팅 전략
장영일 | 인제대 경영학부

155 회사변호사의 윤리
오승종 | 성균관대 법과대학

156 미디어교육론
이정춘 | 중앙대 신문방송학과

157 조선시대 서원과 양반
윤희면 | 전남대 역사교육과

158 환경문제와 철학
박찬국 | 서울대 철학과

159 노인보건복지 이론과 실제
김명 외 | 이화여대 보건교육학과

160 북한의 법체계
권재열 외 | 숭실대 법학과

161 생명공학기술의 안전성 확보에 관한 법적 고찰
이재협 | 경희대 법학부

162 청소년복지학
김성이 외 | 이화여대 사회복지학과

163 변화하는 세계, 변화하는 복지국가
조영훈 | 동의대 사회복지학과

164 의리의 윤리와 한국의 유교문화
김낙진 | 진주교대 도덕교육과

165 미국의 통상정책과 통상법
윤충원 | 전북대 무역학과

166 사회복지 프로그램 평가
김학주 | 경상대 사회복지학과

167 환경주의와 지속가능한 발전
정대연 | 제주대 사회학과

168 무역과 환경
김기홍 외 | 경기대 경제학부

169 산업계 유해폐기물의 위험과 관리
김금수 | 호서대 경상학부

170 백범 김구의 지적 계발과정 탐색
문용린 | 서울대 교육학과

171 태평양전쟁 발발 이후 일제의 인적 지배와 그리스도교계의 대응
윤선자 | 전남대 사학과

172 거버넌스 상황에서 갈등관리를 위한 대체적 분쟁해결제도
서순복 | 광주대 법정학부

173 시장경제의 유형과 민주주의
최배근 | 건국대 경상학부

174 일본고전소설 총론
김현정 | 국립한국전통문화학교

175 국어 교육을 위한 국어 문법론
이관규 | 홍익대 국어교육과

176 율곡의 군주론
전세영 | 부산교대 윤리교육과

177 동북아시아 환경협력
정서용 | 명지대 법학과

178 기후변화협약과 기후정책
신의순 외 | 연세대 경제학과

179 인터넷과 국제 학술정보 네트워크-하이퍼링크 분석
박한우 | 영남대 언론정보학과

180 국내 기업복지의 활성화 방안
최수찬 | 연세대 사회복지대학원

181 세계화와 인간안보
김우상 외 | 연세대 정치외교학과

182 세계문화유산 종묘 이야기
지두환 | 국민대 국사학과

183 한국 평생교육의 사회철학적 과제
곽삼근 | 이화여대 교육학과

184 강점모델
정순둘 | 이화여대 사회복지학과

185 글로벌시대의 계약법
박영복 | 한국외대 법과대학

186 배심제와 시민의 사법참여
안경환 | 서울대 법학과

187 동북아공동체
김재한 | 한림대 정치외교학과

188 정치 참여와 탈물질주의
김욱 | 배재대 정치외교학과

189 퍼지전문가회로망을 이용한 금융기관의 사이버 기업여신결정 지원시스템의 개발
권혁대 | 목원대 경영학과

190 환경정책과 환경법
송인성 | 전남대 지역개발학과

191 포스트모던 시대의 평생교육학
한숭희 | 서울대 교육학과

192 현대 한국인의 세대경험과 문화
박길성 외 | 고려대 사회학과

193 서구의 근로연계복지
김종일 | 건국대 사회복지학과

194 사회복지운동론
현외성 | 경남대 사회복지학과

195 외국의 역모기지 사례
유선종 | 건국대 부동산학과

196 옛이야기와 어린이문학
이지호 | 진주교대 국어교육학과

197 노인사회복지관광의 정책과제와 방안
김창수 | 경기대 관광학부

198 복지서비스의 민간위탁 시스템 분석
김순양 | 영남대 행정학부

199 새로운 빈곤층의 대두와 정부의 정책과제
김진욱 | 건국대 경제학과

200 문화행정론
김정수 | 한양대 행정학과

201 스칸디나비아 노인용 코하우징의 계획과 적용
최정신 외 | 가톨릭대 생활과학부

202 북한의 자연생태계
공우석 | 경희대 지리학과

203 통계로 이해하는 러시아
전홍찬 | 부산대 정치외교학과

204 사회복지법인의 경영과 회계
이동규 | 충남대 회계학과

205 의약분업 정책과정
차흥봉 | 한림대 사회복지학과

206 지역공동체와 평생교육
오혁진 | 동의대 평생교육학부

207 아동보호서비스의 실제
한미현 | 백석대 사회복지학부

208 그린마케팅
박재기 | 충남대 경영학부

209 아동권리와 아동복지
이혜원 | 성공회대 사회복지학과

210 국제 이주와 인도인 디아스포라
김경학 | 전남대 인류학과

211 질병과 의료의 사회학
조병희 | 서울대 보건대학원

212 북한이탈주민의 사회통합을 위한 지역복지실천의 모색
이기영 | 부산대 사회복지학과

213 치매노인케어론
조유향 | 초당대 간호학과

214 노인상담입문
서혜경 외 | 한림대 대학원 사회복지학과

215 '통일 이후 통일과정'으로서의 독일 통일영화
이준서 | 이화여대 독어독문학과

216 중국의 사회보장
오정수 | 충남대 사회복지학과

217 환경자원의 경제적 가치와 환경오염의 사회적 비용
김재홍 | 울산대 사회과학부

218 사회복지프로그램의 경제적 평가방법
박창제 외 | 상주대 사회복지학과

219 자유의지와 결정론
안건훈 | 강원대 철학과

220 심리학자들이 쓴 행복한 결혼의 심리학
채규만 외 | 성신여대 심리학과

221 현대 해석학 강의
양해림 | 충남대 철학과

222 한국인의 주거 빈곤과 공공주택
하성규 | 중앙대 도시및지역계획학과

223 IMF 경제위기와 한국 출산력의 변화
김두섭 | 한양대 사회학과

224 동아시아의 영토분쟁과 국제법
이석우 | 인하대 법학부

225 독일 복지국가와 사회복지서비스
정재훈 | 서울여대 사회사업학과

226 사회복지사를 위한 실용 비모수통계
엄명용 | 성균관대 사회복지학과

227 피해자학 연구
이윤호 | 동국대 경찰행정학과

228 광고언어창작론
박영준 외 | 부경대 국어국문학과

229 환경규제 패러다임의 전환
한철 | 한남대 법학과

230 고령사회의 노동환경변화와 고용 시스템의 문제점 및 법적 대응
고준기 | 국립군산대 법학과

231 세계화와 소득불평등
이성균 외 | 울산대 사회과학부

232 유비쿼터스 사회의 이해
안중호 외 | 서울대 경영학과

233 국제환경책임법론
박병도 | 건국대 법학과

234 한국의 선거와 민주주의
윤종빈 | 명지대 정치외교학과

235 한국 시민운동의 구조와 동학
조대엽 외 | 고려대 사회학과

236 또래관계
송영혜 | 대구대 재활심리학과

237 해외 한국기업과 현지인 노동자
석현호 외 | 에스콰이아학술문화재단

238 독일 국가복지에서 민간복지단체의 역할과 의미
차성환 외 | 한일장신대 사회복지학부

239 청정공학
조정호 | 동양대 생명화학공학과

240 한국전통연희론
심상교 | 부산교육대 국어교육학과

290 감성지능 개발을 통한 삶의 질 향상
김경수 외 | 전남대 경영학부

291 교육복지론
이용교 외 | 광주대 사회복지학부

292 인간과 행복에 대한 철학적 성찰
박찬국 | 서울대 철학과

293 유럽연합의 사회통합 사례와 교훈
이무성 | 명지대 정치외교학과

294 민영화와 사회후생
이상호 | 전남대 경제학부

295 북한의 교육학 체계 연구
최영표 외 | 동신대 교육대학원

296 한국 지속가능발전의 구조와 변동
정대연 | 제주대 사회학과

297 우리나라의 공익 연계 마케팅에 관한 연구
임승희 | 전주대 경영학부

298 시각장애인복지론
김영일 | 조선대 특수교육과

299 그린에너지와 환경촉매
정석진 | 경희대 화학공학과

300 취약학교 초등학생을 위한 온라인 보건교육 프로그램
박경옥 | 이화여대 보건관리학과

301 신탁제도를 통한 고령자의 보호와 지원
최수정 | 서강대 법학전문대학원

302 사회적 약자계층에 대한 실태분석 및 정책방안
이은우 외 | 울산대 경제학과

303 한류 문화와 동북아 공동체
최혜실 | 경희대 국어국문학과

304 노동유연화와 해고보호법
권혁 | 부산대 법학전문대학원

305 사회복지 위험관리의 이해
박미은 | 한남대 사회복지학과

306 의료기관의 회계와 세무
노준화 | 충남대 경영학부

307 여성인적자원의 전문성 확보를 위한 경력개발
백지연 | 이화여대 국제사무학과

308 정신병리
강선경 | 서강대 신학대학원

309 바다의 반란 적조
윤양호 | 전남대 해양기술학부

310 한국 장애인 복지 발달사
이성규 | 서울시립대 사회복지학과

311 서양예술 속의 동양 탐색
진상범 | 전북대 독어독문학과

312 한국인의 도덕성 발달 진단
문용린 | 서울대 교육학과

313 영국정치와 국가복지
고세훈 | 고려대 공공행정학부

314 인간학적 사유를 여는 중도 · 중복장애 교육학
이숙정 | 단국대 특수교육과

315 개별화 교육과정
이소현 | 이화여대 특수교육과

316 인간의 긍정적 성품
권석만 | 서울대 심리학과

317 지방자치와 지역여성의 전망
이혜숙 | 경상대 사회학과

318 한국 현대 노년소설 연구
전흥남 | 한려대 교양학부

319 정보격차 해소를 위한 창의적 정보교육 프로그램
이영준 외 | 한국교원대 컴퓨터교육과

320 한국 가족과 젠더
손승영 | 동덕여대 교양학부

321 한국의 복지혼합
김진욱 | 서강대 신학대학원

322 사회자본과 자원봉사
김태룡 외 | 상지대 행정학과

323 농촌교육복지연구
박삼철 | 단국대 교양학부

324 사회정체성 평가 차원에 대한 국제비교조사
이명진 | 고려대 사회학과

325 캐나다 복지국가 연구
조영훈 | 동의대 사회복지학과

326 한국의 소수자운동과 인권정책
전영평 외 | 서울대 행정대학원

327 한국과 미국의 보육서비스 전달체계와 품질 비교분석
김근세 외 | 성균관대 국정관리대학원

328 한국사회의 소득불평등과 국민 의료이용
이용재 | 호서대 사회복지학과

329 정보시대의 인간안보
조화순 | 연세대 정치외교학과

330 가족의 사회경제적 특성과 아동발달
김광혁 | 전주대 사회복지학과

331 초 · 중 · 고등학생의 학업소진 진행과정 및 경로분석
이상민 | 고려대 교육학과

332 다문화사회의 사법통역
이지은 | 이화여대 통역번역대학원

333 동아시아 지역주의
유현석 | 경희대 정치외교학과

334 환경친화적 공공시설관리와 지역공동체의 삶의 질
이소영 | 중앙대 실내디자인 · 주거환경학과

335 의료보험의 법정책
김나경 | 성신여대 법과대학

336 양극화 시대 가족해체와 청소년의 적응에 관한 한국과 미국의 비교 연구
오승환 외 | 울산대 사회복지학과

337 기업의 사회적 책임과 지역경제사회 발전 연구
허영도 외 | 울산대 경영학부

338 노인의 삶의 질 향상을 위한 온라인 소셜 네트워크 구축 방안
김진우 | 연세대 경영학과

339 청소년 생활역량
윤명희 외 | 동의대 평생교육학과

340 외국인 배우자의 다양성과 국제결혼의 안정성
김두섭 | 한양대 사회학과

341 정보인권의 규범구체화
이민영 | 가톨릭대 법학과

342 한국 사회복지실천의 고유성
최성재 외 | 서울대 사회복지학과

343 스웨덴의 환경책임 실천모형
최희경 | 경북대 행정학부

344 자율운동과 주거공동체
윤수종 | 전남대 사회학과

345 한국인의 공공봉사동기
김상묵 | 서울과학기술대 행정학과

346 한국 이혼가정 아동의 성장
김혜숙 | 경인교육대 교육학과

347 동양 사상과 노인 복지
홍승표 외 | 계명대 사회학과

348 노동과 사회보장의 연계
오문완 | 울산대 법학과

349 학습장애 위험군 아동의 조기선별을 위한 읽기검사 표준화 연구
김애화 외 | 단국대 특수교육학과

350 신 · 재생에너지에 기초한 녹색성장과 사회통합
김인호 | 이화여대 법학전문대학원

351 문화교류역량과 다문화 경영이 기업 경영성과에 미치는 영향
임병학 외 | 부산외대 경영학부

352 빈곤영유아의 발달과 적응
정익중 외 | 이화여대 사회복지학과

353 민사법질서와 인권
양천수 | 영남대 법학전문대학원

354 성년후견제도와 사회복지제도의 연계
신권철 | 서울시립대 법학전문대학원

355 한국 다문화사회의 이방인
김순양 | 영남대 행정학과

356 현대 시민사회와 소비자계약법
이병준 | 한국외대 법학전문대학원

357 개인의 사회적 정보보호를 위한 공공 정보서비스 개선 연구
장항배 | 상명대 경영학과

358 여성교육투자에 대한 교육경제학적 탐색
백일우 외 | 연세대 교육학부

359 사회적 기업과 지속가능한 지역발전
임업 외 | 연세대 도시공학과

360 다문화가정 구성원에 대한 투트랙 한국어 교육방안 연구
박시균 | 군산대 국어국문학과

361 아시아의 빈곤과 한국기업의 역할
한인수 | 충남대 경영학부

362 유치원 · 초등학교 연계 환경교육
박희숙 | 공주대 유아교육학과

363 비정규 고용과 사회정책
구인회 외 | 서울대 사회복지학과

364 사생활의 자유에 관한 비교법적 연구
이창현 | 서강대 법학전문대학원

365 다중융합 환경 기반의 미디어스킨을 활용한 문화콘텐츠 디자인 적용방안에 관한 연구
오문석 외 | 광운대 미디어영상학부

366 북한이탈주민 여성의 성인식 관련 기초조사
한인영 외 | 이화여대 사회복지학과

367 노인주택 파노라마
유선종 | 건국대 부동산학과

368 시설보호 청년의 적응
정선욱 | 덕성여대 사회복지학과

369 다수 집단과 소수 집단의 심리
김혜숙 | 아주대 심리학과

370 바이오 휴머니티
권택영 | 경희대 영어학부

371 프랑스 다문화교육의 이해
이경수 | 상명대 불어교육과

372 한 · 중 서비스산업의 비교분석과 교역 확대 방안
김상호 | 리츠메이칸 아시아태평양대 국제경영학부

373 현대의학에 있어서 생명의 시간과 인간의 존엄
김학태 | 한국외대 법학전문대학원

374 0~3세 영유아의 영상물 과몰입 실태조사 및 정신건강증진 프로그램 개발과 적용
이경숙 | 한신대 재활학과

375 복지국가의 조세와 정치
양재진 외 | 연세대 행정학과

376 청소년기 자살행위 실태와 관련 요인
박선희 | 경희대 간호과학대학

377 기술혁신에 따른 지역 간 정보격차
최정혜 외 | 연세대 경영대학

378 한국 사회의 이중구조와 생애주기적 불평등
안상훈 편 | 서울대 사회복지학과

379 소비자의 친환경행동에 영향을 미치는 사회적 · 경제적 가치에 대한 고찰
송재기 | 텍사스테크대 경영학과

380 어머니 양육행동 관련 변인들과 유아 사회정서행동 간의 구조모형 분석
심숙영 | 숙명여대 원격대학원

381 조선족 여성, 동남아시아 여성 그리고 새터민의 적응 유형 분석 및 삶의 질 향상 방안 모색
정태연 | 중앙대 심리학과

382 세계의 연금, 한국의 연금
허만형 | 중앙대 공공인재학부

383 노인요양원과 문화 변화
최재성 | 연세대 사회복지학과

384 시민사회와 국제개발협력
손혁상 | 경희대 공공대학원

385 복지국가의 변화와 빈곤정책
김윤태 | 고려대 사회학과

386 다문화가정의 미디어 이용과 사회적 자본의 관계
진창현 | 경기대 경영학과

387 사회진출 대졸 초년생의 탄력성 변화 양상
이상민 | 고려대 교육학과

388 사회자본과 경제발전 그리고 정부의 질
도수관 | 대구가톨릭대 행정학과

389 망명과 귀환이주
서장원 | 고려대 독일문화학과

390 근거기반실천과 사회복지
김유진 | 경북대 사회복지학부

391 인터넷상 정보 유통에 대한 새로운 저작권 규율 방향 모색
박준석 | 서울대 법학전문대학원

392 한국 사회의 인종차별적 담화구조
이창수 | 한국외대 통역번역대학원

393 사회복지사의 사회복지 가치 지향
김용석 | 가톨릭대 사회복지학과

394 개인정보의 국제적 유통에 따른 법적 문제와 대책
박훤일 | 경희대 법학전문대학원

395 정신장애인의 인권
서미경 | 경상대 사회복지학과

396 취약계층 비만청소년들의 체중관리를 위한 건강증진 프로그램의 효과
김영호 | 서울과학기술대 스포츠과학과

397 한국 전통의 돈의 문학사, 나눔의 문화사
서신혜 | 한양대 창의 · 융합교육원

398 와이파이 공간과 모바일 정보 격차
이건학 | 서울대 사회과학대학

399 도시정비사업의 법적 쟁점과 해설
성중탁 | 경북대 법학전문대학원

400 사회서비스 제공기관의 조직요인과 성과
신창환 | 경북대 사회복지학부

401 도시 사운드스케이프 디자인
전진용 외 | 한양대 건축공학부

402 지방의회 의원윤리연구
김택 | 중원대 경찰행정학과

403 발달장애인 자립생활 증진을 위한 역량탐색 및 주거로서의 해결과제
김라경 | 광주교육대 교육학과

404 외국인고용제도개선과 인권
김상호 외 | 경상대 법과대학

405 사회복지연구에서 질적방법과 분석
김인숙 | 가톨릭대 사회복지학과

406 현대미술에서의 예술적 성장과 창의적 인재양성
백경미 | 울산과학기술원 기초과정부

407 현대인의 삶과 문화예술교육
곽삼근 | 이화여대 교육학과

408 문화적 배경과 체화된 인지
민동원 | 단국대 경영학부

409 아동 섭식행동평가 척도 표준화 및 섭식문제 현황 조사
정경미 | 연세대 심리학과

410 잊혀질 권리: 이상과 실현
문재완 | 한국외대 법학전문대학원

411 인권의 지역화: 일상생활의 인권 증진을 위하여
김중섭 | 경상대 사회학과

412 다문화 시대 이주민의 한국어 의사소통
민병곤 외 | 서울대 국어교육과

413 다문화 시대의 문화교육 커리큘럼
윤여탁 외 | 서울대 국어교육과

414 다문화 시대의 통일교육
박성춘 외 | 서울대 윤리교육과

415 다문화 시대 사회 통합을 위한 시민 교육
이진석 외 | 부산대 일반사회교육과

416 다문화 관련 법률 및 제도
박성혁 외 | 서울대 사회교육과

417 생태복원의 인문학적 상상력
김선도 외 | 고려대 언어학과

418 다국내 출생 다문화가정 청소년의 아픔과 분투: 사회적 차별로부터의 회복과 성장
서영석 | 연세대 교육학과

419 종교심리학의 이해: 죽음인식의 논의를 중심으로
김재영 | 서강대 종교학과

420 글로벌 시대의 사회통합: 세계적 추세와 한국의 위상
장용석 외 | 연세대 행정학과

421 소규모 사회적기업과 소셜미디어 마케팅
박철 | 고려대 글로벌비즈니스대학

422 동아시아 가면극의 역사와 전승양상
전경욱 | 고려대 국어교육과

423 무엇이 우리를 행복하게 하는가?
구교준 외 | 고려대 행정학과

424 디지털 중독의 이해와 대응 방안
오원석 외 | KAIST 경영대학

아산재단연구보고서

001 한국인의 도덕성 연구
배해수 | 고려대 국문학과

002 산업화와 청소년 진로
이원호 | 울산대 교육학과

003 공동체의식과 시민운동
김영섭 | 한양대 행정학과

004 한국청년의 삶의 의미 충족도와 만족적 태도
안정수 | 경희대 철학과

005 중국조선족의 사회발전과 한 · 중관계의 위상
손장권 | 고려대 사회학과

006 해송림 "솔껍질깍지벌레"의 천적 및 주요 종의 생태
김규진 | 전남대 농생물학과

007 사회정의와 실천윤리
박종대 | 서강대 철학과

008 동구개혁의 영향
김달중 | 연세대 정치외교학과

009 한국청소년의 의식세계
김문조 | 고려대 사회학과

010 고강도 철근 콘크리트 구조의 실용화
정헌수 | 중앙대 건축학과

011 신기술의 연관형태 및 출현예측의 구조모형
권철신 | 성균관대 산업공학과

012 민간기업의 연구개발을 위한 조세정책
권영훈 | 한양대 경제학부

013 기술개발 활성화방안
송승구 | 울산대 화학공학부

014 부패의 현상과 진단
이문조 | 영남대 정치외교학부

015 연구투자의 지역적 편중화와 부산지역의 기초과학연구 활성화방안
윤응찬 | 부산대 화학과

016 GATT의 신구 덤핑방지협정과 그 대응 방안
전창원 | 동국대 무역학과

017 한국사회의 도덕성 제고를 위한 진단과 처방
황경식 | 서울대 철학과

018 새로운 노사관계 방향
이진규 외 | 고려대 경영학과

019 21세기 동북아 정세예측과 한국의 전략적 대응방안
최평길 외 | 연세대 행정학과

020 소련의 한국에 대한 정책목표분석
신승권 | 한양대 정치외교학과

021 메모리 커패시터용 $Pb(Zr_xTi_{1-x})O_3$ 강유전체 박막의 제작과 특성
장지근 외 | 단국대 전자공학과

022 러시아 국제법학의 전통
김용구 | 서울대 외교학과

023 유럽연합의 현황과 전망
김동현 외 | 성균관대 행정학과

024 중국의 정치동원
송영우 외 | 건국대 정치외교학과

025 산업적 활용을 위한 이동로보트 시스템의 개발
박민용 외 | 연세대 전자공학과

026 중국조선족의 정치사회화과정과 동화적 국민통합의 방향
전인영 외 | 이화여대 사회생활학과

027 공적부조의 이론과 실제
최일섭 외 | 서울대 사회복지학과

028 대외통상환경의 변화와 법제개편
서헌제 | 중앙대 법학과

029 기업금융의 국제화
최생림 | 한양대 경영학부

030 자동차부품공업의 노사관계
김호진 외 | 고려대 행정학과

031 산업화 과정에서의 한국가족의 실태와 전망
정창수 외 | 성균관대 사회학과

032 공무원 가치관 실태와 정립방안
배병룡 외 | 경상대 행정학과

033 해외귀국청소년의 국내적응연구
이장영 | 국민대 사회학과

034 초고속정보통신망에서 LAN서비스 제공방안
이재용 | 연세대 전자공학과

035 WTO체제의 정책적 대응
김병진 외 | 경희대 행정학과

036 유럽의 통합정치
최수경 외 | 충남대 정치외교학과

037 유기질폐기물을 이용한 고단백사료원인 조류의 생산공정
최정우 외 | 서강대 화학공학과

038 초고속정보통신망의 수용성과 정책방향
박영상 외 | 한양대 신문방송학과

039 중국의 강남사회와 한중교섭
조영록 외 | 동국대 사학과

040 세계화시대의 사회 · 문화의식
신행철 외 | 제주대 사회학과

041 국내 외국인 노동자의 문제와 대책
성규탁 외 | 연세대 사회복지학과

042 노인인력 활용정책과 프로그램
김정후 외 | 강원대 법과대학

043 한일간 학술교류 현황과 활성화방안
정홍익 외 | 서울대 행정대학원

044 계량모형에 의한 한일 경제관계의 이해
김명직 외 | 한양대 경제학부

045 직장인의 음주행태와 삶의 질
진기남 외 | 연세대 보건행정학과

046 유통정보 시스템의 구조와 설계
정용길 | 충남대 경영학과

047 남북통일 이후 사회통합을 위한 교육의 역할
안기성 외 | 고려대 교육학과

048 대중음악에 심취한 청소년들의 심리적 특성
김인경 외 | 연세대 인간행동연구소

049 멀티미디어 시스템을 활용한 교육환경의 개선방안
김한일 | 제주대 컴퓨터교육학과

050 탈냉전기 한일관계의 쟁점
최상룡 | 고려대 정치외교학과

051 자치시대 새로운 '삶의 질' 지표의 모색
김형기 외 | 경북대 경제통상학부

052 유럽통합의 역내외 협력과 갈등
이호재 외 | 고려대 정치외교학과

053 21세기를 대비한 신노사관계
김재원 | 한양대 경제학부

054 대학의 시간제학생 등록제
안규철 외 | 전남대 교육학과

055 21세기에 대비한 방송통신정책
한진만 외 | 강원대 신문방송학과

056 주민참여를 통한 혐오시설 관리운영방안
박균성 외 | 경희대 법학부

057 여성의 정치적 권리인식과 정치참여
전경옥 외 | 숙명여대 정치외교학과

058 한국인 위장질환과 식생활 · 환경요인 및 *H. pylori* 감염과의 관계
이양자 외 | 연세대 식품영양학과

059 학생과 시민의 자원봉사활동
윤정일 외 | 서울대 교육학과

060 동북아 환경문제와 지역환경협력의 모색
신연재 외 | 울산대 정치외교학과

061 노인 자원봉사활동을 통한 사회통합 프로그램 개발
김동배 | 연세대 사회복지학과

062 물류정보 시스템
김태현 | 연세대 경영학과

063 전자식 문서교환을 이용한 항공화물 운송체계
민재형 | 서강대 경영학과

064 청소년과 성
이근후 | 이화여대 의과대학

065 민족통합과 무궁화호 위성의 남북한 공동활용방안
방정배 | 성균관대 신문방송학과

066 채식주의가 20대 여성의 영양상태와 에스트로겐 대사에 미치는 영향
성미경 | 숙명여대 식품영양학과

067 가상정보공간을 통한 지역개발 활성화 전략
유재천 외 | 한림대 언론정보학부

068 조산아 관리현황 및 정책수립 방안
박상기 외 | 조선대 의과대학

069 남북한관의 의식조사와 통일교육 개선 방안
김동규 외 | 고려대 북한학과

070 동양 전통 자연사상 탐구
장동순 | 충남대 환경공학과

071 초고속정보망의 시뮬레이터 구현
한기준 | 경북대 컴퓨터공학과

072 유통원가 시스템의 유효성
정다미 | 명지대 경영학과

073 국악과 문화관광의 만남
정익준 외 | 동아대 국제관광통상학부

074 기업의 지식경영 활용사례
김창은 | 명지대 산업공학과

075 선진국과 한국의 직업교육 · 훈련제도의 특성과 한계
정주연 | 고려대 경제학과

076 제주지역 성인 여성의 자원봉사활동
이상철 외 | 제주대 사회학과

077 M&A와 문화충돌 관리
박원우 | 서울대 경영학과

078 폐금속광산 인근 주민들의 중금속 오염실태
정종학 외 | 영남대 의학과

079 북한 농촌 · 농업실태와 인력자원개발 시스템을 통한 북한 농민의 구호방안
박성열 | 건국대 교육공학과

080 중소 소매점의 경쟁력과 소매성과
채명수 외 | 한국외대 무역학과

081 고령자를 위한 쾌적한 실내온도와 착의량의 설정
정운선 | 안동대 의류학과

082 지역문화 이벤트 PR
박종민 | 경희대 언론정보학부

083 인터넷 지역정보화의 실태와 전략
유평준 외 | 연세대 행정학과